Premiere Collection

臨床教育と〈語り〉

二宮尊徳の実践から

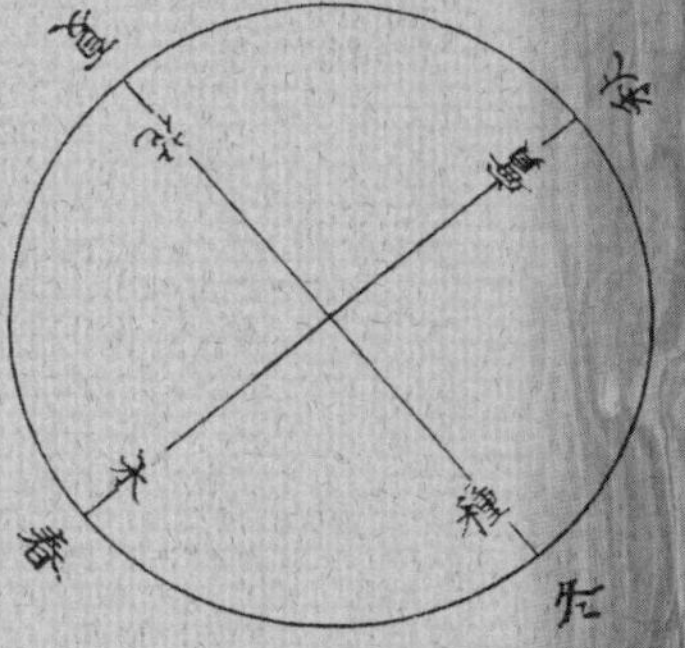

中桐万里子

京都大学学術出版会

プリミエ・コレクションの創刊に際して

「プリミエ」とは、初演を意味するフランス語の「première」から転じた「初演する、主演する」を意味する英語です。本コレクションのタイトルには、初々しい若い知性のデビュー作という意味がこめられています。

いわゆる大学院重点化によって博士学位取得者を増強する計画が始まってから十数年になります。学界、産業界、政界、官界さらには国際機関等に博士学位取得者が歓迎される時代がやがて到来するという当初の見通しは、国内外の諸状況もあって未だ実現せず、そのため、長期の研鑽を積みながら厳しい日々を送っている若手研究者も少なくありません。

しかしながら、多くの優秀な人材を学界に迎えたことで学術研究は新しい活況を呈し、領域によっては、既存の研究には見られなかった溌剌とした視点や方法が、若い人々によってもたらされています。そうした優れた業績を広く公開することは、学界のみならず、歴史の転換点にある21世紀の社会全体にとっても、未来を拓く大きな資産になることは間違いありません。

このたび、京都大学では、常にフロンティアに挑戦することで我が国の教育・研究において誉れある幾多の成果をもたらしてきた百有余年の歴史の上に、若手研究者の優れた業績を世に出すための支援制度を設けることに致しました。本コレクションの各巻は、いずれもこの制度のもとに刊行されるモノグラフです。ここでデビューした研究者は、我が国のみならず、国際的な学界において、将来につながる学術研究のリーダーとして活躍が期待される人たちです。関係者、読者の方々共々、このコレクションが健やかに成長していくことを見守っていきたいと祈念します。

第25代　京都大学総長　松本　紘

はじめに

曖昧さ、異常な事象、不測の事態、個別性、場面的固有性、偶然。このように名づけられたできごとは、ときにひとびとの暮らしを波立てることがある。たとえばある日、いつものように起きてきたはずの子どもが「今日から学校に行くことはやめる」と宣言するなら、波風のない穏やかなるいつもの朝は一変してしまう。突如として登場する理解しがたい事件や事象、すっきりとは割り切れない人間関係の複雑さや曖昧さ、思いがけない偶然が重なって起こる奇妙なできごと……。もしかしたらひとは、できるならそうしたものたちに悩まされることなく、安心で安定した平穏な日常を送りたいと願うかもしれない。しかしあらためて思うならば、これらのできごとは人間の生活にはあたりまえに溢れている。それは「非日常」でも「特殊なこと」でもなく、ある意味ではひとが離れがたく結ばれている日常という場所でよく出会う、まさに「日常的なできごと」とも言える。

本書で描こうとする臨床教育は、こうしたさまざまに生じる「日常的なできごと」と出会うための方法（出会い方）として在る。主には、学校や子育ての現場など、教育的日常を舞台として登場するできごととの出会い方がテーマとなる。どのように出会い、どのように応答（実践）することで、そのできごととの出会いの場面を創造的な現場とすることができるのか。そうしたことを摸索し、提案することを責務とした専門領域として臨床教育学は存在している。

たとえば、先の例のように、子どもが「今日から学校に行くことはやめる」と宣言するできごとに出会うとき、ひとは独特の居心地の悪さや困惑や不愉快さを覚えるかもしれない。客観的な枠組みから理解するならば、それは「ふつうではないこと（問題）の発生」と認識され、体験されるからである。これまでは多くの場合、こうした事態への対応として、できごとそのものへの対策（当事者である子どもへのかかわり）を展開してきた。しかし、臨床教育学は、このときむしろ、このできごとに出会った「わたし」の認識や判断や体験に注目しながら、この事態に対応しようとする。対象となるできごとや子どもの側を直接的に変更するのではなく、それを「ふつうではないことの発生」と認識し体験する主体の在りようへと目を向け、この在りようを別様の世界へと誘うことで事態に対応しようとするのである。それは何も、言葉遊びや観念論の世界へと連れ出そうとすることを意味するものではない。そうではなく、ひとがそれぞれ、より主体的に、自らの創造力を駆使しながら、自身の感覚と思考と注意力をもって、そのできごとに出会い、実践を展開するための回路を摸索しようとするものである。平穏なる日常を波立てるような、一見すると厄介なできごととも、手応えと独特の生々しさをもって、主体的に出会うための方法（出会い方）を探ろうとする。他でもないこのできごとと、他でもないこの主体（「わたし」）が出会う場面。そこに生まれ、体験されるオリジナルで動的な意味を帯びるできごと。そうしたかけがえのない創造的な一回性をもった出会いの場としてこそ現場が存在している。本書はそのように捉える立場を基本としている。

なぜそのような面倒な方法で、効率の悪い出会い方をしようとするのか。もっと手軽で有効で合理的なマニュアルを作成することの方が必要であり、求められている現実的なことなのではないのか。あるいはそうした声があるかもしれない。しかし他方で、そうしたマニュアル優位の思考方法や対応方法が、さまざまな点で限界を示しはじめているのもまた現実的なことである。さらに、マニュアルを暗唱し駆使することばかり求められ、ひとが自身の思考や体験や判断や認識を奪われ、知らず知らずに主体を放棄することによって生まれている弊害が顕著になりはじめている現状もある。これらの点については本論で明らかにするが、しかしそれでも、常にそうした声を意識し、この声にも応えながら、論を展開したいと思う。

なお、本書の構成について簡単に述べておく。本書では、基本的には全体を通して臨床教育という新しい方法について論じている。その際、二宮尊徳という人物をめぐる語りを素材として位置づけている。なぜいま臨床教育（学）と尊徳が出会う必要があるのか、そして、何が臨床教育学と呼ばれる学問なのか。第1章と第2章ではそれらの問いに応じている。まず第1章では、尊徳がふたたび注目を集めている現状の背景や、またわたし自身がいかにしてこの学問に出会ったかのプロセスを含めたうえで、事態の外枠（ハード面）について論じている。テーマの周囲に位置する他のできごと――歴史的経緯や時代状況および現状――との関連を整理する形で、この問いに応えようとする章である。そしてつづく第2章では、テーマの中身（ソフト面）について論じている。そのなかで、本書が考える臨床教育という方法が、いま尊徳に出会っていくことの意味をより具体的にイメージできるように論を展開している。これは、先の問いに応答することでありつつ、本書の核となる論へと進むための入り口を整える作業ともなっている。

さらに第3章では、本書の特徴をより鮮明にするために、これまでの尊徳研究の動向について概観している。特に、従来の尊徳研究がどのように尊徳や報徳言説、報徳思想に出会ってきたのか、その研究手法に注目して分類化した。そのうえで、これまで尊徳研究によって見出されてきた知見をふり返り、捉えられてきた数々の尊徳像を確認する。その確認を踏まえ、本書があらためて出会い方――すなわち出会うための方法――を工夫しようとする意図や狙いを明らかにしている。

それらの作業のうえで描かれている第4章と第5章は、本書の中核となる臨床教育という方法と尊徳との出会いが、実践記録（事例報告）として提出されている。できごとやテクストとの出会い方の工夫が、なぜ必要なのか。工夫された出会い方によって、尊徳をめぐる事態からどのような知見（新しい意味）が見出され、何が臨床教育にもたらされるのか、そうした点について具体的に論じている。

そしておわりにでは、本書で一貫して描き出してきた事態——臨床教育という方法と二宮尊徳との出会い——が、何を目指して営まれたものであったのか。それはどのような意味での新しさをもったものであったのか、そうした点をあらためてふり返りながら論じている。

以上が本書の全体的な構成となっている。

目次

第1章 臨床教育と二宮尊徳との多層的接点
――新しい時代への応答

1 二宮尊徳（研究）への現代的関心

昨夏（二〇一〇年八月）京都産業大学において「国際二宮尊徳思想学会　第五回学術大会」が開催され、わたしもまた実行委員のひとりとして参加をした。中国の研究者をはじめとする各国の参加者を含め、三日間で総勢六六〇名の参加をみた。これは思想研究系の学会としては、大変な盛会であったと言えるだろう。日本の報徳博物館と中国北京大学の研究者を中心に研究部会ができ、尊徳や報徳思想をテーマとした国際学術会議が北京にて開催されたのは二〇〇二年のことであった。これが前身となって、二〇〇四年には正式に国際二宮尊徳思想学会（International Ninomiya Sontoku Association）が設立される。(1)その後、学術大会も回を重ね、第二回を東京（二〇〇四年）、第三回を大連（二〇〇六年）、第四回を上海（二〇〇八年）で開催し、今回の京都での開催が第五回となった。なお、第六回大会は二〇一二年に精華大学（中国）にて開催されることがすでに決定している。さらに、二〇〇五年に中国大連に中国東北二宮尊徳研究所が設立され、その後中国各地に同様の研究所が設立されるなど、現在、中国を中心に尊徳研究は非常なる熱気を帯びている。また、こうした海外での熱気が逆輸入されるかのように、国内での尊徳への関心も確実に高まってきている現状がある。ただし国内においては、中国のような学術界での関心より以上に、産業界、経済界、政界をはじめ一般社会全般（PTA活動や地域活動など市民レベルでの取り組み）における関心の高まりが際立っているという特徴をもっている点をつけ加えておきたい。

それにしても、はたしてなぜいまさら二宮尊徳（研究）なのだろうか。その点について述べる前に、まずは二宮尊徳とはどのような人物なのか、そのことを簡単に説明しておきたい。二宮尊徳（金次郎）は、江戸時代末期の天明七年（一七八七年）七月二三日に、栢山村（現在の神奈川県小田原市）で農家の長男として生まれ、安政三年（一八五六年）一〇月二〇日に七〇歳の生涯を終える。各地の農村復興に取り組んだ実践家で、それら実践を貫く思想が報徳思想と呼ばれている。金次郎（正式には金治郎）というのは幼名で、尊徳は「たかのり」と読む。当時の農村地は貧富の格差が深刻化し、加えて冷害など異常気象により飢饉の被害が広がっており、金次郎の家も次第に困窮する。さらに一四歳で父を、一六歳で母を亡くすことで、一家は離散し、伯父の家で養われることになる。この時、仕事を手伝う合間、菜種を蒔いて油を手に入れたり、捨苗を拾って空き地に植え一俵の米を収穫したりする。その後も年々収穫を増やし、二〇歳で伯父の家を出て自家に戻り、四年後に再興を果たす。三一歳の時には村で二番目の大地主にもなる。

この自家再興の手法を活かし、二五歳から小田原藩家老服部家に勤め、服部家の財政建て直しを成功させる。またこの功績が認められ、小田原藩主大久保忠真から、土地の三分の二が荒野となっていた桜町領（現在の栃木県真岡市）の復興を命じられる。三七歳のとき全財産を処分して桜町に移住し、以後一五年を費やし任務を完遂する。こののち、各地の復興事業や飢饉救済に力を注ぎ、五六歳で幕臣となり、日光領など幕府領の再興にも務める。なお、幕臣として取り立てられたことをきっかけに、名を幼名であった金次郎から尊徳へと変える。こうして生涯を通じ、かかわった地域は六〇〇余村に達する。薪を背負って本を読む立像で知られる金次郎少年は、成人してからのち、書物の世界ではなく荒廃した農村という実践現場に駆り出される。尊徳は、実践を支える自らの思想にも自覚的であったが、その思想は書物や文字で体系化されたものではなく、農民らとのやりとりや農作業など日々の実践から編み出されたものである。

尊徳が生きた時代は厳しい年貢の取り立てや天災が多く、長い月日をかけた農民たちの労働が、どうにもならない力(領主の命令や自然の力)によって一瞬にして無駄になる事態が重なる。そうした事態が農民たちに無力感を与え、田畑に出る気力を失わせたのである。この状況から、尊徳は荒地を耕すためにまずするべきことは、人びとの「心田を耕す」ことだと考える。いわゆる道徳至上主義的精神論ではなく、人間は心に希望や納得があってこそ実際に行動できるという現実からの発想である。報徳思想の中軸となる「至誠、勤労、分度、推譲」は、自然界との共生関係を描いた原理として、同時に、人間同士の関係における心田開発という倫理的行動原理として、編み出されている。尊徳にとって最重要であった点は、この原理にもとづく人道的実践が、結果(実際の収穫)に結びつき、現実生活を豊かにするという点である。彼は、生涯をかけて、道徳と経済が不可分であるというその一点を証明しつづけた人物であるとも言える。報徳思想と呼ばれる尊徳の考え方は、徹底して実践から生まれ、実践によって育まれる。尊徳は、この考え方をより具体化して、農村再建方法としての報徳仕法や、経済再建方法としての無利息金貸付の報徳金システム(五常講)なども考案する。以上が、二宮尊徳という人物の大まかな紹介である(2)。

この、薪を背負って本を読む姿でおなじみの尊徳(あるいは金次郎)は、貧しく厳しい時代の日本に生き、勤勉で世のためひとのためによく働く、まさに道徳的な「手本」として日本全国の国民に広く知られ、いわば一世を風靡した存在であった。しかしそれは、近代以前、あるいは戦前という遠い昔のできごとである。その後日本は、高度な発展を遂げる輝かしい時代を経て、さらに新しい時代に至ろうとする現状にある。ここにおいて、古めかしく時代錯誤とも思える尊徳を再登場させることに何の意味があるのだろうか。

中国は現在、近代日本と同様に、高度経済成長時代のはじまりを迎えている。一般社会は経済至上の価値観をもち、市場も教育現場も競争の過熱を見せはじめている。しかし現在は、日本をはじめ先進国と呼ばれる国々が、そうした高度経済成長ののちにどのような危機的事態を迎えたかも明らかになっている。リーマンショックをはじめとする世界的バブル経済の崩壊、倫理の衰退によって山積する異常な事件の続出、著しい環境破壊による地球汚染の拡大、もはや修復が難しくも見える激しい経済格差……。高度な発展や成長と引き換えに、あげればきりがないほどの難題が生まれるという危機的な状況である。そのため中国においては、経済成長を押し進めようとする気運が高まる一方で、かつて先進国が突き進んだようにその道を盲信することへの警戒心もまたつよく存在している。先進国が露呈したような数々の難題を生み出すことなく、しかし経済成長にブレーキをかけることのない、いわば非西欧型の近代的な高度経済成長を遂げるための知恵や方法を見出すこと、それが現在の中国における重要な課題なのである。そうした課題をもつなかで、二宮尊徳という人物に注目が集まった。中国において尊徳の名は、思想史的あるいは歴史的な位置づけに加えて、日本の近代化を押し進めた豊田佐吉や松下幸之助の名とともに知られることで、一段と関心を惹く対象として認識されたのである。世界のトヨタ、マツシタは、中国でも広く知られている代表的な日本企業であり、その創業者たちが経営理念や経営思想の点で影響を受けたのが、二宮尊徳の実践や報徳思想であったという事実は、彼らを魅了する大きな要因となった。非西欧型の新しい近代化、東洋思想に支えられた新しい発展スタイルへの手がかりがここにあるのではないかと予感させたのである。そうした関心もまた動機のひとつとしてたしかに底流にありつつ、中国の研究者たちは尊徳に出会い、本格的な尊徳研究へと向かうのである。

二宮尊徳は、たとえば自身の日記に「道徳なき経済は大罪である。しかし経済なき道徳は寝言である」[3]という文言を残していると言われるように、道徳と経済を一体視し、それらがともに発展し豊かであることをめざして農村復興という職務を全うした人物である。そして彼は、実際に生涯で六〇〇余りもの村の立て直しに成功するという実績をもって、世に名を馳せる人物となる。彼の実績が特に評価されるのは、それが村に住む農民たちのこころの復興、道徳の復興であっただけでなく、村の経済の復興でもあった（田畑がふたたび豊かに実った）という点にこそある。こうした尊徳の実践を支えた考え方が、報徳思想と呼ばれている。その意味で報徳思想とは、道徳的思考法であると同時に、現実的具体的な成果（実り）を生み出すための経済的思考法でもあり、まさに道徳と経済の両面を一度にカバーできる機能をもっている。中国をはじめ現在の尊徳研究において注目されているのは、こうした実践的な叡智としての報徳思想であり、実践者としての尊徳の姿である。

日本国内での関心の高まりもまた、中国の現状と多分に重なる要素をもつ。現在は、経済至上の価値観に支えられ、猛烈なまでの勢いで豊かさを求めてきた高度経済成長時代が終息するなかで、経済界や政界をはじめ、広く一般市民に至るまで、新しい豊かさ（新しい価値観）の探究を余儀なくされている。多くのひとびとは、この激しい成長の代償として残された数々の難題を抱えながら、幸せに豊かに暮らすための新しい形を求めているし、そのための知恵や方法を探している。そのようななかで、ふたたび注目を集めているのが尊徳や報徳思想なのである。さらに加えるならば、実際にこうした報徳思想を基盤にした経営によって、この不況時代においてなお好調を維持し、恒常的な成長さえ生み出している企業が存在していること。その企業の成長が社会と社員の両者を犠牲にすることのない、ウィン―ウィン（Win-Win）の共生関係を成立させているること。といった、実体としての成功例が存在していることも注目を高める重要な力となっている。いわば、報徳思想の有効性がある程度実証済みでもあるのである。そのようにして現在、道徳と経済のかかわりや、自然環境と人間のかかわりが世界的に問題視されるなか、実践者二宮尊徳の姿や、実学としての報徳思想を手がかりに、二一世紀らしい新しい豊かさの形やこの時代を生き抜くための叡智を見出そうとする気運が高まっているのである。単なる学術的側面からだけでもなく、あるいは単なる道徳至上主義的側面からだけでもなく、きわめて実学的あるいは実際的な必要性によって生み出されている尊徳（研究）への関心は、まさに新しい形での関心の芽生えと言えるだろう。その意味で、現代の尊徳研究は何より日常や現実に足場を置き、そこで何を語ることができ、どのような知恵を提出できるのかが問われている。そのような時代的背景をもちながら、いままた尊徳の新たなる一面に光があたりはじめていると言えるのである。

ところで、こうした関心に支えられた研究として、具体的にはどのような見解や知見が生まれているのであろうか。たとえば、先に紹介した国際二宮尊徳思想学会の動向から、その現状をみてみたい。この学会の前身となった二〇〇二年の国際学術会議は、計一三名の日中両国の研究者がおこなう研究発表によって構成されていた。発表テーマとしては、たとえば「二宮尊徳研究の学術的意義」（皇紀夫）、「二宮尊徳における普遍主義的思惟様式」（張憲生）、「二宮尊徳の思想の源流」（齋藤清一郎）、「近世倫理思想史における尊徳思想の位置付けについて」（劉金才）、「報徳思想の現代的解釈とその意義」（榛村純一）、「尊徳と昌益との理想社会像―「極楽の地」と「自然の世」」（左漢郷）、「性学思想と報徳倫理との比較を試みて」（張遠帆）などがあった。当時は、北京大学の劉金才氏を中心に、いままさに中国での尊徳研究がはじまろうとしていた時期であった。そのため、中国における研究としてはそれまでの日本思想史研究や日本文化研究との相違点を報告した研究などが主流で、いまだ尊徳研究にオリジナルな視点で展開された研究は多くはなかった。こうした状況のなかで皇紀夫氏が、新しい時代に向かう尊徳研究のためには、従来の尊徳讃歌や尊徳批判への回帰に陥らないための新しい研究スタイルが必要であることを論じたことは重要な指摘であった。研究対象の目新さではなく、研究方法の工夫が必要であることを論じたのである。その後、学術大会も回を重ね、中国における尊徳研究もまたきわめて多様に深化されてきている。二〇〇六年には『報徳思想と経済倫理』を大テーマとし、計六カ国からの専門家や学者が一六〇名ほど、またその他参加者も含めて計二〇〇名近い参加者を迎えて、第三回大会が開催された。この大会において、当時の学会会長であった劉氏は、尊徳の思想を「東方思想文化のエキスを融合した報徳思想」と位置づけ、尊徳研究が、経済発展によって引き起こされている深刻な道徳危機の解決に向かおうとする探究の場であると論じた。さらに、このように報徳思想を経済倫理の構築に生かすことを摸索する研究は、同時に、東方の文化伝統の研究でもあり、また世界の物質文明と精神文明の発展に創造的に寄与する研究でもあるとした。第三回大会はこうした主張を大きな指針として、山折哲雄氏による「危機における経済倫理　二宮尊徳の場合」など計四名の基調講演と、個人研究発表によって構成されていた。なお、各研究者からは、報徳思想や報徳仕法を軸に、それらの特質や経済倫理、企業経営、社会貢献、農村改革といったキーワードからの論考が数多く発表された。

さらに、つづく第四回は『報徳思想と調和社会』を大会テーマとした開催であった。ここでは、たとえば二宮尊徳にみられる「天―地―人」「一円融合」といった世界観や自然観が、特に近代的発展にともなう自然環境破壊を回避するための手がかりになり得ると指摘された。天地自然への絶対的服従でもなく、また絶対的支配でもなく、それらが融合し、生かし／活かし合う共存共栄の理論をそこに見出そうとしたのである。そして、自然と人間生活の共生、さらには都市―農村をはじめとする種々の格差を解消する人間同士の社会的調和など、それらの実現にむけた手がかりが報徳思想のうちにあるとした研究や論考が多く発表された。そうした時代的な要求や課題と結びつく形で、現代的課題に応え得る実践的叡智として、「一円融合」「一円相」の報徳思想が捉えられたのである。

そして今大会（昨夏の第五回大会）は、『二十一世紀社会の経済改革と報徳思想』という大テーマが掲げられ、それにもとづいた基調講演やシンポジウム、そして各研究者や実践者による研究報告によってプログラム構成がなされた。最近の動向を紹介するためにも、少し詳しくみてみたい。この大会でのひとつ目の基調講演は、二宮尊徳生誕の地である神奈川県の知事である松沢成文氏が「尊徳に学ぶ「改革」の思想と実践」と題して、実践的立場から尊徳の教えや実践が現代的社会構築のためのヒントになるとの論を展開された。二つ目の基調講演は、現学会会長で京都産業大学教授でもある並松信久氏が「京都の企業精神と報徳思想」とのテーマから講演された。そのなかで、近代の経済至上原理を超えて現代に向かう企業活動を考える際のひとつのモデルとして京都の産業（企業精神）を取りあげ、そこに報徳思想とのつながりを見出し、その可能性と課題について論じられた。また、個人発表においては、たとえば「中国の貧困削減プロジェクトと報徳思想」（胡連成）、「報徳思想とヒューマンエコノミーの構築について」（劉金才）、「二宮尊徳思想の中国家庭道徳教育への示唆」（張紅）など、中国の現実課題を軸に尊徳の思想へのアプローチを試みるものも多くみられた。さらに、「社会文化の視点から見た〝分度〟論理」（秦頴）、「二宮尊徳とジェーン・アダムス」（ロバート・W・ノリス）など、国際的な比較文化論的な視座からの論考も提出された。なお、「「21世紀社会の経済改革と報徳思想」に関する問題提起」（前田寿紀）といった今後の課題を論じたものと同時に、「数理に徹した二宮尊徳」（齋藤清一郎）、「報徳思想の基礎となったもの」（新井恵美子）、「報徳仕法・心田開発の活かし方について」（二宮保）、「報徳文献目録」（飯森富夫）などのタイトルで尊徳研究の基盤をあらためて確認することの重要性に言及したものも数多く発表され、まさにそれぞれの論が展開された。それらは実に、多領域にわたる多角的な立場からの研究や実践の報告であり、そのことからも尊徳や報徳思想という研究対象がもっている可能性の大きさがうかがえると言えるかもしれない。

しかし実は、臨床教育学の立場からは、ここにみるような研究手法や関心の向け方について、ある指摘をすることができるのである。中国研究界や日本国内での尊徳（研究）への関心の再燃という現状は、急激で高度な近代化がもたらした問題状況に応答しようとして生じている。それは先にも述べたように、政治、経済、教育、自然科学、倫理など、さまざまな領域での課題を抱えた現状への危機意識や反省から、尊徳を手がかりに新しい時代の在りようを模索しようとするものである。しかし、そうした課題をもちつつも、関心の向け方や研究手法の多くは、相変わらずきわめて近代的なのである。詳細はのちに論じるが、素朴に言えば、これらの研究はどれも尊徳や報徳思想の実体的、実証的解明への関心に貫かれている。それが尊徳や報徳思想の実像を探ろうとする歴史的実証主義的アプローチであっても、あるいは、危機的課題を解決する叡智を探ろうとする実践的アプローチであっても、関心は共通して「尊徳が語った真意（真相）」の解明にある。このことを含め、関心の向け方や研究手法が近代的なままであると言えるのである。

ただし最近の学会においては、今後の尊徳研究に、こうした研究手法に代わる何らかの新しい方法や視角が必要であるという認識が、ある程度共有されてきているとも感じられる。たとえばそのことは、わたしが今大会において、今大会で、臨床教育学の立場からおこなった研究発表[4]が、ある一定の評価を得たことからも指摘できる。わたしは今大会で、「報徳」というタームに注目し、臨床教育学の立場からこれをめぐる新しい研究視点を提示したのだが、この発表は大会参加者から多くの反響を得ることができた。こうした事態は、いままさに新しい研究手法が必要であると学会メンバーが感じていることを顕著に反映したと考えられるのではないだろうか。二〇〇四年から本格化した学会活動は現在、尊徳をめぐる文献や思想を、正確に客観的に理解すること、あるいは尊徳の意志や意図にもとづいて忠実に正しく再現すること、そうしたこと以上に、そこから新しい課題を抱えた新しい時代を生きるための知恵や方法を摸索する研究姿勢をつよく打ち出そうとする時期を迎えていると捉えることができるのである。

本書は、研究手法を根本的に転回して、尊徳や報徳思想に出会いなおそうとする。そのため、手法転回の結果として、本書の関心がむけられる先、目指され期待される成果などもまた、これまで紹介した研究とは根本的に異なるものとなる。では、何がその関心や目指される成果であるのか、また、なぜ臨床教育学が尊徳と出会わなければならないのか、それは臨床教育の研究にとってどのような意義をもち、同時に尊徳研究にとってどのような意義をもつのか。そうしたことへの問いに応答しながら具体的な論考に入ることにしたい。

ただしまずそうした論考に入る前に、以下の点について論じておく。つまり、先に紹介した最近の尊徳研究の研究手法がなぜ「近代的」であると言えるのかという点である。これらのことをより具体的にイメージするため、以降ではわたし自身が体験し、歩んだプロセスを重ねながら論を進めることとする。これはまた、臨床教育学という本書の立場や特徴をより明確にするために必要な作業となるだろう。

2 近代的思考様式への反省と転回

「幸せに暮らしたい」ということは、多くのひとにとって共通の願いだろう。大学生の頃のわたしもまた、「ひとが幸せに暮らすためには……」ということに興味をもって、心理学や社会学をはじめ多くの学問領域に触れ、学んでいた。卒業レポートにあたっては「ストレス」というテーマを選んだ。幸せを阻害するストレスについて知ることで、それを避けたり、予防したりするための道を見出そうと考えたのである。ひとは、どんなことをストレスと感じるのだろう……。どうやったら、人生からストレスを排除することができるのだろう……。当時わたしが用いた手法は、アンケート調査をもとにしたデータ分析という統計的な手法であった。まずは、現実での個別のできごとをアンケートというひとつの客観的尺度で切り取り、そのできごとに含まれる主観的要因をそぎ落とす。ストレスとは、現実生活のなかではそれぞれのできごととして各々の身に起きるが、アンケート調査による数値化という作業のなかで、共通の土台に乗せることができるように客観化し、そこにある個別性を漂白する。客観化のために数値化されたデータを対象とし、統計という客観的分析を経て、このテーマ（ストレスというテーマ）についての普遍的側面を見出そうとする研究手法である。こうした一連の手法は、近代科学的とも呼べる思考様式を基盤にした研究手法の典型とも言えるだろう。

このレポート作成を通して、たしかに多くのことが見えてきた。しかしわたし自身、同時につよく感じたのが、独特の届かなさであった。素朴に言えば、ストレスがきわめて個別的で主観的、体験的な要因に影響されるものであり、アンケート分析によって集合的かつ平均的なものとして全容を解明できるテーマではなかったのである。そうして、たしかにある種の平均的、客観的な結果は出てきたけれども、どこか生々しさには遠い印象が残った。この経験を経て、「ストレス」というテーマと同様に「幸せ」もまた、個別的で主観的な要素を多分に含むテーマであることを、あらためて自覚させられた。そして、自身がこのテーマにアプローチしようとするならば、調査や分析に重きを置く客観的で統計的な手法とは別種の、なにか新しい手法が必要であると感じた。そんな折、ほんとうに偶然に臨床教育学という領域に出会い、そして魅了された。

臨床教育学は、わたしに大きな衝撃とともにある気づきを与えた。

のちに詳しく述べるが、臨床教育学やポストモダン研究と呼ばれる研究は、「近代」を超えるための新しい研究手法を模索するなかで、いわば新しい時代の研究法の創造を課題として登場した。それら新しい研究法との出会いによって、わたし自身にまず起きたのは、近代的な研究手法が前提とする研究対象の客観化や、調査、統計、分析に偏向した客観主義など、「客観」を至上とする姿勢への気づきであった。それまでの研究においては、何らかのテーマ（ストレスというテーマなど）にアプローチするとき、とにもかくにもそれが「客観」であるのか、それとも単なる主観や個別的事象であるのか、一貫してそうした「主観／客観」の区別が厳密に問われていた。そして、分析対象となる素材（データ）も、分析のための手法も、ともに客観的であることがなにより重要とされた。個別の人間的事態や時間的空間的な変化に影響されることのない、物事の普遍的本質を見出すためには、現実のなかの主観的で流動的な要因をできるだけ排し、客観的側面にのみかかわることが必要不可欠な態度と考えられていたからである。

しかし、近代の先に展開されようとする新しい時代 —— なお以降は、この時代を近代と区別して仮に現代と呼ぶこととする —— に登場したポストモダン的発想は、たとえばこうした「客観」は現実のなかの一体どこに存在するのだろうか、という問いを提起する。ひとびとが暮らす現実とは、個々人が当事者としてそこにかかわることでしか成立しない。その意味で、現実的なできごとや事象は、常に人間（主観）と密接な関係をもって生じている。たとえばこのことは、ストレスというできごとが、常にその主体の体験や感覚を通してしか生じないものであるという、まさにストレス研究を通してわたしが感じた事態とも重なる。そうしたできごとを客観化することで研究対象にするためには、ある恣意的な条件を加えて操作し、できごとの主観性を漂白しなくてはならない。そのときの恣意的操作性こそ、選択的行為であり、ある種の主観性とも言えるのではないか。それは、研究者自身もまたひとりの人間であり、主観なのではないか、という問いとも言い換えられる。どのように客観的な計測や検討をおこなっても、あるいはどのように客観的に思考しようとしても、それもある特定の基準（価値観、尺度）に照らして検討されている作業でしかあり得ない。そうした作業もまた、ある種の主観的（主体的）選択に支えられているきわめて限定的な意味での客観や普遍でしかない。たとえば、個別の在りようをしているストレス事象を、客観的な共通土台に乗せるために、アンケートという客観的尺度を利用し数値化を図る。しかし、そのアンケート（客観）を作成する時点には、どうしても何らかの価値観や仮説（ある種の主観）が働いてしまうだろう。選択的、恣意的なそうした価値観や仮説に見合った事項がアンケート項目として設定されるのであって、研究や検討の土台には、その項目に合致し、圏内に位置したものだけしか乗ることがない。だとすれば、これを「客観（普遍）」と呼べるのだろうか。ポストモダンによる問題提起はそうした問いかけであり、いわば絶対視してきた「客観」を相対化する提案であった。この発想を通して、わたしは近代的な研究手法が「客観」を盲信している在りように気づいた。そして、そこで見出される客観もまた、「ひとつの客観」であり、「ひとつの見方」であることを自覚したのである。

さらにもう一点、臨床教育学との出会いによって得た気づきがあった。臨床教育学を知る以前のわたしは、たとえば「ストレス」を考える場合、人間の幸せのためには、できればそれは存在しない方がいいし、そうしたものは積極的に排除してゆくべきだと考えていた。しかし、素朴に言えば、「ストレス」のない無菌状態の人生など存在しない。それらと隣り合わせで生きながら工夫を凝らし、試行錯誤を重ね、知恵を絞るところに、具体や実践があり、血の通った人間らしい生々しさがあると言えるのだろう。こうしたことは、時代的な在りようとも重なるかもしれない。近代という時代は、発展や成長に少しでもブレーキをかける影なる要因をできる限り排除することで、迅速かつ効率的な躍進を遂げてきた。そうした在りようこそが、光輝く幸せへの最短の道であると信じてのことである。当時のわたしもまた、この近代的とも呼べる発想からストレスについて考えていた。しかし、現実的な目と感覚で眺めればすぐに気づくように、日常も世界も、理想的な発展や成長に寄与できる要因ばかりで構成されているわけではない。そこには、ともすれば影に見え、ブレーキに見えるような、非論理的、非合理的とも言えるできごとやひとの言動などもかならず存在している。それが、人間が生活を営む生々しい現実であり日常である。

現代という新しい時代に生まれた臨床教育学の営みは、近代的な発想を大きく転回させていた。一見ネガティブに見える問題をどこか別の場所（人生の外側、別の専門領域）に排出してやせ細らせてゆくのではなく、それを向き合うべき課題として抱えながら日常を鍛え、多様な意味を発見してゆく営みとして展開されていたのである。そうした営みとの出会いは、わたしにとって大きな気づきをもたらした。ネガティブなできごとをあきらめ、放棄し、排除してしまうことは、実はひどく簡単に現実とかけ離れた美しい理想論に逃げ込もうとすることかもしれない。そうではなく、目の前の一つひとつの現実（問題や不可解さを含みもつ現実、日常）に真摯に「臨む」ことで、日常の豊かさを取り戻そうとする。これこそがわたしが出会った臨床教育学の基本姿勢であり、この姿勢が、わたしが無自覚のうちに近代的思考様式や近代的研究手法に縛られ、それを絶対視していたことに気づかせてくれた。そうしてわたしは、この臨床教育学という専門領域が提起する新しいスタイルの方法に魅了されてゆくのである。

ところで先に、現代に再燃している尊徳研究が、高度な近代化が産み落とした課題に応えようとするものでありつつ、しかし研究手法が近代的であることを指摘した。この点について、確認しておきたい。ここまでみてきたように、近代的思考様式や研究手法の特徴とは大きく二点で、ひとつ目は、盲信ともいえるほどの「客観」の重視である。あらためて尊徳研究に即して言うならば、歴史的実証主義的な研究手法はそれにあたる。尊徳をめぐって残された資料を、できるだけ史実に忠実な形で――すなわち、できるだけ主観を差し挟まず客観的に――読み解こうとするのが歴史的実証主義的な研究手法である。尊徳が述べたことの真意を掘り起こし、その歴史的事実を探り、時代を越えた普遍的な真理を導こうとする。そこで解明される尊徳の実像こそが、現在山積している課題に応えるための知恵であると考える立場である。しかしこのとき、これらの研究を「客観」的なものであると思うならば、少なくとも以下の点についての自覚が充分でないとも言える。まず、残された一つひとつの資料がすでに人間（主観）によって描かれたものであり、かならずしもそれが客観的な歴史的事実を描いた資料とは断言できない点。次に、いかなる研究であれ、そのプロセスにおいてどれほど主観を排してみても、いずれの資料を選択して分析するかなど、研究者の主観（着眼や仮説や思考のための尺度、価値観）を抜きして成立するものではあり得ない点、である。それらは、「客観」を盲信しているがゆえの無自覚さであると言えるだろう。

　さらに、近代的研究手法の二つ目の特徴としては、例外的事象を排除したうえでの有効性や合理性への着目である。尊徳研究に即するならば、報徳思想を現代的問題解決に応用しようとする手法がそれにあたるだろう。あらかじめ何らかの仮説が枠組みとして準備される。たとえばそれは、「現代の食問題に応答するために有意義な知恵」とか「農村格差問題を解決するために有効な方法」などという枠組みかもしれない。そして、この枠組みに照らし合わせて効率的で有意義なる情報にのみ光をあて、それ以外の情報は外へと追いやられ、無視あるいは排除される。その理解枠による計測で、期待される有効域にない圏外に位置する資料やできごとは、無意味とか意味がない（あるいは有効でない）と判定され、あたかも存在しないかのように黙殺される。そのように、尊徳や報徳思想の一部分を恣意的に選び取り、利用しようとする操作的な手順をもつ点こそ、近代的な発想や思考様式にもとづいた手法と言える。それは、たしかにある種の合理性や有効性をもって迅速に課題解決するための手段となるかもしれないが、しかし、報徳思想からさまざまな要因を排除し、その思想を本質的にはやせ細らせ、卑小なものへと変えてしまう回路でもあると言えるだろう。

わたしは、臨床教育学という新しい知の在り方（世界や現実との出会い方）を知り、あらためてこうした近代的な「客観」を至上とする手法や、ネガティブに見える問題や自らの枠組みに収まらない事象を排除することを前提とする発想への違和感を明瞭に自覚した。ストレス研究を通して漠然と感じていた、独特の届かなさ、そして生々しさに遠いという感覚。近代という時代によって生み出され、そして同時に近代という時代を支えてきたこれらの思考様式や研究手法を思うとき、やはり独特に現実や日常からの遠さを覚え、そして現実や日常を生きる主体としての人間への不敬さを覚える。こうした違和感を自覚し、尊徳研究やストレス研究だけに限らず、以後、自らが考えようとするさまざまなテーマにアプローチするための方法（出会い方）を根本的に転回し、工夫する必要があることを思ったのである。この学問との出会いののち、わたしが具体的にどのような発想の転回をし、出会い方（方法）の工夫をしてゆくのか、そうしたことを述べる前に、まずは以降で、臨床教育学の誕生や発展の経緯などについて触れておきたい。

3　現代的学問の誕生と課題

臨床教育学という学問が日本に誕生したのは、一九八八年のことである。京都大学での臨床教育学講座の新設をスタートとして、その後、次々と他の大学にも同名の学部や大学院講座が新設され、おおよそ二五年ほどの月日を経て現在に至っている(5)。この臨床教育学が創設された時代は、近代的な高度経済成長と学歴重視の教育観がゆきづまりを迎え、新たな時代がはじまろうとしている頃であった。それを象徴するかのように、学校現場にもまた、それまでにはなかった新しいタイプの教育問題が登場しはじめていた。学力至上主義の教育観では理解できない子どもたちやできごとの出現である。いじめ、不登校（当時は学校恐怖症と呼ばれ、のちに登校拒否とも呼ばれた現象）、子どもの自殺、校内暴力……。決して「勉強ができない」訳ではないのに、子どもがあるとき突然に学校へ来ることができなくなる。勉強や学力への悩みではなく、人間関係というかにも複雑で曖昧なテーマの悩みが学校での大きな位置を占め、ついには子どもを自殺へと追いやるまでになる。シンプルな学力至上主義の法則では説明ができない、理解不可能で対応困難な「問題（児）」が次々と生じる。そうした新種の問題が増大することで、教育を支えていた価値観がうまく機能しなくなり、変換を余儀なくされ、ついには崩壊をはじめるのである。そのように、教育現場に身を置く大人たち（親や学校や教師たち）の疲弊や困惑は大きくなっていった[6]。時代はまさにこうした新しいタイプの問題の解明と、そこへの具体的で実践的な対策の方途を求めていて、同時にこの新しい時代の教育がどこへ向かえばよいのか、その道筋を模索していた。こうした時代的要請が、臨床教育学を誕生させた。この要請に対して、各大学の臨床教育学は、さまざまな形で応答をしてきた。なかでも、そのうちの多くの臨床教育学がたどった道は以下のようなものになるだろう。

いじめ、不登校などのできごとは、教育現場や教育学研究が「教育とは……」と定義する、理想的で正常な教育世界のなかには組み込むことができない、はみ出した事象である。それらは学校という世界から外れた異常であり、問題であり、だからこそ、理解や解明のためには教育（学）とは異なる専門性が必要となり、より実践的で実用的な領域との連携が不可欠になると考えられた。たとえばそれは、臨床心理学者やカウンセラーによる治療的協力であり、ソーシャルワーカーや福祉関係者による特別な支援や援助であった。あるいは、それら福祉的観点、社会的観点、臨床心理学的観点を教育に組み込んだ総合学的な教育学の模索であった。

ある子どもがいじめを受けた。そのいじめとは、友人らによる悪質で執拗な仲間はずれであり、それがその子どもの大きな心理的傷になっている。だからこそ、教師による教育的かかわりよりむしろいまは、カウンセラーによる治療的かかわり、もしくは指導的態度だけでなくカウンセリングマインドをもった総合的な新しい教師の姿が必要になる。あるいは、別のある子どもが不登校になった。不登校の原因を調査してみると、その子どもの家庭の貧困という経済状況が明らかになってきた。経済的な余裕がないために、両親が子どもの教育や基本的生活（食事や睡眠や身支度など）に無関心で、手をかけることができない。そのことが子どもの生活の乱れを招き、不登校という事態を誘発している。この場合、学校で手を尽くせる範囲は超えており、この子どもの不登校を解決するには福祉的支援との連携もしくは、生活支援もできる全寮制のような総合的で新しいスタイルの教育機関が不可欠になる、といった具合である。

つまり、ひとくちに臨床教育学と言っても、ある大学の臨床教育学は臨床心理学的に、別の大学の臨床教育学は児童福祉的に、また別の大学の臨床教育学は総合教育学的になど、その射程は多様であり、得意とする問題事象のタイプやそこへの着眼点やアプローチ手法も多様となる。このことが、臨床教育学という領域の体系化の困難さとなって、現在の大きな課題となっている。あるいは、著しい近代化によって産み落とされたさまざまな課題に応答するために生まれたポストモダン研究と呼ばれる多くの他の専門領域もまた、同様の事情にあると言える。これらの研究は、「あれかこれか（主観か客観かなど）」ではない「あれもこれも」としてある在りようを提唱し、現実がもつ複雑な多様さや多面性に対応しようとする。しかしそのように実践的、現実的であろうとするほどに、学問的、理論的な整合性や一貫性をもちにくく、見えにくく、捉えどころがなくなってしまう。そうした多角的な広がりが、魅力とも、弱点ともなるのである。

ただし本書において重要なのは、先に述べた臨床教育学――わたしが出会い、そして本書をはじめ自らもまたその立場をとる京都大学において展開した臨床教育学――が、それら多様な臨床教育学とも根本的な差異をもつ、特殊な位置に存在している点である。本書の研究スタイルの独自性を明らかにするために、京都大学における臨床教育学研究の特徴的な傾向を概観しておきたい。

4 京都大学の臨床教育学――その誕生と変遷

先述のように、一九八八年、京都大学に日本で初めての臨床教育学講座が誕生した。誕生の詳しい経緯については、すでに他書で紹介されているが[7]、あらためて簡単にふり返っておきたい。この講座の創設にかかわり初代教授をつとめた河合隼雄（一九二八―二〇〇七）が述べているように、まさに「このような新しい学問の必要性は、きわめて実際的なことから生じてきた」。「きわめて実際的なこと」とはつまり、教育の現場に次々と生じてくる新しいタイプの問題に対して、「具体的にどうかかわるか」という逼迫した課題である。その課題から、臨床心理学と教育学が緊密な連携を図りながら実践的解決を目指す新しい分野として誕生したのである[8]。なお、当時の研究科長（すなわち大学院講座新設の責任者）をつとめた和田修二（一九三二―）は、この点も踏まえ、臨床教育学講座の設置目的を以下の三点に要約している[9]。

その一は、増大する新たな児童や青年の問題に対処するための、より高度の教育相談の専門家の養成である。

その二は、臨床心理学と教育学を統合した、より包括的な児童や青年の研究と、臨床経験に基づく実践的な教育相談、教育指導の理論的研究である。

その三は、困難のある子どもの援助だけでなく、その子どもと関わっている大人自身、わけても教師やカウンセラー自身の既成の教育観の自己批判と再構築の援助である。

そのうえで、この講座が「「具体的個別的で実践的な教育学」となるべきである」[10]としている。なお、初代助教授をつとめ、以後臨床教育学を大きく展開させる皇紀夫（一九四〇―）は、こうした和田の見解について、「彼（和田）につよい影響を与えたオランダの教育学者M・ランゲフェルド（M. J. Langeveld, 1905–1989）が提唱した「規範的実践的な子どもの人間学としての教育学」を我が国で展開することへの熱い期待」として捉えている。[11]誕生へのこうした筋道は、とても明快で素朴とさえ思える発想と言えるだろう。特別なひねりや新奇性に富んだ着眼からではなく、むしろきわめてオーソドックスな発想からの誕生であった。

先にも述べたように、戦後復興、高度経済成長と呼ばれ、日本がある意味で一丸となって猛進することで右肩上がりに発展してきた近代と呼ばれる時代には、経済至上主義というひとつの価値観が日本を覆っていた。同じようにこの時代、教育という世界は学力（学歴）至上主義というひとつの教育観に覆われていた。社会も教育界も、ひとつの価値観を共有して突き進むことで競争的社会を過熱させつつ、そのエネルギーによってある一定の成長や発展をみてきた。しかし、そうした時代状況のなかで、切り捨て排除してきた影の世界から警鐘が鳴りはじめる。次々と理解不能（意味不明）で対応困難なできごとが登場するのである。教育界もまた、この事態が顕著であった。あるいは、そうした劇的な変化を成立させるために封印してきたさまざまな歪み（影）をまともに受けとったのが子どもたちであり、子どもたちが生きる教育や子育ての現場だったのかもしれない。そのようななか、現実に生み出されている目の前の不可解とも見えるできごとや、きわめて対応が難しい子どもたちの行動に、どう向き合い対応できるかが課題となった。そして同時に、一元的な教育観で猛進してきた教育世界が、これから先、一体どのような方向に進みゆくべきなのかがテーマとなっていった。それまでの教育観や教育的発想では理解することも、語ることもできないような問題が続々と現われることで、教育（学）は従来の教育観を脱皮し、新しく生まれ変わることを求められたのである。いわば「脱―教育化」という自己否定や自己反省のうえで、そうした新種の問題とも向き合いながら前へ進むことができる力をもつ「新しい教育（観）」の創造という大きな課題を突きつけられていたとも言える。

臨床教育学は、こうした時代的要請に応えようとする素朴とも思える発想から生まれた。まさにこの難題に正面から向き合うための「具体的個別的で実践的な教育学」となることを大きな任務や目的として、しかし、それをどのような手順で具現化するのかという方法についてはほぼ未知数のままスタートした。京都大学の臨床教育学とは、まさにその「方法」を本格的に模索することこそを課題として、日本で初めての展開をはじめることとなったのである。臨床教育学にとっての課題――「新しく、かつ実践的な現代的知恵と方法の創出」という課題――については、他の大学における臨床教育学も事情は同じであった。そして多くの臨床教育学は、既存の理論の組み替えや融合や応用といった形でそれに応えようとしてきた。その点については先に簡単に紹介したし、他書にも詳しいので参照してほしい。[12] しかし、京都大学における事情は異なっていた。

この学問が生まれた当時、京都大学では河合隼雄が創始したユング心理学による臨床活動が幅広い注目を集め、まさに日本全国に京都大学を拠点とした臨床心理学ブームを巻き起こしていた。そこでは、近代的な科学重視、客観重視の学問手法が根本的に大きく転換され、心理療法やカウンセリングといった実践を主軸に、「人間」を中心に据えた新しい学問が提唱されていた。先の和田の提案にもみられるように、京都大学の臨床教育学はこの河合の臨床心理学における理論と実践の教育への応用という性格を濃厚にもっていたし、そのことが期待されていた。その意味では、教育学からは「脱―教育学」を通しての新しい教育学の誕生が願われ、現場からは臨床心理学を教育に応用することによる問題の早期解決が願われていた。この二つの要請を受けて生まれたのが、京都大学の臨床教育学であったと言えるだろう。

　しかし、和田も述べているように、臨床心理学の対象となるカウンセリング場面が基本的に医療モデル（病理→診断→治療というプロセス）に依拠しているのに対して、臨床教育学の対象となる教育相談場面では教育モデルが不可欠となる。臨床教育学では、子どもたちの治療ではなく、教育が目指される。「子どもの当面の不適応行動の消失や原状復帰以上のもの、つまり、その困難を子どもが克服してこれまでよりももっと大きな自己と世界に対する積極的な展望をもつように助けること、子どもの精神的な「生まれ変わり」、人格的な「成長」[13]を目指そうとする点で「教育的なかかわり」が必要だと考えられるのである。そのため、当然のことながら治療モデルをもつ臨床心理学の応用として成立するものではあり得ず、それらとは違う新しさをもった「方法」の創造が求められた。このように京都大学の臨床教育学は、既存の臨床心理学の単純な応用とも、学校現場の課題に応えることができない教育学の拡張とも、あるいはまたそれらの表面的な連携や融合とも、まったく異なる道（方法、知）を模索する必要があった。こうしてまさに、真の意味での新しい教育研究の開発に取り組むことになるが、この作業に積極的に取り組み、臨床教育学的方法論の確立と成熟に力を注いだのが、皇である。このあたりの事情について皇は以下のように述べている。

　なかでも特に、臨床心理学が学校をはじめとして幅広く教育の領域に展開する勢いを見せていた京都大学においては、臨床教育学を立ち上げる時点において、一方で臨床教育学を臨床心理学の言説を応用して教育を語るいわば第二の、応用心理学の立場に止まることに満足するのではなく、他方で、教育現場では無用にして無力な存在としてとっくに見放されている「教育学」の立場を何とか擁護する役割を演じることなく、それらいずれでもない独自の仕方で臨床と教育を結ぶ仕組みを造り出す立場を選択しようとしていた。このように、臨床教育学は、臨床家や教育（研究）者から期待を寄せられて登場したものの、現実にはその期待の筋書き通りには進まず敢えて別の方向を求めて、一人歩きを始めようとする構えを誕生の時点ですでに見せていた。[14]

こうした問題意識と「構え」を起点として、臨床教育学独自の「仕組み」づくりを模索した皇は、やがてひとつの着想にたどりつく。それが「言語」への注目であり、より正確には「言語という方法」である。この着想や着想に至る経緯については皇自身が他書[15]で詳しく述べているが、そのうちのひとつは、一〇年あまりにおよぶ学校現場での教育相談の経験から得たある知見であったと言う。それは、教育相談に来談する教師たちとのやりとりのなかで、たとえば「不登校」や「いじめ」と呼ばれ、「問題」として語り出される事象は、実は客観的事実ではなく、教師集団固有の教育観や子ども観に由来する「語りの筋と語法」によって生み出された教育「物語」であり、問題「物語」であり、いわば「テクスト」として出現しているのではないかという知見であった。そこから皇は、問題について相談する作業を、「相談者と来談者（教師）が協同して語りの技法を工夫し、「問題」の所在を探索する機会」であり、「「問題」の意味を繰り返し語り直して、そのつど変換することができる、意味変換の可能性に開かれている胎動態」と捉えるに至る。

皇のこの着想と方法（言語という方法）は、これまで多くの実証主義的な分析、統計の手法による教育研究が前提としてきた問題理解の立場を根底的に転回する。従来の実証主義的研究手法においては、問題とは自立的、自足的にそこに存在する客観的事実（実体）であり、いわば教師（主観）や彼らをとりまく学校文化とは無関係に存在する客観的対象（客体）であり、その対象を分析検討することで導かれる客観的理解のうえに解決を図ろうとする、まさに「客観」を至上とした立場であった。しかし皇は、むしろそれら「問題」は、教師や彼らをとりまく世界の外に、他人ごとのように孤立して存在する客体なのではなく、子どもと教師と彼らをとりまく教育的な価値観とが互いに密接な関係をもって、特に「言語」世界の内側に生成しているものなのではないかと発想する。

　このように皇は、来談する教師たちとのやりとりのなかで得た発想や知見から、学校における問題と向き合うときに「問題を語り出す語り」に注意を払い、その問題を物語論的な立場から捉える方法の探究をはじめる。そしてその探究のなかで、当時の言語学研究で提唱されていた「言語論的転回」の波及効果を受け止め、人間諸学と言語学との接点を拡大することで臨床教育学における方法を構築することを試みる。この試みは、独特な「見立て」論、比喩論、レトリック論、さらには、言語認識論を導入し、教育現場で語り出される「問題」（教育言説としての「問題」）を再解釈する方法へと発展する。こうして皇は、教育における「問題」と、それを問題と「見立てる」語りの文脈を相対化し、「問題」こそが教育の「意味」を新たに発見させるかけがえのない契機となる、というオリジナルな臨床論を創出するのである。

　皇によるこうした「問題」の捉え方や、アプローチの方法がほぼ確立していた時期――京都大学に臨床教育学が誕生してからおおよそ一〇年が経過した頃――、わたしはこの分野に出会う。そして以後、基本的にはこの形の臨床教育学を自身の立場として研究や実践を展開することになる。ただしより厳密に言えば、一九九九年に京都大学の臨床教育学講座に着任した皆藤章（一九五七―）が展開している着想や方法もまた、わたしの研究や実践に多大なる影響を与えている。本書では以降、わたしなりの臨床教育学を展開するが、その際に重要な観点となる「……とは何か」から「何が……なのか」への問いの転換を着想しているのも、またその意味で根本的に「名づけ」という発想を与えたのも、皆藤が展開する臨床教育学に依拠するものである。なお、皆藤による臨床教育学については他書にゆずりたい(16)。またこれ以後、本書のなかで使用する臨床教育（学）という語は、一貫して上述のような特徴をもつ京都大学で生まれ、育まれた臨床教育（学）と同義とする。

5 なぜ新しい知が必要なのか

本書はここまで、近代と呼ばれる時代が猛進し、高度な成長を遂げた先に現われてきた数々の問題状況に、ひとがどのように対応しようとしているのかという点に注意を払って論を進めてきた。そして、この時代的な課題や要請の影響をつよく受ける形で、二宮尊徳という人物がふたたびクローズアップされはじめている現状と、臨床教育学という新しい学問が誕生し展開してきた現状とを重ね合わせ、そこに両者の多層的な接点をみてきた。

ところで、問題状況への対応というテーマをめぐって考えてみるとき、近代がいかなる営みを展開してきたかという点について、あらためて確認をしておきたい。たとえば、こうした対応策として、普遍性や客観性に依って立つ近代という時代は、いわゆるマニュアルとか専門知識などとも呼ばれるような類の手法を多く産み出してきた。より正しく、より有効に、より専門的に、それぞれのできごとや場面と出会い、最短距離（ローコスト）で有益な対応をするにはどうすべきなのか、その手法を提示してきたのである。こうした合理的な手法こそが、社会を驚くほどの速度で成長させ、豊かさを広く普及させることに大いに貢献してきたと言えるだろう。だからこそひとびとは、このマニュアルや専門知識といった近代知をあらかじめできるだけたくさん吸収し、身につけたうえで、現場に立つことを求められてきた。そうした理解枠（法則、モノサシ）を片手に、それを駆使することで、現場で起きるさまざまな事態に迅速で有益な対応をすることが期待されてのことである。このときに想定されている事態への対応とはつまり、マニュアルや専門知識というモノサシによる計測であり、モノサシが指し示してくれる対応表にもとづく理解と対処である。こうした態度こそ、目の前の事態（できごとや子ども）と出会うときの正しい行為、有効な対処、専門的かかわりであると信じられてきた。マニュアルや専門知識と呼ばれる手法は、ひとに多くの知恵や力を提供してくれたし、ひとびとの後ろ盾となってさまざまな営みを支え、サポートし、豊かにしてくれた。

しかし、現在は、こうした形の営みを続けるなかである異変が生じ、次第に新しい課題が生まれてきた時代を迎えている。この時代は、ひとびとが生きる現場に、マニュアルでは対応しきれない事態が次々と登場しはじめたことから否応なくはじまった時代とも言える。近代型のやり方が、いろいろな場所で通用しなくなってきたのである。どれほどマニュアルや専門知識が提供してくれる対応表を探しても、そこには載っていない事態が目の前に現われる。規格外の子どもの言動、聞いたこともないできごとの出現……。こうしたことが多く起きる現状から、現代が（事態の）個別化とか（価値観の）多様化といった特徴をもつ時代だと捉えられているのであろう。こうした事態に対して、これまでは、マニュアルの細分化や多様化や複合化などによって応答しようとしてきた。つまりこのことは、現代という新しい時代に依然として近代的な知や手法を進化応用させ、拡大する形で対応しようとしてきたとも言い換えられるのである。まさにこの辺りのことは、本書で述べてきた臨床教育学誕生の経緯や、京都大学以外の臨床教育学がたどったプロセスなどと大いに重なるところと言える。

たとえばあらためて、このことを教育界に即して考えてみたい。現場にマニュアルで対応できないできごとや子どもが続出するようになったことを受けて、教育の世界では「個性を大切にした教育」「一人ひとりを尊重した教育」などといった、個別性や多様性に応じようとする標語が掲げられ、声高に叫ばれるようになった。そして、このことを可能にするために、教育的専門知識や、教育的かかわりにかんするマニュアルは、ますます増産されている。情報社会と呼ばれるこの時代、教育本だけでなくインターネットや子育て雑誌や各種講演会やセミナーなど、教育や子育てをめぐる情報や知見はあふれるように存在している。そのようにして、より多くの事態に対応できるように、情報や知見（すなわちマニュアルや専門知識）の具体性や個別性を追求してきている。緻密化、細分化、多様化、複合化されたマニュアルを作成することで、対応のためのスキルや力や適用できる範囲を増そうと、膨大なる数の情報を生み出しているのである。そのためひとびとは、いまやすこしアンテナを張れば、ほぼいかなる事態についての情報も――つまり、対応策や対応のための技法や知恵や具体的な実践例として提示されるマニュアルや専門知識も――、手軽に知ることができる。いまや、「不登校には……」という大きなマニュアルだけでなく、「発達障害が関係する不登校には……」「心理的テーマが関係する不登校には……」という小さなマニュアルが無数に存在し、それらは簡単に手に入れられる。しかし実は、こうしたことが、目の前の事態をますます見えなくし、目の前の事態への対応をますます困難にしているという、きわめて逆説な状況をつくり出してもいるのである。

たとえば、情報の量が増えるほどに、一見矛盾するマニュアルや知識が提示されてしまうことがある。「心理的テーマの不登校現象については、毅然と対応し、すこし無理をさせてでも学校に連れ出すことが本人のためになる。たとえばAくんの場合、父親が毅然とした態度で対決をし、本人にとっての壁となってやりとりを続けることで、Aくんは次第にこころをたくましくし……。そして現在、Aくんは学校を無事に卒業して、自身の新たな夢に向けて意欲的に大学に進学した」といった実践例に裏打ちされ実証された専門的見解がある。他方で、「心理的テーマの不登校現象には、寛容なる受け入れの対応が必要不可欠である。無理に学校に連れ出そうとするような登校刺激を与えることは、むしろ逆効果であり、絶対にすべきではない。たとえばBさんの場合……」といった別のマニュアルも存在してしまう。こうした矛盾的な情報が錯綜することで、「では、果たして、目の前のこの事態はどちらに該当するのだろう……」と、かえって混乱を生み出すのである。

あるいは、情報が詳細になるほどに、目の前の事態との違いを大きくしてしまうという状況も存在する。どんなに細やかに不登校児への対応の成功事例を教えてもらったとしても、その成功事例に登場する子どもとこの子では、生育歴も性格も不登校になったいきさつも、あまりにも違いすぎることに気づくのである。どこに足を運んでも、どの情報に目を通しても、結局のところ、目の前のこの子どもについて、このわたしが、いま、どのようにすべきかを教えてくれるものは何ひとつない。つまり、現代という時代の特徴でもある個別化や多様化という在り方に、それでもなお近代知が提供する手法（マニュアル）の拡大や充実によって対応しようすることの無理や不可能さが明らかになるのである。常に一回的に生じる生々しい日常を対象にしようとするならば、厳密な意味ではマニュアルは永遠に完成することがないし、どれだけ細分化しても永遠に不充分だからである。

こうした近代の知、その知にもとづいた対策、そのやり方がたどり着いた先にあった課題……は、たとえるなら近代科学的に「問題を解く」作業において現われている課題と似ているかもしれない。あるときニュートンはリンゴが落ちる景色から、万有引力の法則を導くことに成功する。いわば近代科学の祖でもある彼は、「仮説を立てず」を必要不可欠な信念として、すべては徹底した現実の観察からはじめるべきであることを主張していた。そのように何より現実の側に優位性を見出す態度が、「客観」至上の姿勢と呼ばれたのである。ニュートンにとって「問題を解く」とは、目の前の現実の在りようを大前提として、その現実とのやりとりを通して、「何がこの現実に働く法則か」という問いを解き明かすプロセスを歩むことであった。「問題を解く」作業のはじまりは、リンゴが落ちるという日常的な現実の景色の存在にある。先行するこの現実に従い、この現実を眺め、ここにおける応答的思考を重ね、その結果、解答が見出されてゆく。あらかじめ存在している日常への、問いを抱えた人間による真摯な応答的営みが、やがてその日常に働く法則の発見を生み出すという順序である。このように捉えるならば、ニュートンの時代の近代科学的（数学的）な作業における客観とは、もちろん人間中心主義的主情主義とは異なるが、しかし「主観」や「主体」、すなわち「人間」と相反するものではないと言えるだろう。むしろ客観的に「問題を解く」とは、きわめて現実的、主体的、人間的な作業だったとさえ言うことができるのではないだろうか。ところが、このようにしてはじまったはずの客観重視の姿勢は、思いがけない課題が待つ場所へと向かってしまうことになる。

近代という時代は、客観至上の自然科学的手法を軸に大いなる発展を遂げた。ひとたびどこかで新しい法則（解答）が発見されるや、多くのひとびともまたそれを人類共有の財産として吸収し、身につけることで、まさに人類が一丸となって、より正しく、有効的で、合理的で、効率的な成長に向かって走りつづけた。しかし、こうしたなかで、ある異変が起きはじめる。「問題を解く」作業における「客観性」が、「無機質性」「機械性」「非人間性」へとすり替えられてゆくのである。それは、近代科学的に「問題を解く」作業が、あらかじめ解答例を丸暗記する作業へとすり替えられる現象とも言える。解答（例）が先行してひとり歩きをはじめることで、現実や人間の方がそのあとを追うことを求められてしまう。言うなれば、万有引力の法則を先に暗記し、この解答に従ってリンゴが落ちる現実を眺める、という順序になるようなものである。成長を推進するための効率性にばかり気をとられ、暗記の有効性や有意性が盲信されることで、現実は生々しさを奪われ、人間は現実との主体的で応答的な関係――観察したり、思考したり、やりとりするプロセス――を放棄しはじめる。そうしていつの間にか、目の前の客観的な現実でも、あるいは主体であるはずの人間でもなく、解答例(マニュアルや専門知識)の側に、絶対的な優位性や正しさが与えられてゆくのである。現実や人間の側が解答例につき従い、あと追いすることを余儀なくされ、主従が転倒する。「問題を解く」作業がいつしか暗記作業となることによって、現実は無数の解答への可能性に拓かれた母胎としての機能を失い、鮮やかなる生気を剥奪されてゆく。そしてひともまた、人間性を失い、主体としての位置を奪われてゆく。客観的であることが、あたかも無機質的あるいは非人間的であるかのように感じる場所へと導かれるのである。さらにこのとき、「問題を解く」ことを解答例の暗記作業のみで成立させようとするならば、目の前の数字が変わり、シーンが変わるごとに、暗記の数を増やさなければならず、無数の組み合わせがあり得る現実において、その作業は永遠に終わらなくなってしまう。

他人が見出した解答例(マニュアルや専門知識)に従って、そのレールに乗って、「問題を解く」ことは、たしかに最短距離で失敗なく正しい答えにたどりつくための有効な道筋かもしれない。しかしそこには、少なくともニュートンが「問題を解く」作業で味わっていたような人間的な生々しさは存在しない。その道筋においては、問題を前にした苦悩や挫折感、試行錯誤の道のりにおける緊迫したドキドキ感、解答発見にともなう喜びやワクワク感などを体験することはできないのである。当事者として身を置き、自らの目による観察や、注意力や集中力をフル稼働させた応答的思考によって、自身が生きる現実とかかわりながら問題を解こうとするのか。それとも、あらかじめ用意されているマニュアルを、自らの体験や思考を挟まない丸暗記によって身につけ、あたかも他人ごとのように現実とかかわりながら、まるで機械が計算の答えをはじき出すように、ひたすら問題の正しい解明を急ぐのか。「問題を解く」作業における生々しさの有無は、その場所へのひとのかかわり方の違いに拠っている。現在、近代科学的あるいは客観的に「問題を解く」作業と言うときに、そこに独特の閉塞的で疲弊的な作業を連想するひとは少なくないのではないだろうか。ニュートンの時代にはきわめてワクワクとした人間らしい営みであったはずの近代科学的に「問題を解く」作業は、歩みを進めるにつれて、閉塞感や疲弊感を伴う作業へと変貌してしまった。これが、「問題を解く」作業において現われている課題である。

近代化の推進を加速させるために主張されてきたマニュアルの暗記による問題理解、対応、解決という在り方が、有効で有益なる発展と著しい成長を支え、ひとに大きな豊かさをもたらしてきたことは否定できないたしかなことである。しかしこれまでみてきたように、マニュアル化された解答例は、ひとが主体的（当事者的、人間的）に目の前の現実とかかわることを放棄させる可能性や威力（パワー）ももっている。一歩間違えれば、あらかじめ与えられ準備されている知識（法則、マニュアル、モノサシ）がひとの代わりに思考し、判断し、対応策を示し、ひとはそれに絶対的に服従し、機械的にあとを追うことを要求されることとなる。一般に、近代を駆け抜け高度経済成長を成し遂げてきたこの時代を、「豊かさは手に入れたけど、何かを失った」と体験しているひとも多い。あるいはそれは、「満ちているはずなのに満ち足りない」時代体験と言ってもいい。これまでの論を踏まえるならば、まさにここで失った「何か」こそ、生々しさであり、当事者的体験にともなう手応えである、と言えるのではないだろうか。生み出された法則の暗記によって事態に応答しようとする在りようは、ひとが判断や決断や思考を外部にゆだね、主体性を奪われてゆく過程にもなり得るという点に、本書では注意を払いたい。そのうえで、「人間」を積極的に巻き込んだ新しい知恵の在り方（方法）が必要であると考え、そのひとつとして臨床教育学という方法を提示する。これは、現実と人間との新しい出会い方への提案である。そしてさらに言えば、豊饒なる生々しさの母胎としての現実と、その現実と自らの感覚や思考でやりとりできる主体性と、その両者を再発見するための回路の開拓でもある。いわばそのようにして、暗記主義的なマニュアル優位の在り方に異議を唱え、多様なる意味（解答）発見の種や息吹をはらむ現実の可能性と、失い手放してきた人間力や人間的叡智とを、ともに豊かに復興することで、日常（現場）の創造性を取り戻してゆくことを目指している。

ニュートンはリンゴが落ちる景色と出会うことによって万有引力の法則を発見した。このことでたとえるなら、本書の関心は、発見された万有引力の法則（発見された意味内容）にあるのではなく、ニュートンと落ちるリンゴとの出会い方にある。リンゴが落ちるというあまりにも素朴な日常の景色が、偉大なる意味発見をもたらすための母胎であることの不思議。そして、その日常がもつ不思議という可能性に支えられることで生まれたきわめて人間的事象としての出会い。日常である落ちるリンゴの景色と、主体であるニュートンとは、一体どのようにして出会うことで法則発見という創造性を発揮したのか、その点にこそ関心を向ける。それは、揺らめきや不可解さを多分に抱えた日常への関心であり、そうした日常に応答するための方法への関心とも言える。これが本書を一貫して通底している関心である。

わたしにとって言えば、方法論の転回を知ることで、日常の捉え方や見え方が変わり、その意味合いや手触りは大きく変わってきたけれど、それでも素朴な関心は、ストレス研究に取り組んでいた頃と同様に、「ひとが幸せに暮らすには……」というごく日常的な個別の場所にありつづけているとも言えるかもしれない。日常世界に応答する方法や、日常でのできごとや事象との出会い方とは、ひとがそこを生きるための生き方とも言い換えられる。それは、高遠なる理論上の世界に構築される方法ではなく、そのためシンプルな客観至上主義的手法の拡張や応用として成立するものではあり得ない。そうではなく、主観主義への批判を恐れずに言えば、ある意味で主体（「わたし」）と密接な場所にこそ見出される徹底した実践性や現場性（臨床性）が不可欠となる方法なのである。それが単なる主情的な個人の経験論であることを超えて、しかしなお主体性や臨床性を維持する、そうした新しい知の在り方である。本書では、そうした新しい知や新しい方法のひとつとして臨床教育（学）を位置づけている。

こうした関心に貫かれた本書は、具体的には二宮尊徳のテクストを素材にした論考を主軸においているが、わたしにとっての二宮尊徳のテクストは、まさにニュートンにとっての落ちるリンゴのようであった。新しい方法を求める模索のなかで、一見すれば単なる偶然のようにしてわたしはこのテクストに出会い、そしてこの出会いが創造的な意味発見の現場となった。本書は、そうした現場での実践を報告したひとつの事例報告として提出されているとも言える。また、ここで報告されている現場やそこでの実践は、意味発見の場やそのための営みであると同時に、出会い方（方法）が誕生する場やそのための営みでもあった。たとえば、右も左も分からない新人がいきなり現場に放り出され、そこでの試行錯誤を通して問題を発見したり解決したりしながら、同時にその問題に対応するための仕事上のスキル（技法）を身につけ、それをより洗練させてゆく「オン・ザ・ジョブ・トレーニング（on the job training）」というやり方がある。そこにおいては、問題の意味が理解されるプロセスが、同時に問題に対応する方法を新たに身につけ、鍛錬する場ともなっているのである。まさに本書で描かれている意味発見の営みは、このやり方に近いプロセスをもつと言えるかもしれない。右も左も分からないまま二宮尊徳のテクストに出会い、試行錯誤しながらそのテクストに応答することで、テクストの意味を理解すると同時に、そのテクストに出会うための方法が生まれ、そのなかで方法が鍛錬され、洗練される。そのように、意味発見の現場に居合わせるなかで方法を体得してゆく。本書はこのようにして、新たな方法（出会い方）について論じようとするスタイルをもつと言える。

なお、このとき目指されているのは、本書での出会い方（方法）——あるいはその出会い方によって発見された意味――の正しさを主張することではない。本書は、ここに描かれた方法が、日常との、そして尊徳との、正しい出会い方であると論じるものではない。だからこそ最終的に、二宮尊徳のテクストとはこのように出会うこと（読むこと）が正解、不登校の子どもとはこのように出会うこと（理解し対処すること）が正しい、という結論を解答例として導くことを意図していない。本書は、そうしたマニュアル作りに加担する立場を取らない。そうではなく、あくまでできごとやテクストが臨床教育学（「わたし」）との出会いという固有の文脈をもつことで、新しい意味発見の現場となり得ることを論じようとする意図をもつ。そのような創造的意味発見を可能にするひとつの出会い方の事例として、提出されているのである。より「人間」を積極的に巻き込んだ、新しい知恵の在り方（方法）、新しいできごととの出会い方（方法）、そうした新しさを摸索するためのひとつの実践報告が本書である。

たとえば、ニュートンとリンゴとの出会い方を他者が知ったからと言って、そのひとがニュートンの真似をして同じように落ちるリンゴに出会ったとしても、すでに万有引力の法則は発見済みであるし、同時に、そこには当事者的な生々しさもないであろう。しかし、ひとと落ちるリンゴとの出会い方が、万有引力という法則を生み出すものであると一義化ができないように、出会い方次第で多様な意味発見の可能性に拓かれているのが日常（現場）である。また、わざわざ落ちるリンゴとの出会いというきわめて局所的な場面に限らずとも、日常は、無限の出会いの可能性を秘める母胎のような存在である。本書は、意味発見につながった現場での出会い方を、ひとつの事例として提出する。この提出は、ひとが生きる日常を、正しさへと向かって一義化して閉じ込めてゆくことではなく、新しさへと向かって多義的な在りようへと解放し拓いてゆくことを目指している。それは同時に、出会いの主体である「人間」の重要性や不可欠さをあらためて取り戻してゆくプロセスでもある。日常は多義的であるからこそ、それぞれの主体（ひと）との出会いを求め、新しい意味が生み出される場を待っている。臨床教育学はそのような世界観を前提としている。

従来のような客観を重視する世界観においては、日常は、表層的にはさまざまな主観的、偶然的、個別的な色合いをもちながらも、しかし深層（真相）部分には、不変的で普遍的な揺るぎない姿（正解、真実、法則）を隠しもっているのだと捉えられてきた。だからこそ、日常の解明とはそうした深層（真相）の発見であると考え、客観という手法を編み出してきた。これに対して本書は、日常への見立て（世界観）を根本的に転回させている。そして、これまでは卑近なものとされて無視され、排除されてきた、動的で、可変的で、個別的な、時間や空間やそこに存在する主体（ひと）といった要因を多分に織り込みながら構成されているものこそ日常であると捉えなおす。あるいはそれは、これまで表層的で意味のないものとして切り落とされてきた、偶然性や曖昧さや例外性や異常事態もまた、たしかに日常のなかに回復させて考えようとする態度であるとも言える。さらに、すでにそこに含み込まれる形でしか存在し得ない当事者としての「わたし」もまた日常の一部として捉えようとする。これら複雑なる関係が織り合わされて、常に一回的な意味を出現させているものとして日常を見立てるのである。この世界観における日常を理解しようとするとき、これまでの多くの学問が構築してきた客観的法則としての固定化されたマニュアルが機能しないことは必至である。だからこそ、この日常と一回ごとに応答し、そこに生まれる独自の創造的意味発見の現場に立ち合うためには、新たな方法が必要となる。こうした日常との発見的な出会い方（開明の方法）を摸索するのが、臨床教育学の研究である。なお、本書では以降「解明」と「開明」を明確に区別して使用する。このときあらかじめ存在している客観的答え（深層、真相）を探り、一義化へと向かう作業を「解明」。逆に、応答によって新たな応えを生み出そうと摸索し、各々の主体性を巻き込む形で多義化へと向かう作業を「開明」と呼ぶ。

以上が、本書の基本的立場であるし、臨床教育学という新しい方法（出会い方）の必要性や意義についての見解である。このことを踏まえたうえで、以降では、わたしなりの臨床教育学の研究を展開させる。そのなかで、この研究が「言語」に着目することの意味を明らかにするとともに、本書が二宮尊徳に出会うことの意義についてなど、さらに踏み込んだ具体的な論を展開したい。

注

(1) この学会の学術誌として、『報徳学』があり、現在は第七号まで刊行されている。
(2) この解説は、以下の拙著に集録予定の項目をほぼそのまま掲載している。石田一良、石毛忠編、『日本思想史事典』、東京堂出版（「にのみやそんとく」）（現在印刷中）。
(3) 現在今市市で保管している晩年の日記に記されている言葉と言われている。
(4) この発表の基盤となる論考は第5章の「「報徳」というモチーフ」の項に描いたので、その内容をここで紹介することは控えたい。
(5) 小林剛／皇紀夫／田中孝彦編『臨床教育学序説』（柏書房、二〇〇二年）に詳しい。
(6) 佐藤修策『登校拒否ノート』（北大路書房、一九九六年）。
(7) 和田修二／皇紀夫『臨床教育学』（アカデミア出版会、一九九六年）（特に和田の論考）や前掲『臨床教育学序説』（皇の論考）など。
(8) 河合隼雄『臨床教育学入門』（岩波書店、一九九五年）。
(9) 前掲『臨床教育学』一〇頁。
(10) 同二一頁。
(11) 前掲『臨床教育学序説』二〇頁。
(12) 新堀通也『教育病理への挑戦—臨床教育学入門』（教育開発研究所、一九九六年）などに詳しい。
(13) 前掲『臨床教育学』一八頁。
(14) 前掲『臨床教育学序説』一六頁。

(15) 同書。

(16) 皆藤章『生きる心理療法と教育―臨床教育学の視座から』(誠信書房、一九九八年)。

第2章　新たな方法へ

1　二つの出会い

ここからは、本書に固有の臨床教育学研究として実際的な展開を試みる。可能性の母胎としての日常への関心、そしてその日常に応答するための方法の模索。そうした臨床教育学の研究は、具体的には何を手がかりに、どのようにしていくことが可能なのか。そのことを明らかにするための研究として本書を位置づけたいと考える。なお、以降は二〇〇四年に作成した博士論文をもとに、大幅な加筆修正を施している。これまでも述べてきたように、本書の関心は一貫してひとが生きる日常や生活と、その日常や生活をめぐる主体（ひと）の在りようとに向けられ、現場の創造性が主題となっている。この関心は、皇が展開し成熟させた臨床教育学――すなわち「言語という方法」――との出会によって一層精練された。なお、臨床教育学との出会いというとき、わたしにとってそれが、実践場面と理論場面の双方での出会いであり、双方を往還しながら深化させることができた点が、何より重要であったと考えている。

まず実践場面での出会いについて言えば、それは、臨床教育の相談事例検討にかかわる体験を通してのものであった。わたしが大学院に在籍していた時代には、毎年半期のプログラムで、滋賀県の小中高の現職教諭たちが二名ずつ臨床教育学講座に派遣されていた。その期間は、大学院生と現場の教諭たちが同じ授業に出席して議論をし、また現場の相談事例が報告される場面で検討作業をともにしていた。こうしたかけがえのない環境のなかで、わたしは実践場面での出会いを得たのである。たとえば、一般に想定される事例検討という場ならば、そこに語り出される事例の検討とは、あるひとつの「正解（正確な理解）」を共有することで、問題への対策を考案していくプロセスと同義かもしれない。まずは子どもや教師が語ることの意味を客観的に正しく把握し、それへのより有効で有益な対応を協議することが目指される。「先生が怖くて学校に行くことができない」と語る子どもがいたならば、どの子どもがどの場面どのタイミングで語ろうとも、その言語の意味は同じ辞書に即して客観的に受け取られる。そして、「学校に行くことができない」ことの原因として語られている「先生が怖くて」の部分を解消することで、この子どもが語ったことに応じようとするかもしれない。もし、その語りが字義とは異なる語り手の意図をもっているとしたら――この子どもが「学校に行くことができない」理由が別のところにあるとしたら――、それは語り手の表現の失敗、あるいは虚偽の語りとして捉えられてしまうだろう。そのようにして事態の正確な把握、真相の解明、本当の姿の理解――すなわち客観的な正解（正しい理解）――が重要と考えられ、そこでの知見にもとづいて解決策が検討される。そして、不登校の子が登校できるように、いじめがなくなるように……などのいわば誰にとっても目標となるべき客観的で不変的で画一的な正義を実現するべく、問題解決のための最も有効な策が選ばれ、対応の仕方が決定されるのである。

他方で、臨床教育の相談事例検討では、基本的には「言語という方法」に依って立ち、いわば「物語的」

なアプローチから事例が検討される。相談事例を検討する場合には、「その子どもがその場面で語り出した語りとして、その語りに独自の一回的な意味が出現している」と捉えて、検討をはじめる。日常（できごと）を、そうした個別的な場面性を織り込む形で出現しているものと捉え、そうしたできごとに応答することで開明（新しい意味発見）に向かおうとするのである。しかしそうである限り、「何がその一回的な意味であるのか」という問いに応答することは臨床教育学にとって不可避の責任となる。目の前に語り出された語りに実際に向き合い、それに応じながら、そこに一回的な意味を発見（発現）することが必要不可欠な営みとなるのである。立ち現われる世界（日常、できごと、語り）との出会いに身を置き、その一回的な意味の発見現場に立ち会おうとするとき、たとえそれが客観的な観察の枠組みからは意味のない「誤差」「例外」と判定されても、それらを切り捨て封印する態度をとらない。そうではなく、その場面に固有の新しい意味を発見し得る関係を工夫し模索しながら目の前のできごとに出会い、応答し、その意味発見を探求しつづけること、そうした語り合いを紡ぎつづけることを、臨床教育学では事例検討の場面と捉え、「実践」と呼ぶ。先にあげた「では、何がその場面に生まれている一回的な意味であるのか」という問いにたしかに応答できるかどうか（実践が可能かどうか）が、臨床教育学の真価が問われるところとも言えるだろう。

こうした見地から、臨床教育の事例検討場面においては、主に二点に注目することとなる。一つ目は、事例のなかでテーマとして提出されたできごとを、日常から浮き出した特殊な（検討すべき）事態として切り取った「関係」が何であったのかという点。たとえば、不登校の子どもに困っている担任が持参する事例である場合、不登校の子ども本人だけではなく、担任である教師本人も、さらに言えば、子どもや教師が身を置いているその学校の文化や風土も、すべてが当事者と呼べる存在であり、それらが「関係」として機能することで生まれたのが「検討を必要とする問題としての不登校」という名づけであると捉えるのである。そして二つ目に焦点化されるのは、その名づけ方に工夫の余地がないかという点になる。あらためて名づけが生まれた場面に立ち返り、関係や出会い方の再考を試みながら、新しい名づけ方の発見へと挑むのである。こうした作業を可能にするのが、検討に居合わせるそれぞれのメンバーの存在である。検討場面においては、そこに参加する者たちもまた当事者（読み手）として加わることで、できごとをめぐる「関係」が変化し、その結果として読みなおし——つまり、名づけの再考や再構築という作業——を可能とする回路が拓かれるのである。このようにして、名づけのために機能した「関係」に光をあて、筋立ての工夫や新たな当事者の参入などにより、一義性に縛りつけられていた名前（たったひとつの「検討を必要とする問題としての不登校」という呼び名）から、そのできごとを解放する道を模索するのが臨床教育学の事例検討場面である。

先の不登校の子どもに困っている担任の例で言えば、たとえば、教師が「目立たなかった子だったのに」「困っているようには見えなかった子だったのに」などと頻繁に述べることに参加者が注目をすることで、その子どもが教室という空間から姿を消すことで「目立つようになる」「見えるようになる」——つまり存在感を増す——様子にあらためて注意が払われ、この点についての自覚が生まれるとする。こうした語り合いによる気づきが、「関係」に作用を及ぼし、それまでの筋立てや文脈が変化し、物語が揺らぎ得る。「教室にいる／いない」「子どもが見える／見えない」「学校での場所／居場所」とは何だろう……など、新たな光のあて方が発見されることで、できごとに強固に貼りつけられていた名づけ（「検討を必要とする問題としての不登校」という名づけ）が多義へと（別の名づけへと）拓かれてゆく可能性を帯びはじめるのである。

わたしは、このような臨床教育学的な関心の向け方で検討をおこなう現場（臨床教育学的相談事例検討の場）に身を置き、提示された事例とかかわるなかで、事例として語り出される世界にはできごとへの呼び名がとても不可思議な姿で出現していることを感じた。検討のための主題として語り出される「問題」ももちろんだが、そうではないきわめて自明と思える名前（たとえば「学校」「友だち」「教育」など）でさえ、実際の生活場面においては実に多くの象徴性を帯び、さまざまに意味を変化させる。文脈や場面や語られる相手や、あるいはそれを受け取る聞き手の違いなど、多様な「関係」に影響を受けてはじめてその名前の意味は決定されているのである。そこに現われるそれぞれの呼び名は、たしかに、辞書を片手に解読できるいわゆるコード化され一般化された対象指示的な「言葉」とは明らかに異なっていた。少なくともそれを語る語り手の生活と密接に絡まり合って生まれており、独特で一回的な文脈——つまり独特な物語のなか——に位置していた。「いじめ」「問題」「学校」「友だち」……どのような名づけを取ってみても、それは何らかのできごとや物体に固定的、不変的に付与された唯一無二の名前ではない。たしかに一見すると、できごとが先天的に生まれもっている、一義的に貼りつけられた名前のようでもある。先の事例のできごととは、紛れもなく、誰が、いつ、どこで見ても、疑いようもなく、変わりようもなく、「検討を必要とする問題としての不登校」という名前でしかあり得ないようにも見えるのである。ともすればできごとへの名前とは、できごとの側に還元できるものであり、できごとがもって生まれてきた、できごとの所有物であるとも感じる。しかし、臨床教育学の検討場面においては、語り出された名前は、できごとと語り手（名づけ手）の出会いによってはじめて意味が決定されている名づけであると見立てる。だからこそそれは、新しい読み手（新しい当事者）の参入によって、新しい名づけへと転回し得る。そのように、まさにそこに提示されている名づけが「関係」によって生み出されているひとつの名づけ方として見えてくるのである。相談事例の場で語り出されているできごとが「検討を必要とする問題としての不登校」という名前で呼ばれる背景には、当該の子どもやその子どもの言動があるばかりでなく、紛れもなくこの教師（できごとの読み手であり、事例の語り手）がいて、彼らをとりまく学校文化があって、そのなかで共有されている価値観があって、あるいは一般常識的な教育観もまた存在していて、このタイミングでのできごとであったことも無関係ではなくて……、といった具合に、それらが全体として織り合わされてひとつの関係となり、その「関係」が物語のようにある水路（文脈）を作り出すことで、このできごとに「検討を必要とする問題としての不登校」というひとつの名を与えた様子が見えてくる。だからこそ、いま、この場で新しい関係項目（事例検討の参加者である読み手など）を迎えることで、できごとの名づけは、別の名づけへの可能性に拓かれ得るのである。

こうした事態に出会うまでのわたしは、ストレスや不登校といった何らかのテーマへのかかわり（対策や対応）と言うとき、「外」にばかり関心が向かっていた。まさに「……とは何か」と問い、テーマとなる対象（客体）にばかり目を向け、その対象がその名で呼ばれることへの疑いを一切もたず、完全に自明視していた。だからこそ、それが名づけであること自体を忘却していた。そのため、あらためてできごとへの名づけの可変的な在りように気づくことで、「わたし」（主体）の存在が無視できるものではない大きさと不可欠さをもって意識され、自覚された。それは、紛れもなく「わたし」の存在が、名づけが生まれる場面に、当事者としての重要な役割を担っているということの再認識であった。さらに、このように名づけを生んでいるのが「わたし」であるだけでなく、「わたし」を含めた「関係」であることへの気づきも大きなものであった。客観重視の手法では、通常、言語は主体の意志によって操作的に使用できる道具だと考えられてきた。だからもし、名づけということを考えようとするならば、「わたし」こそが名づけを自由に駆使できる万能的——すなわち独断的な私意性をもつ——主体（action の主体）だと捉えられてきた。しかし、相談場面で語られる名づけは、決して語り手である「わたし」個人の独善的で主情的な私的世界のできごととしてではなく、あくまで「関係」的世界のできごととして立ち現われていた。語り手（名づけ手）であるはずの「わたし」は、自らの意志や価値観を反映させて名づけている主体（action の主体）なのではなく、明らかに関係的で応答的な世界を生きることを余儀なくされている存在（re-action の主体）として名づけを生み出しているのである。このことはより端的に、名づけを生んでいるのは主体という個人なのではなく、関係であるとも言える。事例検討のような特別な場面に限らなくても、たとえば、ある関係のなかで緊張のあまりことばが紡げなくなったり、逆にある関係のなかではとめどなくことばが溢れてきたり……。ことばを生むのが個人（主体）の意志ではなく、関係であるということは、そのように日常において素朴に体験する感覚にも通じるものではないだろうか。事例検討という相談場面でのこれらの気づきは、いずれもあらためて思えば、日常感覚からはごく素朴であたり前のようなことでありつつ、しかしまさに新しい発見として体験されたのである。

できごととそれへの呼び名の連関がこのように見えてくると、たしかに当該のできごとにもまた別の意味（名づけ）が発現する可能性を感じるようになる。つまり、このできごとにふさわしい名づけが、きっとまだ他にも存在しているし、「関係」の工夫によって、できごとの名は多義へと拓かれるだろうという手応えが生まれるのである。わたしにとって実践場面である事例検討の場は、そうしたことをたしかに知る場となった。この体験的知見を得ることで、わたしはきわめて現実的な意味合いから、「言語という方法」を必要とする方向へと導かれた。そしてこれは同時に、個別の日常や生活シーン（出会いの場など）と不可分な連関をもつことで、多様で創造的な意味発見の場となり得る可能態（多様な意味の母胎）としての日常への関心をますます深める機会ともなった。

相談事例という実践場面で芽生えたこうした関心の展開のために不可欠であったもうひとつの出会いが、理論場面での出会いである。なかでも、皇が提唱する方法論（言語という方法）の基盤ともなっている言語学研究（言語哲学やレトリック論の研究 —— 特にアメリカにみる一九八〇年代のレトリカルターン現象以降のレトリック研究 —— など）に触れたことは、何より大きな出会いであった。それまで多くの領域において取り組まれてきた人間の本質や究極的根拠といった普遍性をめぐる研究は、客観性を特質とした言語や数値を主な手がかりにした実証研究であった。それらの研究は、対象となるできごとや事物を、できる限り個別性や主観を漂白した静的な時空間におけるものとして、時や文脈に依存しない定量的関係（たとえば因果関係）のなかで捉え、分析することを重視してきた。そのため、揺るぎなく一義的な定義が可能であるいわば辞書的な「言葉」や、誰もがいつでも同じように客観的に使用できる「数値」が、優れた研究効果のために必要な研究媒体と捉えられた。客観的研究においては、言葉や数値は、そのような定量的な計測を可能にする道具であると考えられてきたのである。

これに対して近年の言語学研究では、語られる個別の場面や聞かれる実際的状況など、「場面性」と不可分なつながりをもつことで発揮される言語の性質に注目する。そして、そうした言語の機能が、特に比喩などのレトリックにおいて顕著にみられると指摘する。たとえば、誰かが「わたしはオオカミ」と言ったとき、もちろんそれは自分が字義通りオオカミ（動物）であることを意味するのではない。辞書を片手に解読しようとすればその文章はエラーとなり、解読不可能、もしくは間違った語法、ということになるだろう。しかし、人間生活の営みのなかで使用されるとき、この文章は何も珍しいものではなく、おおよそ誰もが了解できるし、解読も可能だと考えられる。それは、語り手が自分を何らかのイメージと連関させているものであり、そのときオオカミがどのような象徴性や感触と結ばれているかは、それが語られた「場面性」と不可分につながってはじめて決定される。どのようなイメージがそこに込められるかは、「場面性」次第で多様な可能性に拓かれていて、きわめて可変的である。近年の言語学の研究は、このように比喩をはじめとする言語には、場面や文脈に依存し、その時々に新たなる意味を出現させる機能があることを指摘し、言語観の根本的な転回を提唱した。わたしは、こうした発想は臨床教育学が関心をむける日常の開明や、あるいはそれに応答しようする方法の創出に意義深い示唆を与えるだろうと感じた。相談場面での教師の言葉、学校での子どもの言葉、そうした言葉を名づけと捉えるためのヒントがあると考えたのである。この観点からであれば、新しい日常の姿——つまり、可能態としての多義的な揺らめきや可変性をもった日常の姿——が見えてくるだろうと考えた、と言うこともできる。これが、理論場面での出会いであった。

このようにしてわたしは、二つの出会い（実践場面での出会いと理論場面での出会い）に触れ、それを体験し、契機とし、常にこの二つの場面を往還しながら臨床教育学を深化させるプロセスを歩んだ。まさにこうした出会いやプロセスこそ、臨床教育的事態として捉えることができるだろう。

2 方法の要件——見立てと実践

「名づけ」をはじめ、臨床教育学が捉えようとする言語は、あらかじめなんらかの固定的で明瞭な輪郭をもって存在している実体（客体）ではなく、さまざまな呼応や関係のカタチとして、そのつどの場面的意味をもって現われる可能態である。以降では、このように生活のなかの場面性を色濃く帯び、文脈依存的に——すなわちそれぞれの関係やそのつどの出会いの具現化として——そこに固有の一回的意味を生み出す機能をもつ言語を、実体的で辞書的な「言葉」とは区別して、可能的な〈語り〉[1]と呼ぶことにする。これまで名づけや呼び名などと呼んできたものを、より広く眺めることで、さまざまな名づけが連関し合い、織りなしているイメージとストーリーを多分に含む物語的在りようとして〈語り〉と呼びなおそうとするのである。もちろんこの〈語り〉とは、どこかに実体的に存在している言語ではなく、臨床教育学的見立て（言語観の転回）によって言語に見出される機能である。なお、臨床教育学が言語の本質を探ろうとする言語学の一領域ではないことからも明らかなように、ここで提起する見解は、「あらゆる言語が本質的には〈語り〉である」と主張するものではない。あくまでも、こうしたひとつの機能に着目し、言語を〈語り〉として捉えようとするという限定的な意図である。その見立て（捉え方）が、臨床教育学が関心を向ける揺らめきをもつ可変的で動的な日常の開明に意義深い役割を果たすと考えるからである。日常を意味づけるさまざまな名づけたちは、何らかの事実に対して、あらかじめ意味が準備され、コード化されている名前（辞書に登録できる名前）として有るのではない。ひとびとが生きる具体的な場面と不可分に連関し、呼応し、それらとの応答的関係のなかではじめて意味が決定される。そのようにしてそれぞれの日常を織り込みながら、時々の一回的な意味を創出する〈語り〉として在る。〈語り〉は、関係や場面性が動く（日常の織り込み方が変化する）ことで多様な意味を生み出し得る、きわめて動的な機能である。言語をこのように見立てることで、日常に登場するさまざまな名づけたち（〈語り〉）は、閉じ込められていた一義性や記号的な形式性から解き放たれる。そうして一つひとつの名づけは、不可思議な揺らぎをみせる象徴性や可変性へと拓かれてゆく。それはすなわち、言語が画一的で客観的な世界から「人間」（主体）を巻き込む物語的世界へと誘われることでもある。なお、本書においては以降、そうした物語世界に機能として存在しているものの多様的な在りようを「在る」、また物理的世界に実体として存在しているモノの一義的な有りようを「有る」と表記し、それぞれを区別する。

　このとき、臨床教育学にとって次なるテーマとなるのは、それら〈語り〉への応答である。それぞれの〈語り〉に固有の新しい意味を発見するための営みと言ってもいい。素朴に言えば、臨床教育学は問題に対応し、応答するための学問である。語り出された問題を〈語り〉と捉え、それに応答しながらそこに一回的に創造される新しい意味を発見する作業こそ臨床教育学に求められている真の役割と言える。言語を〈語り〉として見立てる提案をすることは、臨床教育学にとってのゴールではなく、はじまりなのである。

これまで人間にかんする多くの学問は、実体（客体）としての世界を対象化して眺める立場から、世界の深層（真相）にある不変性や普遍性あるいは自立性といった側面に着目して研究の方法論を確立する経緯をもってきた。世界をスタティックな解釈枠に回収して理解しようとするこうした方法論は、他方でその解釈枠の外に位置するできごとに、曖昧さ、異常な事象、個別性、主観性、不測の事態、場面的固有性、偶然……といった名前を与えてきた。それらのできごとは、この枠組みによって、表層に位置するにすぎない、普遍とは無関係なものとされ、取るに足りない瑣末事とされてきた。そのようにして、それ以上のかかわりを必要としないものと判定され、理解の周縁部に追いやられた。そして結果的に、普遍や客観という名で枠組み（方法論）の側を正当化し、実際に生起しているできごとであるにもかかわらず、それらできごとの側が切り捨てられ、無視されてきた。客観至上の姿勢は、そうした独善的な排除の思想とも呼べる世界観を構築してきたのである。さらに、人間や世界を正解や真相という観点から捉えようとするこの世界観は、それ自身がすでにひとつの見立てでありひとつの方法であることを忘れ、そこで捉えるできごとの有りようがあたかも絶対的な唯一無二の真実（事実）であるかのように取り扱う傾向をつよくもってきた。

これに対して臨床教育学が提起しているのは、世界を一回的現象として捉える方法である。この方法とは、第一に、できごとを〈語り〉として捉える見立てを要件とし、そして第二に、その〈語り〉に応じることで創造的意味発見を模索する実践を要件とする。日々の生活に現われるできごとや事象は、各々の場面との不可分なつながりから、そうした具体的な場面性に規定され意味を生み出している。当事者としての「わたし」をも含み込む固有の「関係」が、ある種のカタチを帯びて、その先に独自の意味（名づけ方）を生み出している、と言い換えてもいい。日常におけるできごとの意味は、誰にでも同じように客観的で普遍的な形でそこに有るのではなく、常に個別の関係を通して、ある名づけ（意味）となっている。それぞれの意味はあくまでひとつの意味であり、絶対視されたり固定化や画一化されたりするものではなく、具体的な場面性が変化し、関係が変化することで姿を変える。そのように、そのつど生まれる一回的で可変的な意味を、ひとはある種の名を付与することで認識し、体験しているのだと見立てるのが臨床教育学である。こうしたいわば物語論的知見から、日常を、多様な関係に拓かれ、だからこそ多様な意味づけの可能性を秘めた母胎としての〈日常〉と捉えるのである。

この見立てこそ、その先に臨床教育的とも呼べる地平を拓く。そこに拓かれるのは、〈語り〉がやってくることによってはじめて、ひとがその〈語り〉に臨み、応答する者（re-action の主体）として、独特で一回的な意味の探求をはじめる場所である。それは、あらゆるできごとや事象を可能態としての〈語り〉と捉え、ひとが主体的に新しい意味と出会おうとする場所である。臨床教育学は、このようなそのつどの一回的応答としての意味発見に向かおうとする営みを「実践」と呼び、この営みの場所を「現場」と呼ぶ。なお、この実践の現場には、あらかじめ決められた基準（解釈枠）を適用し、それとの比較によって不可避に生み出されてしまう「例外」や「誤差」が現われることはあり得ない。客観主義的思考法では、先行する理解の枠組みによって普遍や客観とは無関係な「例外」と判定されたできごとを、積極的に世界からはじき出してきた。しかし臨床教育学では、もし目の前に「例外」と名づけられるできごとが登場したならば、それはむしろ向き合っている枠組みがうまく機能していない証拠であり、できごとと理解枠のマッチングが悪いことを意味しているのではないかと考える。つまりそれは、「例外」として理解されたのではなく、「理解不能」「解読不可能」「不可解」と判定された——つまり、理解が失敗した——事態だと捉えるのである。そのうえで、まさにこの「例外」という名づけが生まれた場所とは、「関係」の再構築によって、応答する方法を積極的に工夫することが求められている場所であると発想する。この要請に従って新しい方法（出会い方）を探求し、そのできごとに固有の創造的意味を発見しようと模索することが、臨床教育学が「実践」と呼ぶ営みなのである。

客観を重視するこれまでの多くの学問は、意味を解読するための方法論（枠組み、マニュアル、専門知識）に優位性を与えてきた。これに対して臨床教育学が提起する方法は、その時々に生まれる〈語り〉や〈日常〉の在りようにこそ優位性を見出し、そこに応じるなかで方法の側を工夫しようとする。〈語り〉を可能態として見立てることから出発したうえで、その〈語り〉を受け取り、それを前にして実際的具体的にどのようにそこに応じられるのか、その点をきわめて重要なポイントと考えるのである。臨床教育的地平における個別の相談事例やできごとの意味は、常に一回ごとに「いかに個々の〈語り〉に耳を傾け、応答し、新しい意味発見へと向かうのか」といった問いにさらされている。だからこそそれらの問いに積極的に向き合い、〈語り〉の意味発見をめぐる応答（語り合い）としての「実践」が最重要課題となり、不可欠な営みとなる。

臨床教育学の事例検討の場面では、事例はその時々に流動的で多義的な意味を発現する可能態と捉えられる。事例として語り出される〈語り〉には、語り手をめぐるイメージや語り手／聞き手という場面性などが多分に織り込まれている。時刻や季節や天候や場所やタイミング、あるいは聞き手となる者の状況や身分や年齢や語り手との関係や歴史性、さらには語り手／聞き手をとりまく価値観や文化や風土など、それらを全体的に視野に入れて織りなされるイメージを軸に、〈語り〉の手触りやそこに出現している生活の息づかいが感じられる。それらの「関係」が、ある文脈を生み、そこに筋立てをもった物語を生み、そうして〈語り〉（名づけたち）が生み出されている。だからこそ、〈語り〉として現われる事例においては、子どもや教師のふとしたひと言や何気ないひとつの動作にさえ、一般論や常識では掬いとれない（辞書では解読不能となる）独特な意味を発見できることがある。あらかじめ用意されている辞書や既存の教育観に照らし合わせ、それによって回収しようとする姿勢では聞きとれない意味である。それは、一回性や特異性をもった意味であり、それゆえにこそ、その〈語り〉（その場面、そのひと）と新しい形で出会うための重要な手がかりになる。そしてまた、いままさに、その〈語り〉に向き合おうとしている自身（事例検討の参加者）が、このできごとの当事者になることの自覚も重要となる。相談の場面に持参されたできごとは、新しい当事者を迎えることで、「関係」を変え、新しい意味発見へと向かおうとするのである。

たとえば先のように、ある教師が相談事例のなかで「目立たない子」とか「そんな風に見えなかった子」という言葉を多用して当該の問題児である不登校の子どもについて説明する。一般論や常識に照らし合わせるならば特に違和感のない文言かもしれないが、それが検討場面において、あらためて話題になることがある。そして、そうした何気ないひと言がその教師の教育観や子ども観を色濃く反映していたり、その子どもとその教師との関係を象徴していたり、と、きわめて独特の息づかいをもったオリジナルな筋立てに乗せられた、その場面に固有の意味として見えてくることがあるのである。あるときには、普段この教師がどのように子どもを見ているのか、その目の向け方やそこでの評価の仕方の特徴など、そうした日々の教育の在り方を反映していたり、「見られる／見る」「姿を消す／目につく」といった、その子どもとその教師に特有の関係を象徴していたり、ということがテーマとなるかもしれない。このように、相談場面において発見される新しい意味とは、その事例があらかじめ所有しているモノではないし、〈語り〉をめぐる当事者たちにとってさえ未知であり得る。それは、読みなおしに参加する新たなる当事者（検討に参加する者たち、事例の聞き手）による積極的な関与を通してはじめて現われ、創造され、発見される意味である。なおこのとき重要なのは、その意味が真実であるか、当該の子どもの真意を適切に解読できているか、事態の正しい理解であるか、という点ではない。その意味の正しさではなく、新しさという点にこそポイントが置かれる。さらに言えば、そこで発見された新しい意味が、〈日常〉の読みなおし（〈日常〉との出会いなおし）を可能にするかどうか、新しい「実践」の在り方を想起させ、立ち止まっていた足をふたたび動かすエネルギーとして機能するかどうかという点こそ重視される。たとえば事例を持参した教師にとっては、異常な問題事象として対応に困り果て立ちすくんでいた行為や、逆に自明視して通り過ぎてきた何気ない文言など、子どもをめぐるそうした日常にこれまでとは違う新しい意味や息づかいを発見することができるか。そして、その発見を手がかりにしてあらためて可能態としての〈日常〉と、そこに当事者としてかかわる「わたし」（主体）の存在に出会いなおすことができるか。それらの発見体験が、当該の子どもをめぐる日常に、新しい教育的「実践」の展開を想起させるイメージを生み出すことが可能になるかどうか。そのことこそ重要なのである。このとき新しい実践の可能性を想起できてこそ、教師はふたたび、明日もまたその子どもとの日常へと足を運ぼうと思えるからである。臨床教育学は、実践の解答例やマニュアルを示し、手渡すことで教師の実践を支えることはしない。それは、一見すれば当該の教師を助けることのようでありながら、実は教師から主体性を剥奪し、教師の実践から生々しさを漂白する働きへと向かう回路をもつ行為だからである。臨床教育学はあくまでも、教師自身が、自らのイメージや思考とともに、自らの目と感覚をもって、その子どもとの一回的な関係を生きる現場へと足を運ぼうと思えるエネルギーを創出する場を提供することで実践を支えようとする。それは、現実がもつ可能性と、そこを生きる教師の主体性とへの敬意と信頼を前提とした態度とも言える。

以上のように、〈日常〉が多義的で可能的な意味を回復し、そしてまた「わたし」がそこに紛れもなく重要な機能をもって生きている主体としての位置を回復する地平を切り拓くための「見立て」と、同時に、その地平で展開するそのつどの「実践」。それらを総称してはじめて臨床教育学が提起する「方法」と呼ぶことができる。こうした臨床教育学は、方法論の体系的形式化を目指すのではなく、常に一回ごとの事例〈語り〉としてのできごと〉と呼応する「実践」として在り、一つひとつの事例とのかかわりにおいて工夫されながら出現することを目指す。それは、継続性や持続性を志向して強固なマニュアルとなってゆく客観的手法とは異なる。そうではなく、きわめて物語的なアプローチをすることで、できごとがもつ一回性や象徴性に出会おうとする、動的で可変的な関係的方法である。誤解を恐れずに言えば、関心は、できごとをめぐる真実や真相にあるのではない。それよりむしろ、できごとが一義的ではない多様な意味（多様なリアリティや認識）を現わすことが可能である点にこそ関心を向ける。そのような名づけの多様性や関係の可能性に気づくことが、名づけられた事態（不登校とか問題とかストレスと名づけられたできごと）との根本的な出会いなおしや、かかわりなおしの契機になると考えるからである。客観やマニュアルによって与えられていた揺るぎない一義化された名前が多様性へと拓かれるとき、そのときこそあらためて「わたし」が主体的な在りようで名づけなおしの現場に身を置くことが可能となる。つまり現場とは、できごとの意味（名づけ）が解放される場所であると同時に、「わたし」の認識が自由になり、失われていた「わたし」の創造力や生産性やその意味でかけがえのない人間的尊厳や主体性が回復される場所ともなるのである。

臨床教育学の関心は、人間の究極的な本質や本性といったいわば静的な真理や真実の解明にあるのではなく、むしろ二度と同じ場面が存在せず、かといって完全なる無秩序でもない、個別性と共通性（あるいは主観性と客観性など）が複雑に連関し合う個別の事例の開明にある。臨床教育学は、このように個々の事例との応答から、多様で多義的な日常場面や変化を生きる動的な人間（主体）の在りようへと問いかける。そして、この問いかけを契機にひとを創造的実践へと誘う。まさに、この創造的実践こそが、できごと（問題）への対応や応答と言えるのではないかと考えるのである。問題というできごとに出会うならば、正しさの観点からそれを解決、解消し、世界から消失させることを目指すのではなく、新しさの観点からそのできごとを「問題」

という名から解放することを目指す。できごとの可能的で多義的な意味を具体的な手応えとともに発見し、そこに新しい物語が創造される実践を通して、問題や課題などと呼ばれる対応困難なできごととの出会いの場に積極的に臨もうとするのである。

3 事例としての二宮尊徳 ── テクスト研究の位置づけと意義

こうした臨床教育学の研究を、本書では基本的にテクスト研究として展開している。なぜ、テクスト研究なのか。それは文献（テクスト）が、先に述べた二つの出会い ── 実践場面での出会いと理論場面での出会い ── が交錯する接点に位置するからである。臨床教育学が一貫して関心を寄せるのはひとが暮らす現実的で可変的、動的な日常の開明であり、多様な意味生成の現場となり得る日常への創造的応答の方法である。

そうであるからこそ、ここでの文献研究もまたひとつの実践であることに自覚的であろうとする。臨床教育学の文献研究は、文献学的な関心から生まれたものではなく、あくまでのこの二つの出会いという臨床教育学的な関心を起源として生まれている。ここで芽生えた関心を、具体的なテクストとしての個別の〈語り〉に実際的に応答しながら意味発見を模索する営みのなかで思考しようとするのが臨床教育の文献研究である。本書は、この実践的で実験的なプロセスを、一事例として提出するものと位置づけられる。可能態としての〈語り〉という「見立て」が拓く地平で、意味発見という「実践」を展開できてこそ、はじめて臨床教育学の成立可能性が見えてくる。臨床教育学は、事例との出会いの場面を現場としてそのつど具現化する実践的方法として在るため、一つひとつの事例（テクストやできごと）との呼応のなかで編まれる営みとしてしか思考をしないし、姿を現わさない。まさにそのような臨床教育学が「実践知」として具現化する場所として、個別の事例（テクストやできごと）は位置しているのである。このようにそれが事例に先立つ方法として有るわけではなく、個別の事例への応答的営みとともに立ち現われる方法であるということからも、以降では「臨床教育（学）の方法／臨床教育的方法」とは呼ばず、自覚的に「臨床教育という方法」と呼ぶことにしたい。またこの研究は、「人間とは何か」「教育とは何か」という一義的な本質への問いをもつ伝統的な人間学や教育学と一線を画す研究であり、同時に、マニュアル的対応策や法則定立的で体系的な知識や情報を編み出して提示しようとする客観重視の専門領域とも異なる研究である。そうした解明へと向かう研究との明らかなる区別にこそ、まさに新たな知の創出とかかわる、開明へと向かう研究領域として臨床教育学（臨床教育研究）が創造されることの意義や必要性が見出されるだろう。

ところで、本書では以降一貫して、向き合うテクストとして二宮尊徳（一七八七―一八五六）の語りが選ばれ、このテクストとの出会いが描かれている。この選択の根拠を問われるならば、いくつかの説明は可能である。

第1章でも先取りして述べたが、二宮尊徳が生きた江戸時代末期には、たび重なる異常気象による経済不況と厳しい年貢の取り立てによって農村が疲弊していた。農民たちにとって、天災や人災という自分たちにはどうにもならない圧倒的な理不尽さや得体の知れない深刻な事態に次々と見舞われることで、生活への希望が失われ――尊徳のいう心田が荒れ果て――、その結果、次々と田畑も荒れ地になる。その農村（農民＋農地）の復興が、尊徳に課せられた職務であった。その際、尊徳は学者や思想家あるいは権力者として指導的役割を果たしたのではなく、自らもまた農民として、農民たちともに働き、生きるなかで――いわば現場のなかで――その職務を遂行した。彼の指導方法は、高遠な学説や思想や知識によるものではなく、もちろん暴力や脅しや強制力によるものでもなかった。ともに生きる農民たちのうちに希望を芽生えさせ、ひととしての尊厳や主体性を回復し——心田を耕し——、そこに芽生えた力を勤労意欲に転換させて田畑を開墾したのである。その際の具体的な方法とは、自身の実践する姿と、それに加え、「愚夫・愚婦」[2]としての農民を相手にした語りであった。農民たちはその語りを通して、過酷な農作業や生活の節制という実際の行為へと駆り立てられた。農村は、愚夫愚婦である彼らの心田耕作の結果として改良され、復興した。聞き手であった怠惰な農民たちを、勤勉な営農行為へと促した彼の語りとは、その意味できわめて実践的なものだと考えられる。尊徳の語りは、愚夫愚婦である農民たちにたしかに届き、納得を生み、希望を芽生えさせ、そして行動をも喚起させたという、具体的で実際的な力と機能をもっていた。

現代の教育事情を見回してみると、いじめ、不登校、発達障害など、さまざまに深刻な問題に次々と見舞われ、なおかつそうした事態に対処する有効な方法を見出すことができず、まさに教育現場が疲弊した時代であることが分かる。尊徳の時代に農民たちが希望をもてず、勤労意欲が生まれず、田畑が荒れたように、現代という時代の教師や親たちもまた希望をもてず、教育や子育ての意欲が生まれず、迷走し、教育という営みや教育現場が荒れてゆく。そんな時代であると言っても言い過ぎではないだろう。しかもそれは、たとえば不登校のような新しいタイプの問題が学校現場に登場してきた一九七〇年代からすると、驚くことにおよそ四〇年近くにわたってそうなのである。教育場面は、子どもたちの成長にとって欠くことのできない生活の営みの場であるにもかかわらず、まさに荒れ地のまま耕されずにいる。こうした教育の現場を、希望と実りが豊かで創造的な場所として復興するために必要な実践的で現実的な知恵や力とは何であろうか。本書は、二宮尊徳の語り(テクスト)を事例として検討することを通して、そうした問いにひとつの可能な応答をしようとするものでもある。

なぜ尊徳を事例にする必要があるのか。なぜ尊徳の語りをテクストにしなければならないのか。そのことは上述した通り、尊徳にとっての「農村指導」という生き方が、教師や親による「教育」の営みと重なり合う共通項を多くもっているると考えるからでもある。教育もまた、高遠で崇光なる学説や思想や知識によるものではなく、もちろん暴力や脅しや強制力によるものでもない。それは、大人たち自身の希望に支えられた実践や語りを通して、子どもたちとともに生きる営みのなかで、彼（彼女）らの内に希望を芽生えさせ、尊厳や主体性を育むことであり、子どもたち自身が田畑を開墾してゆく道を支援する営みだからである。このような状況を踏まえて、本書においては尊徳の語りを、聞き手（農民）の現実的行為に作用を及ぼす力をもっていた農村復興のための方法と見立てる。この見立てのもと、彼の語り（方法としての語り）をテクストとして選択し、テクストの開明に向かう。何が、農民たちの現実的な行動をも変容させる力となったのか。なぜこの語りがそれほどまでに力をもち得たのか。そうした問いと関心をもち、この語りに向かおうとする。そのため本書が尊徳の語りに出会うとき、注目すべき点は一貫してこの語りがもっていた機能となり、この語りの仕組みとなる。独特の力を発揮した語りとの実験的な応答のなかで、語り手である尊徳がどのような現実との出会い方（方法）をし、それをどのような語り方（方法）で農民たちに語り出したのか、といった方法としての側面を開明してゆこうとするのである。

臨床教育の研究では「何を」テクストに選定するかは第一義的な重要性をもっていない。それよりもむしろ、テクストを「いかに」見立てるかという点が重要になる。臨床教育は、テクストがあらかじめ固定的で一義的な意味（本当の意味、正解）をもつ実体的対象であると捉え、その真相解明に向かう学問ではない。テクストもまた日常や日常のできごとと同様に、あくまでかかわり方（関係、方法）によって可変的で多様な意味を発現し得ると捉えるのが臨床教育である。テクストと臨床教育という方法とが出会うなかで新しい一回的な意味が創造され、そこが意味発見の現場となることを、目指すべき開明と考える学問だからこそ、「いかに」という点を重視するのである。テクストは、対峙する方法との呼応を通してはじめて可能態としての〈テクスト〉になる。そのため、研究し尽くされたかに見える報徳言説も、出会い方次第ではこれまでとは異なる新たな意味を出現させる可能性を充分に秘めた〈テクスト〉となり得る。すでにこれまで、二宮尊徳にかんする研究は多領域においてさまざまになされている。最新の研究については第1章で少し紹介したし、それ以外の研究群については次章で明らかにするが、それらの研究は、尊徳の思想内容を精査し、分析し、たとえば神道、儒教、仏教など東洋思想の系譜において報徳思想をたどろうとする立場をとる。それらは「何が語られているのか」を問う立場であり、それゆえに中心となるのは報徳言説の実証主義的な分析となる。テクスト（の意味）が先行的、自立的、客観的に存在していることを前提とし、尊徳が語ったことを理解のための資料や情報と捉える立場である。こうした立場は、テクストの意味がテクストの側に根拠をもち、還元されるものであると考え、いわばその意味はテクストの先天的所有物であるとする世界観（言語観や現実観）に支えられている。だからこそ、記録に残された言葉の真意や語り手である尊徳の実像など、いわば深層（真相）にある唯一の「正しい理解（正解）」に迫ることが研究目的として設定され、テクストはそうした目的を達成するための道具であり、媒体であるとみなされる。まさに「報徳言説とは何か」という問いから、報徳言説の実像を探ろうとする姿勢と言える。そこでは対象（テクスト）の指示内容こそが重要なのであり、聞き手の主体的在りようはできる限り漂白して客観的であることが求められる。ただ尊徳が語った真意にのみ耳を傾け、その語りに向き合う者（聞き手、研究者）はなるべく自身の主観を排し、客観としてアプローチすべきなのであって、そこでは何らかの「見立て」や出会い方の「工夫」といった受け取り手（聞き手）の積極的関与は敬遠される。

しかし臨床教育学は、これとはまったく異なる、ある意味で正反対とも言える方法でテクストに向き合おうとする。相談事例の検討場面に積極的に関与して、名づけなおしの現場に立ち合おうとすることと同様に、テクストとの出会いのうえでもまた当事者的かかわりを展開する。テクストを見立て、そこに積極的に応答しながら新しい意味発見を模索するのである。テクストに向き合う者(読み手、研究者)は、まるで辞書をもたずに未知の言語世界に放り出されたときのように、決して油断せず、語りが生じる場面の全体に深い注意を払いながら応答する必要がある。こうした姿勢は、テクストの意味とはテクストをめぐる関係 —— 読み手(研究者)や方法(出会い方や応答の仕方)を含み込む関係 —— によってはじめて決定される多義的で動的なものである、という臨床教育学的世界観(言語観や現実観)に依っている。

なお本書は、尊徳の語りを農村復興の方法(農民たちを現実的な耕作へと駆り立てる力をもった方法としての語り)と見立て、その機能に注目し、徹底してこの当事者的関心を貫いた積極的関与を展開する。この固有の出会いと応答によって、テクストが新しい意味発見(発現)の現場となり得るか、ということに挑もうとするのである。だからこそ、ここにおいて最終的に開明されるのは、報徳言説があらかじめ所有している何らかの意味ではない。そうではなく、報徳言説が本書(ひとつの臨床教育)との出会いという独自の関係のなかで、その関係を大いに反映することで創造され発現する一回的な意味である。臨床教育学の文献研究においてテクストの意味は、語り手(書き手)の意志や意図に閉じ込められた一義的な意味の世界から読み手(臨床教育という方法)との応答に拓かれた多様な意味の世界へと解き放たれる。臨床教育との出会いのなかで、まさにテクストはそうした関係的な存在となり、多様で創造的な意味発見の現場となり得るのである。こうしたことが、先に臨床教育の研究で「何を」テクストに選定するかが重要性をもたず、むしろテクストを「いかに」見立て、応じられるかがきわめて重要になると言うことで示そうとした事態である。

ここにみるような主体的な積極的関与としてこそ、臨床教育という方法は成立する。そのため本書では一貫して方法を、目的に対する手段といういわば第二義的な意味においてではなく、むしろ、実際的具体的に時々に応じて個々の意味（内容、テクストの意味）を生み出す「根本的な構え」として考えている。意味を生み出すためのスタイルやモチーフと言い換えてもよい。あるいは、これまで「関係」と呼んできたものが、「方法」として具現化するとも言えるだろう。こうした観点から報徳言説に向き合うとき、尊徳の語りには洗練された強力な一貫性を発揮する特別な方法があるように感じる。そのため、尊徳の言説を根底において支える方法がいかなるものかを問う見立て――「何が報徳言説なのか」という問いの転回による見立て――を通して、個別に現われている語りに通底する彼の世界モチーフとしての思想が浮き彫りになるのではないかとも考えるのである。

以上のように、本書で展開する臨床教育のテクスト研究は、現実的な農村復興の方法として、聞き手の行動面に作用を及ぼし得る回路をもっていた尊徳の語りを事例として検討する作業となる。この作業は、臨床教育の相談場面で言語（できごとの呼び名）がもつ力や機能への不可思議さを体験したことがはじまりとなり、その体験を起源として芽生えた、不可思議な揺らめきをもつ言語（名づけ）や日常への関心から生まれている。臨床場面に起源をもって出発し、それがテクストとの出会いにおける方法の摸索へと移行し、そこで方法の精緻化がなされ、今度はふたたび教育世界へと帰還し、そのなかでさらなる鍛錬をする。そうした往還のなかでこそ、臨床教育という方法は成立する。この往還をもつことで、理論を現実に応用するという一方向的な連関とは根本的に異なるカタチで、新しい知（方法）を構築し、その知（方法）を洗練させることを目指すのである。

本書の関心は直接に二宮尊徳という人物像や彼の思想系譜上の位置づけに向かっているのではない。繰り返すが、問題意識は言語研究や思想史研究から発したものではなく、臨床場面から発している。そのためこれまでの尊徳研究による立論とは相当に異なった方向性をもつ考察となっている。本書は、尊徳の精神主義的、復古主義的な研究でもなければ、実証主義的な歴史分析の立場からの研究でもない。一貫して、動的で可変的な日常に応答することができる新しい人間研究の方法としての臨床教育の可能性について探求することを目指した研究として展開されている。端的に、尊徳研究ではなく臨床教育研究であるとも言える。ただし、たしかにこのような選定の理由があり、結果として尊徳の語りが臨床教育の研究に非常に適したテクストであったと言えるにせよ、そのことがテクスト選定の段階で予定調和的に判明していたわけではないこともまた、付言しておきたい。

4　テクストとしての報徳言説

さて、ここからは実際の報徳言説を交えて考えることとする。なお、詳細な論述は第4章と第5章で展開するが、ここでも少しだけ紹介をしながら、臨床教育学がどのようにこれらの語りに出会おうとするのかを具体的に論じておきたい。

尊徳が考えたことや語ったことは「報徳思想」「報徳言説」などと呼ばれているが、これらを体系的にまとめたようないわゆる学問的な書物は、少なくとも尊徳自身によっては残されていない。尊徳の語りは、あくまでも日常の具体的な場面にこだわって語りつづけられたいわば「断片」として残されているものだけなのである。厳密に言えば、そうした断片でさえ、尊徳自身によって残されているものはほとんど見られず、彼の死後、弟子たちによってまとめられ、残されたものが大半である。それは、尊徳が語った日々の語りを覚え書き風に書き記したものとして編纂されたり、あるいは際立ったエピソードを軸に、彼の生涯が時系列に沿って記されたりなど、さまざまな形体をもっている。

本書では、このように尊徳の語りが体系的には残されていないという事態が、報徳言説の稚拙さや未熟さや無秩序さを示すのではなく、むしろこの語りの重要な特徴を示す点だと捉えている。彼の語りは、常に、愚夫愚婦としての農民という聞き手をもち、そうした場面性からの規定を受けて語り出されていた。この点こそが、尊徳を学者や思想家とは区別するひとつのポイントである。彼は報徳思想を教え説くために、すなわち思想の教化を目的として、その思想自体を直接に表現し伝達するために自足的、能動的に語ったわけではなかった。個別の場面と切り離れたところに、事前に伝えるべきメッセージ（たとえば思想）があったわけではないのである。尊徳はあくまでも生活者として生き、農民として暮らすなかで語り出した。そしてこの語りの集積が、のちに思想と呼ばれてゆくのである。仲間の農民たちと集まった夜がたまたま冬至の日であれば目の前で場内を灯しているロウソクの語りが、あるいは弟子たちと一緒に温泉に入ったときには自分たちがいままさに浸かっている風呂の湯の語りが、といった具合に、尊徳の語りは常に即興的に、具体的な日常場面と一体化して出現している。たとえばここで、実際に二つの語りをみてみたい。

…前略…　人道はたとえれば水車のようなものである。その形の半分は水流に従い、半分は水流に逆らって輪が廻る。全体が水中に入れば廻らないで流される。また水を離れれば廻るはずがない。（中略）それゆえ人道は中庸を尊ぶのである。水車の中庸は、ほどよく水中に入って、半分は水に従い、半分は水流に逆らって、運転がとどこおらないことである。人の道もそのように天理に従って種を蒔き、天理に逆らって草を取り、欲に従って家業を励み、欲を制して義務を思うべきである。

翁はこう言われた。今日は冬至だ。夜の長いのは天命だ。夜の長いのを嫌って短くしようとしてもどうすることもできない。これを天というのだ。さてこの行燈《あんどん》の皿に油が一杯ある。これもまた天命だ。この一皿の油で、この長い夜を照らすには足りないがこれまたどうにもならない。ともに天命ではあるが、燈心を細くすれば、夜半に消えるべき燈火も夜明けまで持たせることができる。これが人事を尽くさなければならない理由だ。

…後略…

《『二宮翁夜話』三》

《『二宮翁夜話』二九》

ここでは、一般に報徳思想にとっての中枢概念と捉えられている「天道」「人道」の語りが展開されている。一つ目の語りは、当時の農村であればかならずどこにでもあり、誰もが目にし、体験的に知っている「水車」を通して、天道と人道のバランスや中庸というテーマを描き出している。二つ目の語りは、冬至の夜に集まった場所で、目の前にあった具体物としての「行燈（ロウソク）」を手がかりに、天道と人道の関係や、ひとが知恵や工夫を凝らして人道を生きることの意味や意義を描き出している。尊徳は、「天道とは……」「人道とは……」「中庸とは……」と、いわば直接的にそれを説明するような語り方をせず、このように徹底して場面のなかに身を置く語り手であった。語りは、常にその固有の場面性からの影響を多分に受けながら成立していて、この語りの意味理解もまた、いわゆる客観重視の姿勢では不可能となる。この語りの場は、言語自体があらかじめ持っている固定的な意味を連ねて構成されているのではなく、だからこそ辞書を片手に解読が可能な場面ではない。辞書の「水車」や「行燈」の項目には、尊徳がここで語り出しているようなオリジナルな意味は決して登録されていないのである。ここにみる語りの意味は、あくまで一回的、場面的、関係的に産出されているのであって、そうした文脈を抜きにしてこの意味を知ることはできない。そのようなある種の複雑さや固定化できない揺らめきをもつにもかかわらず（あるいはそうであるからこそ）、この「水車」や「行燈」が意味することは、語りが生み出される場面に身を置いていた聞き手たちには、独特の納得感やたしかさをもって感得されているのである。それはちょうど、「わたしはオオカミ」という表現の意味が、機械的、辞書的に解読しようとするときにはエラー（解読不能）としてはじかれてしまうけれど、その表現が生まれた場面に居合わせるひとにとっては、あまりにも容易に感得できることと似ている。場面に居合わせ、その表現に流れる文脈を知ることができるならば、意味理解はあまりにも容易なのである。まさにこうした一回的意味が創造され、共有される場面こそ、現場と呼べるだろう。一回ごとの具体的場面に応答しながら紡がれた尊徳の語りもまた、それを字義に照らしてマニュアル通りに解読しようとするとき、そこには矛盾や非論理的なエラー（解読不能）が多く含まれてしまう。だからこそその語りは客観的な体系化を拒むものとなる。この点で、報徳言説が学問的な未成熟さをもつものと捉えられてきた。しかし、その語りが出現した場面に実際に身を置いていた愚夫愚婦である農民たちにとっては、その語りの意味は疑いようもなくたしかに受け取られていったのである。さらに言えば、このとき生まれた感得こそ、聞き手である農民たちを、実際的な耕作という労働へと誘い、農民たちの生活認識や行為にまで作用を及ぼすほどの力となり得たとさえ言えるかも知れない。そのようにみるならば、こうした体系化を容易にはさせない、一回性や現場性という特徴は、報徳思想の未成熟さよりむしろ、報徳思想の真骨頂がみられる場所と捉えることもできるのではないだろうか。

福住正兄（一八二四―一八九二）が『二宮翁夜話』[4]（以下、『夜話』と略す）のあとがきでも述べているように、尊徳の語りは「衆人に対して講義されたこともなく、必ず一両名に対して」「その者」に向かってまさに臨機応変的に語り出されたと言われている。もし尊徳が思想家として、語るべき、伝えるべき内容をあらかじめもっていたとしたならば、臨機応変に場面に応答する必要はなく、いわばモノローグ的で画一的に語りの内容を決定することができたのではないだろうか。しかし尊徳は、常に聞き手である「その者」やその場面といった一回的な現実に応答しながら、臨機応変に語りを紡いだ。その意味では、厳密に言えば報徳言説（尊徳の語り）には同じ語りは存在しないのである。そうして紡がれた語りであれば、どれも聞き手や場面性を無視して意味の理解をすることができないからである。どの者を相手に、どの雰囲気のなかで、どのような表情をもって語られるかによって、たとえ字義的に見れば同じ話であっても、同じ語り、同じ意味として機能することはあり得ず、もはや別の語りへと変質することになるからである。たとえば上記の「行燈」の話が、別の場面で話されたとするならば、それはまさにその冬至の長く深い夜に語られた意味とはまったく異なる新しい意味や作用を生み出すことになるだろう。あるいは、「水車」も同様である。どの村の、どの時間帯の、どのような文化や気候や風土のなかで、誰を聞き手として語られるか、そうした現場の在りよりこそが「水車」にいかなる意味を生み出すかを決定するからである。そのように思うとき、尊徳はたしかに語る者（語り手）ではあったが、しかし自らが身を置く場面（現場）から自由ではあり得なかったと捉えることができるだろう。

こうした彼の語りには、それを語り手の意図という点から読み解こうとするとき、一見すると一貫性のない主張や、矛盾と感じられることがらが多く含み込まれている。彼の語りの内容（意味）は、語り手の意図という観点からの体系化や、一元的な筋立てによる説明をはばむものである。ただし、もし彼が、自らの意志を反映して目的的に理念を語る観念的な「語る主体」であれば、そうした場面からの制約を受けずに、より論理的に矛盾のない理路整然とした、いわば独語（モノローグ）としてのメッセージ（たとえば「思想」など）を語り得たであろう。しかし、報徳言説の成立を支えていたのは、何よりもまず即興的な応答性であり場面性であり現場性であった。尊徳によって生み出されるさまざまな語りは、尊徳の意志や意図といった語り手の側に完結して考えられるものではなく、常にその語りが生まれる場面との関係に呼応していた。彼の語りは、こうした場面との呼応という観点から読むときに、応答的整合性とも呼べる一貫性をもったものとしてみえてくる。それは、稚拙なる矛盾や無秩序さではなく、たしかな実践知としての一貫性をもった語りなのである。報徳言説は、聞き手との関係や語りの場面の雰囲気、スタイル、文脈と一体化して、はじめて生まれている。そのように見るならば、報徳言説とは「尊徳が語ったこと」ではなく「尊徳が身を置く現場が語ったこと」と捉えることができるだろう。ここでは、「主体と言語」「語る者と聞く者」「語ると聞く」などという区分はきわめて曖昧になり、それらすべてが〈語り〉というカタチで一気に出現しているのである。これが、報徳言説と臨床教育との出会いによって見えてきた、報徳言説（尊徳の語り）の姿であり、創造性であった。

これまでの通念的、一般的な客観的言語観のもとでは、「言語」は主体である人間によって使用される記号や道具と見なされてきた。この言語観においては、あらかじめ決められコード化された言語体系に則って、語る主体が組み立てるのが語りであり、それは語るという操作的行為の産物であった。言語は語る者の意図や意志を表現したり伝達したりするための媒体として使用されるのであり、そのため語りの意味は「語る主体の真意（真実）」と同一視された。また同時に、語りの意味とは、その言語体系に照らし合わせて誰がいつでも同じように正確に解読できることが前提とされている。他方、聞く者は語りの意味産出に直接的には関与しない受動的な観察者にすぎない。このように「語る者」と「聞く者」は、それぞれ役割は違うにせよ、ともに言語の外部にあって語りを対象的に操作や受容する存在と捉えられてきたのである。こうした言語観は「主体と言語」あるいは「語ると聞く」といった主客二分の二項対立的な構造図式によってつよく支配されてきたのである。

これに対して本書では、まずは臨床場面での気づきを起源として、こうした言語観を転回する立場を見出した。語りとは、常に一回的な現象としての〈語り〉であり、それをめぐる語り手や聞き手もまた、語りを対象として扱う外部者として存在する者ではあり得ない。その者たちもまた、〈語り〉という世界に巻き込まれ、織り込まれ、その内部に紛れもなく登場しているのであり、そのなかでこそ〈語り〉の動的で可変的な意味が一回ごとに創造されている。それが、本書が依拠する言語観である。この立場から報徳言説に出会うことで、先に述べたような尊徳の語りが〈語り〉として出現してくる様子が見えたのである。だからこそ、文献研究によって明らかになる姿もまた、あくまでも特有の言語観をもつ臨床教育との呼応によって報徳言説に見出されたひとつの見え方であって、この言説の真なる姿ではない。まず、尊徳の語りを〈語り〉として捉えたのは、本書における固有の「見立て」である。そのように見立てたうえで、本書はこの報徳言説というテクストに向き合い、この見立ての先に新しい意味を創造し、発見するための摸索としての応答的実践を重ねる。こうしたきわめて当事者的関心による営みが、臨床教育学の研究となる。だからこそ、ここにおいて発見される意味もまた、臨床教育と報徳言説の出会いが「関係」となって映し込まれている意味であり、それはあくまでもひとつの意味として提出されるのである。

なお、これまでの多くの尊徳研究においては、たとえばこうした尊徳が紡いだ日々の語りは、あくまで表層をただよう個別的で場面的な主観性を多分に含んだ卑近なものであり、その深層（真相）に普遍的で客観的な揺るぎない思想としての「報徳思想」が控えていると考えてきた。そして、その深層にある思想こそが、見出し解読すべき対象であると捉えてきたのである。尊徳が個別の場面との応答のなかで描き出した具体的な語りは、そうした深遠で高尚な報徳思想を、愚夫愚婦に分かりやすく解説するために便宜的にとられた手段であるとの発想である。だからこそ、表層的には、ときに秩序を無視する乱暴な思いつきも含まれ、理論的な整合性から外れる矛盾を呈してしまう語りも現われるが、それでも深層ではそれら小さな誤差を払拭するような大いなる思想が貫かれているとする捉え方である。しかし本書においては、こうした現実的場面との応答性を要件とする〈語り〉がもっていた、独特にして不可思議な機能や力にこそ注目をしていこうとする。報徳思想は、単なる説明言語として、尊徳のモノローグ（独語）として、そのように一方的に語り出されて伝えられた思想なのではなく、常に具体的な日常場面とのダイアローグ（対話）のなかに、そのつど創造されることで聞き手に独特の納得感をもって感得されてゆく思想であった。思想が創造される現場に立ち会うことで体験されるこの感得があったからこそ、いわゆる理論上の認識や理解であることを超えて、報徳思想は聞き手たちの日常へまで浸透し得たと捉えるのである。だからこそ、この個別の語りを、表層的でしかない瑣末事としてではなく、むしろ、報徳思想と不可分な、根幹的な機能を担うものとして見立てることを提案するのが本書の立場である。

　研究という場に、自らの関心や世界観を積極的に参入させてテクストに出会おうとすることは、それらテクストを語り手の意志や意図や、あるいは語られた真意などといった唯一無二の正しい理解といった一義性の呪縛から解き放つことを意図するものである。応じ手（読み手、研究者）の固有の関与に呼応して、多義的で多層的な意味を発現し得る可能態として、テクストを捉えてゆくのである。それは、テクストの解放であると同時に、応じ手の解放でもある。応じ手は、それを正解として認識することを強要される客観的世界から、それとの自由な出会い方や自由な認識を認められる物語的世界へと解放される。しかしその自由は応じ手に、目の前のテクストに主体的に関与し応答するための工夫や責任をも同時に求める。そのような自由と責任とともに、この物語的世界は、テクストと主体とのオリジナルな出会いの現場となり、新しい意味の創造と開明の現場となるのである。なお本書では、この開明にあたって、ヤコブソン（Roman Jakobson; 一八九六—一九八二）が提案する言語観を主たる手がかりとした。これらの詳細な論考については第4章と第5章にゆずるが、以下でもこれらの論を少し先取りしながら、いま一度、報徳言説と臨床教育という方法との出会いがもつ意義について考える。なぜ、臨床教育という方法は報徳言説に出会ってゆこうとするのか、そこには何が生まれることが予想されるのか、こうしたことに応える作業でもある。

5 出会い方の工夫——新たな方法へ

臨床教育が報徳言説との出会いにおいて捉えようとする〈語り〉のように、日常のできごとの意味（名づけ）が、それぞれの「関係」が擦り込まれ、映し込まれて一回ごとに生まれているのだと捉えるとき、そうしたできごとの意味理解の現場に臨むためにあらかじめ準備しておくことができるような解答例や解釈対応表やマニュアルや虎の巻は存在しないこととなる。あるいは、そうした既知の常識や固定観念や理解枠といったものを積極的に放棄することでしか、そこに生み出されるできごとの意味に臨むことはできないし、意味発見の場に立つことはできないとも言える。そのため、臨床教育を支える世界観に従ってできごとの意味理解に臨もうとすることは、ひとが辞書をもたずに未知なる言語世界に放り出されるような、新人が右も左も分からないまま現場に投げ込まれるような、相当にスリリングで緊張した、挑戦的で実験的な営みとなる。しかしその営みにおいては、固定観念や常識やマニュアルや専門知識に自らの思考や判断を委ね、人間（主体）を失っていくことによって次第に味わうようになる閉塞感や疲弊感が生まれてくることはあり得ない。ここでの営みは、たとえば尊徳やニュートンが世界との出会いにおいて味わったであろうドキドキとした生々しさがある。そこは、きわめて当事者的な創造の営みに身を置く、深い手応えとともにある実践の現場なのである。

本書では以降、二宮尊徳のテクストとの出会いに限定して論じてゆくが、たとえばこうした営みやその営みの現場についての論は、現実のあらゆる場面に通底してくることでもある。ある不登校の子どもとの出会い、ある子どものウソとの出会い、ある子どもを心配する親との出会い……。わたしたちは、そうしたできごととの出会いに、そうしたできごとの意味理解の場面に、どのように臨もうとするのだろうか。目の前のできごとをめぐる個別の関係を脇に置き、自らの思考や感覚や体験を封印し、外部に用意された何らかのマニュアルを持参して、そのできごとを計測し、裁断し、解読し、対応していくことは、たしかに安定的な正解へと迅速に向かうために有効かもしれない。しかし、おそらくそのように臨むことの代償も少なくないし、また、そうした代償にそろそろ自覚的になってもよい時代がやってきているのではないだろうか。少なくともわたしはそのように考え、そして、そうした態度との決別を宣言し、自身の目の前に現われるできごとへの臨み方、それらとの新しい出会い方(新しい方法)を模索して臨床教育学との出会いにたどり着き、そして本書を描いている。

あらためてふり返ると、こうした新しい方法への摸索の出発点には、客観を絶対視する世界観によってできごとの意味を解読してゆくときに生じる、独特の届かなさという体験があった。そしてまた、客観という枠組みに収まらない現象やできごとを「例外」「主観」と呼び、排除し、取りこぼしてゆくことへの違和感があった。例外や主観を排除することで普遍的な本質の理解に向かおうとするが、しかし実のところそれは、むしろ逆にそのできごとへの生々しい理解のための窓を塞いでゆくことなのではないだろうか。例外や主観と呼ばれた人間的事象を、その名づけによって瑣末事として切り捨ててゆくことで、果たして現実的なできごとの意味にたどり着くことができるのだろうか。漠然としていた疑問や違和感は、臨床教育学という学問との出会いによって、明確なる展開をはじめた。たとえば、例外という呼び名が、理解ではなく、理解の失敗の場所を意味する名づけであるという知見が、この出会いによってもたらされた。例外のみならず、問題、主観、個別、異常、誤差……などは、あくまでも客観重視の法則がとりこぼし、理解に失敗してきたできごとに名づけられた呼び名だという見立てである。そして、これらが生まれている場所を、手持ちの枠組みが通用しなくなり、それまでの枠組みを手放さざるを得なくなり、まさに新しい出会い方の工夫が要請されている場所であると捉えなおした。ここに新しい出会い方や新しい意味が創造され得る可能性を見出したのである。こうした意味発見の現場に積極的に臨もうとする臨床教育という方法は、周縁的で境界的なできごとについての、非中心化的で反転的な思考のスタイルを探索しているとも言えるであろう。

臨床教育という方法は、このようにして日常の生活世界にあふれている例外や問題（理解不可能）の意味に出会う試みとしてスタートした。本書ではこの営みを尊徳の語りをめぐる文献研究という形で展開するが、このときはじめに出会うテクストとして選定されたのは、尊徳研究における例外的事象としての『三才報徳金毛録』[5]（以下、『金毛録』と略す）であった。この書がどのような書で、具体的にどのような実践があったのかという点については第4章にゆずるが、結論だけ先取りして述べるならば、本書はこの『金毛録』との出会いを通して、固有の意味発見にたどり着くことができた。つまり、出会い方の工夫によって、例外的テクストとされてきた『金毛録』に、新しい独自の意味を創造し発見し得たのである。臨床教育という方法が例外的テクストとかかわるこうした在りようは、あるいは相談事例において語り出されるさまざまな問題と呼ばれるできごとに応答するスタイルと類似したものと考えることができるだろう。

さらに、この方法は『夜話』との出会いへと進む。臨床教育という方法にとって、この『夜話』との出会いにおいてもまた、意味発見の機能を果たし得たという点は意義深いことであった。先に二つの具体的な語り（水車と行燈の語り）をみたように、『夜話』は、これまでの客観主義的世界観をもつ研究においてもまた、例外どころか、むしろ逆にあまりにも「分かりやすいもの」と扱われてきた対象であった。このテクストは、手持ちの理解枠のなかで、すでに非常に明解な意味を担っていて、取り立てて出会い方の転回や工夫を必要としていたわけではない。それは、すでに誰にでもよく分かる解明済みのテクストだったのである。にもかかわらず、このテクストもまた臨床教育という方法との出会いのなかで新しい意味を生み出し、新たな理解の可能性を発現した。出会い方（方法）の工夫や転回は、意味不明な例外（『金毛録』）にだけではなく、すでに明瞭な意味を担っているはずのあたり前（『夜話』）にもまた、同じように新しい意味を発現させることができたのである。臨床教育の相談事例の検討会において語り合うなかでは、たとえば、それまでは「当然」と思って見過ごしていた子どもにまつわるできごとに新しい意味が発見されることがある。すると、その意味を軸に新たな見え方が生じ、その子どもをめぐる一連のできごとの配置が変容し、関係が変容し、それによってできごとをめぐる物語（名づけ）全体が変容しはじめることがある。臨床教育という方法と出会うとき、あたり前のできごともまた新たなる息づかいや鮮やかさを取り戻す回路が拓かれるのである。臨床教育は、かならずしも例外的な問題事象に対してのみ応答可能なのではなく、そのようにあたり前として自明視されているできごとに対してもまた充分にその機能を果たし得ると言えるだろう。つまり、臨床教育との出会いを通して、あらゆる類のできごとが、現場の豊かさを開拓するための窓となり得るのである。

客観主義を至上とする思考様式に従った人間研究は、世界やできごとを人間的関与（方法）とは無関係に客観的、普遍的に存在するモノとして捉えるため、ひとたびその世界観を基盤とした理解枠によって名づけを受けたできごとは、揺らぐことなくそう有るモノとして実体的に認識される傾向をつよくもってきた。だからこそ、あるテクストの意味も、例外という呼び名も、何らかの新たな「真実」が解明されない限り、揺るぎなくその意味（名づけ）を変えることはあり得ないと信じられてきたのである。関心は一貫して対象に向かい、その世界を捉えている手法への自覚が働かず、多くの場合、それら手法については客観という名のもとで正当化され、絶対的に自明視されてきた。これに対して臨床教育における関心は、テクストやできごとに付与された意味（名づけ）そのものに向かうのではなく、その意味（名づけ）を生み出した関係へと向かい、そこに自覚的であろうとする。できごとや世界を固定的、自立的に「〜で有るモノ」ではなく、可変的にそのつどの場面と呼応して「〜として在る（現われる）もの」と見立てるのである。日常において認識され体験されるできごとの意味とは、あるひとつの見立て方や名づけ方によって出現しているのであり、これを出現させているのは関係であり、関係の具現化としての方法（そのものとの出会い方）である。そのように捉えることで、テクストやできごとを含め、ひとが生きる日常を、一義的な形式性から多義的な揺らぎをみせる象徴性や可変性へと放とうとする。このことによって、できごととの出会いを生きる「わたし」の認識や判断もまた、より自由な、その意味でより主体的な世界に導き入れられることとなる。名づけや見立てをめぐる論は、できごと（日常）への一義的で固定的な理解の枠組みを揺るがす機能をもち、現場を豊かさへむけて拓くだけでなく、そこを生きる「わたし」がより自由で創造的な生産性と責任とを獲得するための回路を拓くものなのである。

ただしこのとき、臨床教育にとって大切な要件でもある「見立て」やここにおける「自由」とは、もちろん「世界はそれぞれ思うままにどう捉えても構わない」ことを意味するものではない。当然のことながら、できごとに応答するためのそれぞれの方法には、それを方法たらしめる一貫性や論理性が必要である。本書に即するならば、臨床教育という方法は、例外的事象としての『金毛録』との出会いと応答、さらに『夜話』

との出会いと応答といった営み（研究）を重ねるなかで、ある種の方向性をはらんだカタチを現わしてゆく。そうしたカタチは、本書の全体を通して感得できると考えている。臨床教育という方法は具体的なできごと（相談事例やテクスト事例）との呼応を通してそのつどに編み出され創造される「見立て」と「実践」である。そのため、たとえば『金毛録』によって生まれた方法が、そのまま『夜話』に適用できるわけではない。臨床教育とは、まさに一回的な方法なのである。しかしそうした方法もまた、無秩序に乱立するのではなく、ある種の秩序をもった一貫したカタチ（スタイル）を帯びて出現する。本書の全体を通して感得されるものこそこのスタイルであり、これが臨床教育という方法の妥当性を支え、この方法の成立可能性を主張するための根拠になる。臨床教育という方法と報徳言説という語りとの出会いの場面は、テクストをめぐる開明への実践が展開される場であり、同時に臨床教育を具現化し、そのスタイルを生み出し、出現させる場でもある。この出会いは、そうしたまさに創造的実践の現場であり、本書はそこでの営みの様子をひとつの事例報告として提出しようとする。

なお以降では、こうした独自の出会いの場面を報告する前に、これまでの多くの研究がどのようにして尊徳や報徳言説というできごとに出会ってきたかを紹介する。そこで触れられるほとんどの出会い方は、本書とは相当に立場の違うものであり、その意味で第4章以降に展開する本書の出会い方（方法）の特徴をより鮮明にすると考える。

注

（1）以降、〈 〉は可能態というニュアンスを含む用語にのみ使用するものとする。

（2）尊徳による語句であるが、以降では「 」を外し、愚夫愚婦と表記する。

(3) 本書では「報徳言説」という用語を、尊徳の自著として残されている言説と同時に、弟子たちによって間接的に残されている言説も含めた「二宮尊徳の言説(報徳言説)」を示す総称的なタームとして用いる。

(4) 福住正兄『二宮翁夜話』巻一(一八八四年)。本書では、児玉幸多編『日本の名著二六 二宮尊徳』(中央公論社、一九七〇年)に掲載されている「二宮翁夜話」を参照する。

(5) 天保五年という奥書があるため、一応この年(一八三四年)に作成されたとされている。書題の「三才」は三才図絵など当時の通用語であり、「三」は天・地・人の三つを指し「才」は才能などの「才」のように「はたらき」を意味する。ここで言う「はたらき」とは、宇宙の全体すなわち天地人のそなえる「徳」のはたらきである。また「金毛」というのは中国とモンゴルとの貿易に用いられるモンゴル産の毛皮であり、それが高価で、貨幣の代用となるほどだったため、尊い物の表示とも見られる。なお、本書における引用文は、すべて『復刻版 二宮尊徳全集 第一巻』(龍渓書舎、一九七七年)に所収の「三才報徳金毛録」を使用した。また和文訳については、児玉幸多編『日本の名著二六 二宮尊徳』(中央公論社、一九七〇年)に所収の、さらに各図版は、二宮尊親編『二宮尊徳遺稿』(中央報徳会、一九一四年)に所収のそれぞれの「三才報徳金毛録」を使用している。

第3章　尊徳研究の類型化

1　多様なる尊徳像

二宮尊徳の思想や事業は、歴史、経済、政治、哲学、宗教、教育などさまざまな分野で研究され、主要な文献はもちろん、彼にまつわる秘話的なエピソードに至るまで、すでに研究し尽くされた感もあるほど微細に扱われてきている。それでもなお、本書では尊徳の語り（報徳言説）との出会いに着目し、テクストとの出会い方の工夫によって独自の新しい意味創造へと向かうことを試みる。次章以降では、この新しい出会い方をめぐる論を具体的に展開するが、その作業に入る前にまず本章では、これまでの多領域にわたる多様な尊徳研究を俯瞰的にまとめて提示したい。そのことが、本書の出会い方の新しさという点をより鮮明にし、本書の独自性や特徴を明らかにすると考えるからである。

ところで、尊徳は自らの知を一貫して「実践のための知」と位置づけていたため、著作を残すことにも思想を明瞭に定義し体系化することにも積極的ではなかった。そしてそのことが、のちに後継者たちが各々の立場から報徳思想を概念化する事態をまねくこととなる。たとえば、正当的後継者を名乗る富田高慶（一八一四—一八九〇）、西洋功利学を軸に解釈をおこなった岡田良一郎（一八三九—一九一五）、平田国学の影響を色濃く受けた福住正兄など、相互に対立するような報徳思想解釈の立場をも生み出す結果へとつながり、報徳思想をめぐる門人間の論争を展開させるのである。しかしながら、教育勅語体制以降にはそれらの脈絡とは一線を画して、二宮金次郎が道徳教化のための「勤倹のシンボル」として登場する。国家イデオロギーの文脈においてクローズアップされ、国定修身教科書の題材となり、「手本は二宮金次郎」と謳われることで大いに活用され、文字通り一世風靡をする国民的な存在となる。また他方で、戦後には一転してＧＨＱによって「民主主義のシンボル」としての評価を与えられるなど、尊徳（像）はまさに時代に翻弄されてきたとも言える。さらに第1章でも触れたが、現代においてもなお、尊徳の実践や思想をめぐる研究や関心は根づよくつづいており、静岡県を中心に活動を展開する報徳社運動や、国政や地方治政への影響、あるいは国際二宮尊徳思想学会の設立など、その影響力の甚大さを垣間見ることができるだろう。本書での俯瞰的紹介では、このように広範な領域や膨大な数をもつ尊徳研究のすべての概観は不可能であるため、そのなかの代表的な研究を扱うことにとどまっている。なお、いくつかの代表的研究について論じる前に、それら各研究が、尊徳研究全体のなかでどのような位置を占めるかを知るための目安としても、まずは一連の研究の流れを概括的に追う。そのために以下では、大藤修（一九四八—）の論を要約することで、尊徳研究の動向を紹介しておきたい[1]。以下は大藤の論である。

2　尊徳研究の動向

明治よりこれまで、二宮尊徳にかんする研究は、報徳社運動の指導者や哲学、倫理学、教育史の研究者などさまざまな立場からおこなわれてきた。そのうち特に、主に戦前に書かれた古典的名著として、佐々井信太郎（一八七四—一九七一）の『二宮尊徳研究』（岩波書店、一九二七）、『二宮尊徳の体験と思想』（一円融合会、一九六三）、『二宮尊徳伝』（日本評論社、一九三五／経済往来社より一九七七年に復刻）と、下程勇吉（一九〇四—一九九八）の『天道と人道』（岩波書店、一九四二／龍渓書舎より一九七八年に改編復刻）、『二宮尊徳の人間学的研究』（広池学園出版部、一九六五）などがあげられる。

一方で戦後の歴史家による尊徳理解に大きく影響を及ぼしたのは、奥谷松治（一九〇三—一九七八）の『二宮尊徳と報徳社運動』（高陽書院、一九三六）である。これは、尊徳の思想や仕法あるいはそののちの報徳社運動が、反動性や保守性といった性格をもっていたことを、マルクス主義の歴史理論をベースにして断じたものである。この奥谷の見解は、戦後マルクス主義的な研究が主流となるなかで広く受け入れられるが、その代表的なものが江守五夫（一九二九—）の「明治期の報徳社運動の史的社会的背景」（一）・（二）（明治大学法律研究所編、『法律論業』四〇巻一号、二・三合併号、一九六六／『日本村落社会の構造』、弘文堂、一九七六に所収）だと言える。

これに対して、土着の思想家、農民の立場からの実践家として尊徳を捉えなおしたのが奈良本辰也（一九一三—二〇〇一）である。彼は『二宮尊徳』（岩波書店、一九五九）、「二宮尊徳の人と思想」（日本思想体系『二宮尊徳・大原幽学』、岩波書店、一九七三）などの代表的著作において、尊徳の思想や仕法を一面的に領主階級の立場にある保守的、反動的なものとする見解に対しても、また逆に、時流に迎合した護教的な尊徳称賛の見解に対しても、批判的な立場を主張した。こうした奈良本の見解と同じく、尊徳を農民の立場に立った思想家、指導者として評価しなおしたのは、児玉幸多（一九〇九—二〇〇七）で彼が編集したのが『日本の名著二六　二宮尊徳』（中央公論社、一九七〇）である。安丸良夫（一九三四—）『日本の近代化と民衆思想』（青木書店、一九七四）では、このように尊徳が農民としての生活のなかで自らの思想を形成し、農村復興に生涯を捧げた人物である点に着目し、尊徳を近世中期以降の民衆的諸思想の潮流のなかに位置づけている。安丸は、「勤勉、倹約、謙譲、孝行」などの「通俗道徳」の実践による自己鍛練、自己規律の主張が、民衆の主体形成のダイナミズムにかかわるものであった点を論じている。そしてこれを、幕藩制解体から近代化への過程という途上に生きた当時の民衆思想に共通するテーマであると捉え、そのひとつの事例として尊徳の思想と仕法を取りあげている。安丸の論は、尊徳思想を民衆に対する規制の論理と捉え、領主に対する規制の面はあまり評価していない。この安丸の見解に依拠していると思われるものに、青木美智男（一九三六—）「金次郎と尊徳」（『文化文政期の民衆と文化』、文化書房博文社、一九八五）がある。青木は、尊徳の思想に政治批判が欠如していることを指摘し、もっぱら人民の営為や勤労の必要性を強調することで、失敗者の責任が徹底的に自己責任へと転嫁され、国家責任を問わない姿勢へとつながった、と主張する。

宇津木三郎（一九四六—）「二宮尊徳の思想の特質と仕法」（歴史同人『紅葉坂』四号、一九七七／『かいびゃく』二七巻六、七、八号、一九七八に転載）は、これら諸々の先行研究に対する批判的検討に立った分析を試みている。たとえば、尊徳の思想の「天道」と「人道」にかんしては、それまでの研究ではこの二つの道を区別した点に着目して論じられてきたのに対し、宇津木は、尊徳においては「天道」と「人道」はまったく異質のものではなく、道徳面では天人合一の思想がみられると論じている。農業経済学者である守田志郎（一九二四—一九七七）の著わした『二宮尊徳』（朝日新聞社、一九七五）では、当時の村落の慣行、農民の生活状況、ものの考え方などを背景に、尊徳の行動を生き生きと描写することが目指されている。尊徳の思想と仕法の性格を論じるのではなく、等身大に尊徳を描くというスタイルをとるのである。また、このほか尊徳の評伝としては左方郁子（一九三六―）『財政再建の哲学　二宮尊徳』（ＰＨＰ研究所、一九八三）がある。ところで並松信久（一九五二―）は、「つくられた二宮尊徳―模範的人物像の流布について―」（吉田邦光編、『一九世紀日本の情報と社会変動』、京都大学人文科学研究所、一九八六）において尊徳が明治以降模範的人物像として国家によって造形され、利用された経緯に着目した研究をおこない、尊徳の思想自体の分析の必要性を述べ、「二宮尊徳における農業思想の形成」（『農業問題研究』三月号、一九八三）などを論じている。

以上が、主に尊徳の思想や人物像をめぐる諸研究である。つづいて報徳仕法の性格をめぐる諸論についてみてゆきたい。報徳仕法については、佐々井の『二宮尊徳伝』（前掲）に概要が描かれているが、一九六〇年代以降、幕藩政史や農村経済史の一環として、仕法の実態分析が盛んになされるようになった。報徳仕法は当初、農村が荒廃することで深刻な財政危機となった領主階級の対応法の究明のために研究対象とされていた。報徳仕法をそうした領主による藩政改革のひとつとして分析したのは、竹中端子「天保改革の片鱗」（『お茶の水史学』四号、一九六二）である。また、上杉允彦（一九三八―）「報徳思想の成立」（『栃木県史研究』一四号、一九七七）では、尊徳が最初に手がけた桜町仕法の具体的展開過程の分析を通じて、報徳思想と尊徳の農政理論の形成やその特質を探っている。この論においても報徳仕法は、領主政策の一環として成されたことから領主階級の立場に立つものとして捉えられている。さらに、川俣英一『幕末の農村計画』（茨城県田園都市協会、一九七六）もまた、尊徳の仕法は本質的に領主のための封建的農村更生計画であり、尊徳も封建権力の一端を担う下級役人であり前期的資本家である、と結論している。

長倉保（一九二四―）は、「小田原藩における報徳仕法について」（北島正元編、『幕藩制国家解体過程の研究』、吉川弘文館、一九七八）、「烏山藩における文政・天保改革と報徳仕法の位置」（『日本歴史』三三八号、一九七六）において、それぞれの藩における報徳仕法の発業と撤廃までの経緯を、諸階級・諸階層の動向に目を向けつつ分析する。このなかでは、それまで一体的に捉えられていた尊徳自身の意図や論理と、藩側の論理との関係があらためて検討されている。また、小田原藩においては藩の改革路線とともに報徳仕法が変質し、尊徳の手を離れた「一村仕法」が実施されていたことが指摘されている。ここにおいて、報徳仕法が領主行政の一環に組み込まれると、尊徳の意向が必ずしも充分に領主側に受け入れられず、複雑な変質の経緯をたどるのが常であることが明らかにされている。またこれと類似の視点から、尊徳の思想や仕法が、自藩の伝統的な制度や規範に固執し、領域にこだわり、他領とのかかわりを避けようとする各藩当局者の姿勢との間に摩擦を生むものであったと指摘するのは、宇津木三郎「二宮尊徳の思想の特質と仕法」(前掲)である。また、岡田博(一九四七―)の『尊徳と三志を結んだ人たち』(報徳文庫、一九八五)では、村や町を超えて連携していた不二孝仲間が、報徳仕法が関東一円に広まったときの様子が論じられている。そこでは、報徳仕法が、米麦そのほかの物資の大量調達、経済情報の収集、提供、仕法資金の活用と増殖などに大きな役割を果たしていたことが解明された。

ところで、報徳仕法の限界についての論もまた多くなされている。たとえば、菅野則子(一九三九―)「天保期下層農民の存在形態」(『歴史学研究』三六五号、一九七〇)では、尊徳の仕法はたしかに農村の再興に成功したが、それは同時に最下層農民に脱農化の方向を促進することになったと指摘する。そして菅野は、こうした最下層農民の切り捨てを報徳仕法の本質と論じる。また、大江よしみは「天保期の小田原藩領の農村の動向―金井嶋村の報徳仕法―」(『小田原地方史研究』一号、一九六九)において、新興地主層に有利な自力更生運動として報徳仕法を位置づけ、一時的な効果をもたらすにすぎないものと結論している。さらに、内田哲夫(一九三〇―)は「報徳仕法と御殿場」(『御殿場市史研究』四号、一九七八)のなかで、報徳仕法は、村内上層及び中層へのてこ入れや立ちなおり策が主眼であり、下層に対しては当座凌ぎの融資がおこなわれても、潰への転落を防ぎえなかったという点にその限界があると論じる。

こうした批判がある一方で、熊川由美子は「二宮金次郎の仕法に関する一考察」(『人文論集』二五号、静岡大学人文学部、一九七四)において、報徳仕法が領主に対して要求した「分度」の意義を捉えなおし、また、仕法の実施過程を考察すると、それは下層農民への保障も含めて村全体で助け合いながら農村を復興させることを意図したものだった、という見解を提示するのである。さらに先述のように、竹中らが報徳仕法を領主政策の一環として位置づけたのに対して、林玲子(一九三〇―)「下館藩における尊徳趣法の背景」(『茨城県史研究』六号、一九六六)や濱田佳代子「下館藩御用商人の分析―中村兵左衛門家の場合―」(『資料館紀要』創刊号、学習院大学、一九八三)は、下館藩の仕法導入は封建権力の強制の結果ではなく、御用達商人中村兵左衛門が藩上層部を動かした結果であったことを明らかにした。中村兵左衛門は、晒木綿生産に買次商人としてかかわっていたことから、農村荒廃による自らの経営基盤の崩壊をくいとめるために、本百姓体制の立てなおしの必要性を痛感し、仕法の導入や実施に献身的な融資をおこなったと言うのである。同じく、高橋敏(一九四〇―)「打毀しと代官―天保七年韮山代官所打毀しについて―」(『地方史研究』一一九号、一九七二)では、家と共同体との関係についての自覚にもとづき報徳仕法を導入し、両者の立てなおしを図ろうとしたのが、大磯宿の打毀しで襲撃された豪商川崎屋平右衛門であると論じる。

なお、こうした尊徳研究の多くは従来、思想面の研究と仕法の実態研究とがそれぞれ別個になされてきた傾向がつよい。そしてそのことが、個別の農村の事例を検討する立場をとる仕法研究が、どうしても局所的な性格の論考に終始してしまう一因となっている。そうしたなかで、尊徳の思想と実践を一貫して分析することを試みるために、彼の思想と仕法をあわせて考察することを企図したものに、山中清孝「関東農村の荒廃と二宮尊徳の仕法」(『人間科学研究所紀要』三号、江戸川学園、一九八七)や先にもあげた宇津木三郎「二宮尊徳の思想の特質と仕法」がある。その他、近世社会における「家」の個別化傾向との関係で報徳仕法の性格を論じた深谷克己(一九三九—)の論(『栃木県史　通史編五』・近世二の第十章、一九八四)や、桜町仕法の具体的分析から仕法の成立過程を跡づけようとした大塚英二(一九五六—)「近世後期北関東における小農再建と報徳金融の特質」(『日本史研究』二六三号、一九八四)、「報徳仕法成立期における諸問題—仕法論理成立過程再検討の素材—」(『人文科学研究』一五号、名古屋大学、一九八六)、あるいは、緻密な分析によって日光神領仕法と花田村仕法についての具体像を解明した河内八郎(一九三四—一九九〇)/森豊(一九一七—)『いまいち市史』通史編・別編I(一九八〇)なども注目すべき論である。

3　出会い方への着目

以上が、大藤がまとめた戦後を中心とした一連の尊徳研究の動向を要約したものである。大藤も述べるように、特に戦後はマルクス主義的な研究傾向がつよくなる。そのため、思想や仕法との出会い方は客観的であるべきであり、研究においては本質や正解や真相を究明するべきであると考えられるようになる。まさに「報徳思想とは何か」「尊徳の実像とはいかなるものであったのか」が問われ、この問いにでき得る限り緻密な正解を導くことが求められた。研究への評価は、「正しいか/誤りか」という一元的な価値基準からなされたのである。こうした傾向は、佐々井や下程らを中心とした戦前の研究者たちの護教的、精神主義的な研究への反省から、自覚的に選ばれた方向でもあった。尊徳との出会いを通して、その精神を現実社会にいかに活かすかといった関心をもつ規範的な性格の戦前の研究は、ともすれば冷静さを欠いた尊徳讃歌になりかねない。それゆえに戦後の研究においては、そうした特定のイデオロギーや価値観からの理解の仕方は徹底的に排除されるべきであり、尊徳を神格化したり報徳思想を宗教的、倫理的脈絡によって位置づけたりするのではない、新しい出会い方を探索することが課題となった。そのなかで、たとえば仕法の数理的分析や、できるかぎり詳細な史実調査にもとづいた証拠主義の検討といった客観的な出会い方が重視された。いわゆる、価値中立的、没価値的な研究の立場(出会い方)こそが求められたのである。そのようにして次第に、客観重視の実証主義的、歴史分析的視座から尊徳や報徳思想に出会いなおそうとする研究が主流となっていった。

たしかに、こうした戦前の前近代的な価値的手法から近代的没価値的手法への変遷は、ある一面で大きな変化であったとも言える。しかし実は、どちらもが尊徳や報徳思想に出会うなかで、その「正確なる姿」を求めていたという点では共通しているのである。違ったのは、人間としてあるべき倫理や規範を法則として発動させて出会ったのか、あるいは客観性を法則として発動させて出会ったのか、という点である。いずれにしても、何らかの法則を理解の枠組みとして持参し、出会いの場に臨み、その法則に適う部分を切り取ってきて解釈を成立させるという点ではきわめて類似の手法での出会いが展開されたと言っても過言ではない。このとき、テクストの意味はテクスト自身が根拠となって、あたかも所有物であるかのようにすでにもっている(一義的に決定されている)と捉えられていた。だからこそその解読作業である研究は、テクストがもつたったひとつの「真なる正しい意味(正解)」へと向かおうとする。テクストとの出会い(研究)とは、まさにその真なる正しい意味にどれだけ近づけるかをテーマにすべきだと疑いもなく捉えていた点で、戦前戦後の研究は共通していたのである。こうした出会い方が、正確な内容伝達にはふさわしくない奇妙な仕掛けに満ちた『金毛録』を、「難解」だと言わせ、それを研究対象から遠ざけてきたのである。

ただし、これらの研究動向が大藤によってまとめられたのは、今から二〇年以上前のことになり、その後、現在に至るまでにさらに新しい研究が多く生み出されている。たとえば、単著の研究をあげるなら、大貫章『二宮尊徳の道徳と実践』（財団法人モラロジー研究所、二〇〇六年）、二宮康裕『日記・書簡・仕法書・著作から見た　二宮金次郎の人生と思想』（麗澤大学出版会、二〇〇八年）、並松信久『報徳思想と近代京都』（昭和堂、二〇一〇年）などがある。また現在では、劉金才（一九五一―）によって詳しく論じられているように(2)、近代の客観的、実証主義的、人間中心主義的思想の行きづまりをひとつの契機として、報徳思想を「尊徳称賛」や「尊徳批判」といった論法から論じるのではなく、より現代的な意味での学術論考を目指して国際二宮尊徳思想学会が誕生し、活発な研究活動が推進されている。この学会については先に紹介をしたが、そこでは前近代的研究への回帰の推奨でもなく、同時に近代的客観至上の研究の踏襲でもない、新しい学術性の構築に向かうことが目指されている。二一世紀にふさわしい現代的思想研究の知の在り方の模索という点に特徴があるのである。これら最近の研究は、たしかにこれまでの尊徳研究とは性格を異にしようとした試みではある。大貫や二宮は、でき得る限り正確なる実体を描き出すためのそれぞれの工夫を展開する。特にこの点で二宮は、これまでの研究手法によっては、尊徳を対象として尊徳の実像を描き出そうとしながらも、研究資料としては弟子たちによって残された記録や文献を利用していた点に注目する。こうした二次的な資料をも客観的なものとして自明視してきた研究手法への自覚をつよめ、尊徳自身によって残された資料のみを対象として研究を進める手法を一貫させている。また、国際二宮尊徳思想学会の現会長でもある並松をはじめ、学会活動にみられる研究もまた、ポストモダン的、現代的テーマからの新たな研究視角の提示を試みるなど、意欲的である。しかし、それでもなお研究手法という点ではいまだ発展の途上にあると言えるだろう。本書は、こうした近代的研究手法を転回させた臨床教育という新しい研究スタイルによって、尊徳や尊徳の語りとの新しい出会い方を探究するものである。

なお以降では、報徳仕法の実態分析からみた尊徳像として大藤修の歴史研究、思想からみた尊徳像として下程勇吉の人間学的研究、教科書にみる尊徳像、海外における尊徳像として内村鑑三（一八六一―一九三〇）とロバート・ベラー（Robert N. Bellah; 一九二七―）によるそれぞれの論、そして精神医学における尊徳像として中井久夫（一九三四―）の解釈を取りあげて論じ、そして最後に、本書に重要な示唆を与えている臨床教育学における先行研究として皇紀夫の尊徳論について概観する。各領域における代表的な尊徳研究の紹介からは、実に多領域でさまざまな立場から尊徳や報徳思想に出会おうとする試みが展開され、論じられてきた様子があらためて確認されるであろう。しかし本書における狙いはそれぞれの研究の内容紹介にはない。本書は、一貫して意味発見の出会いの現場における出会い方（方法）への関心を払うものである。だからこそ、これら代表的先行研究にかんしてもまた、内容検討ではなく、それらがいかなる手法や視角から尊徳の言説や事績に出会ってきたのかという研究の立場（方法、出会い方）に着目して概観したいと考えている。

4　仕法の実態分析からみた尊徳像

これまで論じてきたように、従来の尊徳研究における典型的な立場として、尊徳の編み出した家や村の復興仕法にかんする客観主義的な実証研究があげられる。この立場をとる研究においては、尊徳が作成した仕法書類は、「自らの観察・調査・体験によって「自得」した真理を数学的に定式化して客観的に示す」ために数値で表現されたものと捉えられている。(3) そして、そこに尊徳の科学的な思考と合理的な姿勢が見て取れるため、これを同じく客観的で合理的な立場から分析する必要や意義がある、と考えられている。近代という時代において主流を占めたこうした研究は、尊徳や報徳言説（仕法）と科学的アプローチによって出会うことで、より正確なる実像や真実を導くことを目的としていたのである。

この研究の代表的なものとして、たとえば大藤修の研究がある。彼の研究の特徴は、それまで別個に論じられがちであった尊徳の仕法をその思想面と連動させ、それらの相互連関を構造的に把握することで尊徳の思想と仕法を一貫して分析しようとした点にある。彼は、思想に裏打ちされて編み出されたものとして仕法を捉える。そして、その思想と一体化した仕法を、数値的、客観的な実態分析によって明らかにすることを目指すのである。なお、大藤は基本的に歴史学の立場に身を置き、尊徳を「生活史・社会史」の視座から考えることを主題としている。そして、仕法の基盤となる尊徳独自の報徳思想は、「日本近世の家と村、そしてそれを場とする生活の営みのなかから生み出されてきた[4]」と論じ、だからこそ「当時の農民が直面していた諸矛盾と課題、および精神状況、思想形成のあり方、行動との関係において考察する[5]」ことが、研究の必要条件になると主張する。つまり大藤は、尊徳の思想と仕法の性格や特質を、彼の生きた「農村荒廃期の時代的特質」――当時の政治のあり方、および社会状況、精神状況など――という客観的史実との関係において浮き彫りにしようとする立場をとるのである。なおこのとき、「民衆文化の興隆については、概説書はその理由として、近世には泰平の世が長くつづき、生産力の向上と商品貨幣経済の発展をみ、民衆の生活が豊かになったことをあげるのが常である。しかし、（中略）生活危機が新たな質をもったそれを形成させる契機となっていることが多い[6]」と述べ、尊徳が生きた「農村荒廃期」という特殊な時代状況に積極的な意味づけをしている。こうした手法や立場を宣言する大藤が、尊徳の思想や仕法を具体的にはどのように分析するのかを、論文「関東農村の荒廃と尊徳仕法―谷田部藩仕法を事例に―[7]」に沿って概観してみたい。以下がその大藤の論である。

尊徳が生きた時代の農民の思想形成は、「自得の精神」に支えられていた。つまりそれは、「自らの体験と観察にもとづき自然界と人間世界の理を「自得」する精神」であり、尊徳の思想もまたこの「自得の精神」に支えられていた。「「家」再興の悲願を精神的支えとして、赤裸挺身荒地に鍬を打ち込み、すべてを「無」から切り開いていく刻苦精励の体験が、彼の人間としての主体性を鍛え上げ、また思想形成の原点となった」[8]のである。たとえば尊徳の農村復興事業を根底において支えた「積小致大」という普遍的な原理は、「廃田を開墾してそこに他家の捨て苗を拾って植えたところ、その秋一俵の収穫を得た体験」から悟り発見したもので、これなどは「自得の精神」を象徴的に示していると言える[9]。また、「宇宙の根本は混沌として未分化の状態」にあるとして、これを「空」の円で描いた尊徳にとっての「思想の根本」をなす「一円空」の概念も、「農村荒廃の進行の中で「一円無」の荒蕪に帰した自家の田畑を自力で切り開くことによって一家を再興した体験」に裏づけられている[10]。こうした荒村下での一家再興のための尊徳の主体的勤労はまた、彼の「人道」という概念にも結びついている。尊徳の思想の注目されるべき点とは、「農民として生まれた尊徳が、自らの農業体験にもとづき、人間と自然との関係について原理的に考察し、生産者である農民の人間としての自律的主体性と、その作為の意義を理論的に根拠づけた点[11]」なのである。

さらに、尊徳の仕法と密接に関連している分度や推譲という思想も、彼のこの現実認識にもとづいて形成された思想であると考えられる。当時、領主による過重な貢租収奪によって農民たちは疲弊していた。尊徳は、これこそが国家衰廃の根因であると指摘し、領主ら為政者にとっては、「国の本である農民の撫育こそが肝要である」と考え主張した。そしてその思想を具体的に実現させるために、「領主財政の「分度」を確立して、それによって生じた余剰を救民撫育や荒地開発などのために「推譲」することを強く要請」する「報徳仕法」の指導をおこなうのである。つまり、彼の仕法は「徹底して農民の立場から構想され」たものであり、尊徳が農民として「自得」した思想を具現化するためのひとつの手段だったと考えられるのである。[12]このように論じたうえで大藤は、つづけて具体的な仕法の内容を取りあげて、数値を媒介にした詳細な検討を加えている。

尊徳における報徳思想と報徳仕法との切り離しがたい密接な連関を主張し、それらを尊徳が生きた時代の生活史に即して捉える大藤の研究は、緻密な分析によってその具体像が解明されている。まさに、尊徳の「実像を学問的に究明する」こと、あるいは尊徳の思想や仕法の具体的内容を「正確に理解」することなどが目指された研究である。その際、大藤が研究対象とみなすのは、仕法書に描き出された具体的な項目や数値であり、また尊徳にまつわる実際的な史実を記した資料としての『報徳記』[13]や『二宮先生語録』[14](以下、『語録』と略す)などのテクストである。それらのテクストにみる記述を、事実が描かれたひとつの客観的データとして捉え、そこに実証主義的な視点からの分析を加えるのが、基本的な大藤の研究立場(研究における出会い方)である。彼の尊徳研究は、たしかに客観的で実証主義的立場をとるが、それまでおこなわれてきた精神主義的な思想研究への反動から、数値的な仕法分析に傾きすぎた感のある近代の尊徳研究のバランスを、ふたたび取り戻そうとする狙いをもつ点で特徴的である。つまり、これまでの仕法分析が極度に数値的分析となったのは、その研究範囲(領域)が一面的で不充分なものであったことが原因であるとし、仕法分析に尊徳の思想との連関を見出そうとする点で独自的なのである。しかしそうした独自性をもちながらも、基本的には研究手法(出会い方)における新しさはなく、戦後主流を占める数値や史実を用いた歴史分析的手法をモデルとして踏襲している。これが、思想や仕法にかんする研究における比較的新しい立場であり、尊徳研究の学問水準を示すものとして注目できるだろう。

ところで先にみたように、大藤は報徳思想のなかでも特に「人道」の概念に着目し、それを「自力で切り開く」「主体的勤労」あるいは「自立的主体性」といった言葉で捉えている。そして、この「人道」を、仕法の成立やその内容との連関がある報徳思想の中心的概念のひとつと論じている。しかし、尊徳における「人道」の思想は、『報徳記』や『語録』『夜話』などにみられる各々のエピソードを断片的に選択すればそれのみを取り出すことができたとしても、全体をみるならば、「天道」という思想とともに語られているものである。「人道」は、大藤の研究において捉えられているような、「天道」と切り離されたまったく自立（自律）的な思想としては存在していないと言えるだろう。こうした点からも、大藤の研究視角は、研究対象であるテクストを断片に裁断が可能な「資料」として扱うことで、尊徳の思想の根底に流れる大きな文脈をもまた裁断し、結果的に報徳思想を矮小化してしまっている、と言えるのではないだろうか。

尊徳の思想も仕法も、すべては個別的、事例的にそのつどの場面で語り出されているものであり、決して体系化されて残されているものではない。しかし、その底流には一貫した無視することができない大きな文脈（物語の筋立て）が働いている。その文脈こそが個別のテクスト同士をつなぐ行間となって、報徳思想や報徳仕法という一貫性を感得させているのである。たとえば『金毛録』の語りなど、尊徳の語り（テクスト）が常に多くの象徴性を帯びた形で提示されていることは、この行間に働いている機能の重要性を物語っているとも言えるだろう。そのため、たしかに言語や数値として語り出されている思想や仕法ではあるけれど、多分に行間（にある象徴性）が機能しているテクストとなる。だからこそ、それを字義通りの事実が語り出された資料と見立て、辞書を片手に客観的解読の対象と捉えて出会おうとするやり方には、あまり適したテクストではないとも言えるだろう。つまりこうした、客観重視の実証主義的な出会い方については、それらが「全容の事実的解明」や「実像の把握」「真実の解読」を目標に掲げるならば、そこには取りこぼしてしまうものも多く生まれ得るのではないかと指摘できる。行間に働く象徴性という機能や、個別のテクストをつなぐ物語の筋立てなどを取りこぼして、その表層に現われるテクスト内容にのみ注目することが、結果的にそれらテクストの矮小化になるとは、その意味である。

5 思想からみた尊徳像

次に、尊徳研究における「古典的名著」とも言われている著作を記した下程の研究にも触れておく必要があるだろう。下程は、二宮尊徳の人物や思想、実績に対して、哲学的、人間学的な視点からアプローチした。彼の研究立場が特に明確に描かれているのは、著書『天道と人道』[15]の「第1章　二宮尊徳の哲学の性格」(テクストとの出会い方)ではないかと思う。以下では、そこでの記述を中心に論を概観することで、彼がいかなる見地から尊徳像に出会い、それを描き出したのかを浮き彫りにしたい。下程は以下のように論じる。

尊徳の生きた江戸幕府の治政期は、「米つかい経済＝封建的自然経済から金つかい経済＝近代的商品経済にうつり行く過渡期」であった[16]。その時代、武士は商品経済の流れに足をさらわれ、奢侈に身をゆだねたため、その出費がふくれあがっていった。しかし、「彼等はその費用をまかなう途を新興経済の立場において見出すことなく、その限りにおいては、依然として旧態依然たる米つかい経済の立場に止まり、その収入はただ農民階級のおさめる米のみに依存していたのである」[17]。つまり過渡期としてのこの時代、「重圧の最大のいけにえ」は農民たちであり、農民生活の問題こそ最大の社会問題だった。二宮尊徳とは、この問題に「正面からとりくんだ人」であり、この点にこそ尊徳の「真面目と彼の歴史的意義のすべてがかかっている」。これはまた、「きびしい現実の問題に全人格的に取組む実践的経世家であったところに、二宮尊徳の真面目がある」とも言い換えることができる[18]。

その尊徳は、「あるがままの事実くらい、彼にとって説得的に力強く訴えるものはなかった[19]」と言えるほどに、「事実」を重んじてこうした問題に取り組んだ人物である。経験と事実に即する「実学」こそを、実践の基盤として据えていたのである。尊徳にとっての「実学」とは、「功利的なものではなく、あくまで筋の通った論理的根本的なもの」であり「事実をその理においてとらえる論理的態度において徹底を極めたものであった[20]。また彼は、「諸家・諸教の立場を摂取して、これを自己独特の体験に照らして統一し得るほどに強靭な哲学的思索力」をもっていた[21]。つまり、尊徳にとって思索と体験とは常に一体化していたのである。尊徳が記した書物を眺めるなら、彼ほど物事の理を分析的、体系的に捉えた論理的思索家は稀だと感じられるだろう。「要するに、彼の学問は生活・事実・現実と、論理・数理・物理との深い結び付きをつかむ実学的実証的立場に立つものであった」と結論できるのである[22]。

ところで、尊徳が学においても実践においてもこだわり続けた「日常性」や「自らの体験」や「事実」とは、決して単純なものではない。それは、「彼我の対立を含むところ」にある複雑極まる「現実」であり、こうした矛盾や対立を含みもつ複雑な「現実」そのものと取り組むためには、「莫大の心的エネルギーまたは精神的緊張が必要」となる[23]。このような「現実」の性質こそが、尊徳の実学が「一円相」「一円行道」「一円仁」の哲学として成立する基盤となっている。彼はあらゆる物事の長短や明暗両面を批判的に捉える鋭さを示し、同時にそれらが「不止不転」の運動をその本質としていると論じている。たとえば、「天地日月の行」を「春夏秋冬、その内に止まらず、その外に転ぜず、日々刻々めぐりめぐりてやまぬ」ものと捉えたり、その他いたるところで、「無常も無常にあらず、有常も有常にあらず」、「無欲無欲にあらず、有欲有欲にあらず」、「自財にあらず、他財にあらず、助有るにあらず、助無きにあらず」などという言葉を用いたりしている[24]。ここに尊徳の「日常対立界[25]」としての現実観（世界観）がある。「彼我・自他・有欲無欲・勤譲等々、相対界の何処にも心身一如的に徹しつつ、その何処にも停滞せず、すべてを誠に」する、「有無相即不止不転の一円行道」また「一円相」の在り方こそが、彼にとっての窮極的原理ともいうべきものなのであり、「現実」の論理なのである。[26]

しかし尊徳は、さらにそれらの基底に、「すべてが含み含まれ合い、首尾相即し前後呼応して、何れを始とも終ともきめ難く、何れも始であり終であり得る」ような「一円統一」である「絶対愛の絶対行道」としての「一円仁」があると言う。[27] これが尊徳の「天」あるいは「自然」観であろう。つまり、尊徳哲学においては、「一切の対立規定は相互に転入しつつ不止不転の一円行道をなしている」という「一円相」の世界観に立ち、「その至極境を「一円仁」の哲学としてあらわす」のである。そしてここに、「一円仁」としての「天道界」の姿が明らかになり、この天道界が根底に控えている「現実」に即し、これを基盤に据えた「実践」がいかに可能かといった、いわば「天道と人道」の関係が大きなテーマとして浮上する。尊徳哲学のベースとなる思想や、それを基盤に展開される「天道と人道」の論は、このように「現実の社会の問題と正面から取り組んだ尊徳自身の痛切な体験から出ている」[28]。尊徳が繰り返し「天道に対する人道の主体的能動性を力説せざるを得なかった」所以は、当時の彼の経験にある。「疲弊しきって生きる望みを失い自暴自棄」となり、「絶望のあまり何事も投げ出し、すべては天道の然らしめるところであると口癖のように語る」農民たちを前に、尊徳は「天道に名をかりた虚無主義を鋭く批判し、人道の主体性」を高調せざるを得なかったのである。[29] こうして尊徳においては、「まさに経験と思索との内外一如的統一、実行と学問との実学的相即が、機の竪糸・横糸が相互に織りなすごとく実現されて、真の生活中心の実学が可能」となった。[30] 下程はこのように論じたうえで、つづけてさらに具体的かつ詳細に尊徳哲学の内容について検討を加えている。

自らの研究態度にかんして、「歴史的人物の核心にふれ共感的なつながりをもてるようになる唯一の道は、畏敬のみである」と語る下程の研究立場については、他書でも詳細に検討され論じられている。[31]下程の研究は、まさに「歴史的実存的人間学」と呼び得るもので、戦前の尊徳研究における中心的な研究手法を代表するものと言える。彼のこうした研究立場は、「歴史上の人物との真摯な「対話」を通して工夫発明し練成した独特の研究スタイル」であり、下程にとって尊徳とは、「研究の対象であると同時に人間としての生き方の指針として規範的な意味を帯びた「典型」でもあった」とされている。[32]これらの研究は、尊徳や報徳思想と、規範的、護教的な色彩を色濃く反映した精神論的、道徳主義的な教化的文脈において出会い、そこから光をあててその出会いの意味を論じている研究である。

たとえば、下程の尊徳研究における重要な切り口として、「現実」「事実」といったタームをあげることができるが、これが「体験（生活）」という語とつよい結びつきをもって語られていることからも、いわゆる客観を軸とする「科学的事実」とは異なるものと規定すべきであろう。下程は、『夜話』や『報徳記』などをテクストとして、そこに描かれている当時の尊徳をとりまく社会的事実や現実、あるいはそれらを通した「個人的な体験」（主観的、主体的、当事者的体験）に裏づけられたものとして、尊徳が展開した思想を捉える。そしてなかでも、その現実や体験が「人道」という思想と深く結びつき、そこに反映されている様子が強調されている。多くの矛盾や対立を含みもつ複雑な「日常対立界」としての「現実」において、人間が莫大な心的エネルギーと精神的緊張を伴いながらも、主体性を発揮して生きることの必要性を、尊徳は「人道」の思想を通して語った、と下程は解釈するのである。しかしこの立場からは、尊徳の語る「天道」の思想は捉えにくい。下程は、尊徳の思想の中心的テーマとして「天道と人道の関係」に注目するが、しかし、あくまでも尊徳の現実や体験に足場を置きながら論じている「天道」解釈は、かならずしも成功しているとは言いがたい。「人道」においては具体的で明瞭であった解釈が、「天道」においては一気にその抽象度をあげ、曖味で混沌としたものとなる。そのため、「天道」そのものはもとより、天道と人道の「関係」もまた、非常に見えにくくなるのである。

下程は、尊徳にまつわる具体的現実や体験を基盤に据え、実際にそこを生きた人間尊徳との対話を通して出会おうとする。そしてその出会いから、ひとりの人物が出現させた生きざまとしての尊徳像や報徳思想に光をあて、そこに「人間の生き方」という規範的で道徳的な意味を見出そうとする。それは、人間尊徳を対象とすることで、主観か客観かという区分を超え、尊徳の全人的な側面に光をあて、「現実」的な意味を見出そうとする出会い方と言い換えることもできるだろう。その点で、戦後に展開される客観重視の没価値的な出会い方とは大きく異なるが、しかしいずれにしても「事実」や「現実」を解読しようとする点では共通の方向性をもっている。その事実を、尊徳にとっての事実（主観的で体験的な事実）として捉えるか、歴史や客観にとっての事実（普遍的で不変的な事実）として捉えるか、の違いである。そのため、やはり関心は一貫して事実や真実の解明に向かう。なお下程は、こうした人間的真実の解明のために、尊徳以外にも多くの歴史的人物を研究対象としている。しかし研究手法という点では、基本的には一貫している。つまり、あらかじめある理解の枠組み（研究手法）を形成したうえで、対象との出会いに臨むのである。この出会い方は、あくまでその枠組みに優位性を与え、その枠組みが生きる世界のなかに、テクストとしての尊徳を迎え入れ、対話を開始すると言い換えてもよい。そしてこの言い方を借りるならば、本書の出会い方はこれとは逆の方向性をもつ。つまり、尊徳や報徳思想が生きる世界のなかに臨床教育という方法を迎え入れてもらい対話を開始するのであり、その対話（出会い）の場面が、尊徳にとっても、そして臨床教育にとっても、新しい意味を発現（発見）する現場となることを目指すのである。

6 教科書にみる尊徳像

ところで、二宮尊徳と言えば、一般的に多くの人は、小学校の校庭などでよく見かける薪を背負って書物を読んでいるあの銅像、または、貧しいながらも勤勉で孝行だったというあの少年像をまず思い描くのではないだろうか。尊徳は金次郎少年として、主に戦前の公教育によって教育的文脈に取り込まれ語られることで、広く世間に知られるにいたった人物である。尊徳や彼の言説は道徳教化といった独特な一義的文脈の中で解釈され、「勤倹のシンボル」といった特定の意味を付与されてきた。つまり、尊徳／金次郎像は、近代公教育の言説がつくりあげた強固な教育的文脈によって定位され、その意味と評価はすでに陳腐化するほどに定着していると言えるのである。それはまた、国家権力によってイデオロギー的に焦点化されたひとつの典型的な尊徳像の現われと見ることもできる。こうした尊徳像についてもまた、多くの視角から研究がなされてきた。そこで、明治以降から戦前にいたる公教育に見られる教育的文脈についての研究を概観するため、主に教科書の金次郎言説をもとに検討している、いくつかの代表的先行研究を取りあげておきたい。

尊徳は、公教育においては修身教科書が検定や国定制度になってから脚光をあびた。彼は修身の多くの徳目において取りあげられ、諸徳を備えた理想的な人物として登場する。また特に国定教科書になってからは、尊徳が金次郎という幼名に戻され、少年時代のエピソードだけが取材されクローズアップされるようになる。[33] これまでの多くの研究において、修身の教科書における金次郎にかんする言説は、明治政府の思想及び当時の国家目標や時代的背景などのさまざまな史実を根拠にした視点によって位置づけられてきた。たとえば、尊徳が明治中期以降に教科書の登場人物として注目された背景には「報徳社運動の隆興と、それを支持した明治政府の影響がある」、具体的な一例としては「尊徳の高弟の一人である報徳社社長、岡田良一郎」

の子である「岡田良平の文部省内における出世と教科書の尊徳教材の増加が一致しており、なにがしかの関与があった」と考えられる、と論じる中村の研究[34]などはその典型と言える。あるいは、明治政府が尊徳を尊重したのは、「百姓一揆の方法をとらず、決して政治を口にせず、農民自身の勤勉と倹約によって、農村の矛盾を解決した点である」とする奈良本の論[35]も、そうした視点の代表的論考であると言える。これらの立場からは、主に以下のような解釈が導かれることになる。つまり、急激な資本主義化の踏み台とされて疲弊した農村を、農民が自力で更正するための精神として、二宮尊徳の思想や姿が大いに奨励された。また、極貧のなかにあって孝行で勤倹で、自力で家を立てなおした尊徳は、国民教化に利用するには適した「模範的」な人物であった。金次郎が登場する徳目である「孝行」「勤勉」「我慢」「倹約」「服従」などの言葉それ自体が明確に表わしている特有の文脈によって、時の為政者が彼に見出したのは、あるサクセスストーリーを歩んだ「徳の体現者」としての尊徳像だったのである、といった解釈である。

中村や奈良本らの研究におけるこうした解釈の妥当性は、たとえば国定教科書の編纂に委員として実際にかかわっていた井上哲次郎（一八五五―一九四四）の証言などを根拠としている。以下は、『二宮翁諸家』「学説上における二宮尊徳」[36]において述べられている井上の証言である。

> 国定教科書に二宮翁を加へたるは、最も選の宜しきを得たるものと謂ふ可し。（中略）〔上杉〕鷹山、〔水戸の〕義公、〔備前の〕烈公の如きは、何分大名なるが故に、一般平民に其縁頗る遠く、感化又或は及び難きものあり。獨り二宮翁は然らず、翁は平民にして、而かも農夫の子として成長せり。故に農家の子女には、其境遇近く、其境涯似たり。境遇等しきが故に、教師は学びて怠らず、勉めて休まずんば、農家の子女も、亦能く二宮翁の如くなり得べしとの希望を抱かしむに足る。是れ国定教科書が人を選ぶに最も其當を得たりと謂ふ所以なり。[37]

余は一たび国定教科書中に吉田松陰を加へんと欲せしも或人之に反對して曰く、精神は兎も角も、彼は時の政府に反したるもの、小學生徒には終に不適當の人物たるを免れずと。[38]

このような井上の証言は、尊徳が国定教科書に取りあげられた経緯を、当時の政府の思惑や時代背景を色濃く背負った結果として見立てることが妥当となる事実の提出となり、研究の根拠づけを与える。また同時に、この事実はさらなる論を導き、生み出すものとなる。つまり、そうした動機から編纂されたがゆえに、教科書は記述内容の面でも、時の政府がもっていた方向づけをつよく反映したのであり、尊徳成人後の事業よりもむしろ貧困と悲惨な少年時代における勤労と倹約といったエピソードにのみ焦点が当てられたとする見解であり、結果的に尊徳像は「虚像」あるいは「つくられた」ものになった、とする中村[39]や並松[40]らの論考である。

国定教科書は、一九〇四（明治三七）年より開始され第一期から第五期にいたるまで計四回の改正を経るが、金次郎（尊徳）はそのすべての回に登場する。しかも、国定修身教科書における登場回数は明治天皇についで第二位となっている。また、唱歌としてもうたわれ尊徳一人についての唱歌をまとめた検定済唱歌教科書が（たとえば『修身唱歌　二宮金次郎』『国定教材　二宮尊徳先生唱歌』など）複数から刊行されるといった異例の扱いであった。こうした公教育における金次郎（尊徳）にかんする状況を紹介し、先行研究を概観したわけだが、それらは主に国民教化の題材となった事態について、「事実（史実）」と照らし合わせながら分析しようとする立場にある。公教育で取りあげられるまでの経緯には、時の政府の意向や時代的背景など、どのような現実（事実）が動いていたのか。作られた教科書は、尊徳の実際的な意図（真意）や実際の人生（実像）といかなる関係や距離をもって記述されているかなど、徹底した事実主義とも言える志向をもって、公教育界における尊徳や金次郎言説に出会っていこうとする研究の姿勢を見ることができる。しかし、たとえば井上の証言を「事実」として前提にするなど、客観への盲信や方法への無自覚さがあると指摘することも可能になるだろう。主に第1章でも論じているが、こうした出会い方は、まさに近代的手法の典型とも言える。本書ではこの点に注意を払い、現代という時代にむかういま、尊徳と出会うための新しい方法の工夫を模索している。

7　海外における尊徳像

次に、少し特異な尊徳像を描き出したものとして、戦前に英語文化圏などに紹介された尊徳研究の存在に触れておきたい。尊徳は、反動的で封建的な性格をクローズアップされることで、日本においては戦後その影を次第にひそめていった。しかし一部の国においての尊徳像は、むしろ平和と民主主義のシンボルとして捉えられているのである。両者のこの決定的な違いは、井上章一（一九五五―）によって敗戦前後のエピソードを通して象徴的に語られている。[41] たとえば、太平洋戦争末期に米軍は、日本人の厭戦気分を高め煽りたてようという意図からB29を使って戦争の終結をすすめるビラをまいた。実はこのビラのなかに、二宮尊徳が登場しているものがあった。

民主社会建設のために生涯を捧げた民主主義の先覚者二宮尊徳に学べ
真の平和主義を実践した偉人二宮尊徳を忘れるな
尊徳精神に還るとき永遠の世界平和が訪れる

このように、米軍は尊徳をもち出して平和を訴えていた。戦前の修身教育のスターとして国内でもてはやされた尊徳は、戦争を終結させる際には平和と民主主義の象徴として敵国である米軍によっても取りあげられていたのである。[42] さらにこのことからも推測できるように、戦争が終結して民主化を推し進めようとする占領軍の総司令部（ＧＨＱ）によって日本が統括されはじめてからも、二宮尊徳は追放されることがなかった。ＧＨＱの総司令官マッカーサーもまた尊徳や報徳運動に好印象を抱き、尊徳を自由と民主主義精神の象徴として、アブラハム・リンカーンに比すべき人物として捉えていたのである。こうしたことは、戦後の公教育においてなお金次郎が墨塗りの対象にならなかったこと、ＧＨＱによって審査された教科書にも採用されていること、戦後すぐに発行された一円札に「極めて民主的な人物であるということで（ＧＨＱによって）直ちに許可された」という二宮尊徳の肖像が用いられたこと、などのエピソードとともに強調されるものである。[43]

こうした英語文化圏での独特な尊徳像の背景には、内村鑑三（一八六一—一九三〇）が一八九四年に英文で発表した『Japan and the Japanese（代表的日本人）』[44]の存在があると言われる。英語文化圏には内村が捉えたこの尊徳像が、大きな影響を与えていたと考えられるのである。なおこの著作では尊徳の他に、西郷隆盛、上杉鷹山、中江藤樹、日蓮が取りあげられている。内村は、それら代表的日本人のうちに旧約聖書の預言者像をみて、それぞれをキリスト教にまつわる人物になぞらえ、ひとびとが預言者を通してキリストにつながれたように、代表的日本人を通して新約のキリストにつながる道を発見できる、と考えていたのではないかと論じられている。[45] そのため内村の論において尊徳は、国家イデオロギーとは無関係に農聖人（農民聖人）という固有の文脈で語られている。具体的にこの『代表的日本人』において内村が描き出した尊徳像は次のようなものである。

尊徳が生まれたのは、長くつづいた泰平によってひとびとがぜいたくと浪費とに流れ、勤労の風習が失せ、その影響が田畑のうえに現われ、「村という村は荒廃のどん底におちいっ」ている時代だった。しかし幼き日の金次郎は、もち主のいないわずかの土地を開墾して幾ばくかの菜種をまき、休みの日には必ずこの畑に出て菜種の成長に心を注ぐ。その作業によって、その年の終わりに大袋一杯の菜種がとれた、という自らの体験を通して、誠実な労働の価値を悟った。この体験から得た「〝自然」は、その法則に従う者に豊かに報いる〟という簡単な原理」[46]こそが、のちに彼が取り組む諸々の改革の基礎となる。

たとえば尊徳が、藩主から要請されたある農村の復興事業にはじめて従事したとき、農地も人心も荒廃したその土地を「仁術（愛のわざ）」によって開墾し、そこに住む農民たちをこの「原理」――すなわち「勤労」による平和と繁栄――に導く努力をする。そして彼の「たゆまぬ勤勉と節約と、とりわけ「仁術」によって、荒廃は全く姿を消」すのである。[47]こうした復興を出発点とした尊徳の改革は、以後すべて同じ信念のもと、同じ方法で取り組まれる。彼の従事した事業とはどれもが、「主として〝道徳の力〟にたよって、経済方面の改革」をしようとした試みであると言える。[48]尊徳は、ある巨大な事業に対する報告書のなかで次のように語る。「この事業は、金銭をもってしても、強制をもってしても、成功の見込みの薄いもののように思われます。つよい報恩の念に動かされた人々が一致団結してのみ、初めてこれを完成させることができます。それゆえ、政府は、住民に「仁術」を施し、寡婦を慰め、孤児を保護し、現在の敗徳の民を道徳の人となさねばなりません。ひとたび彼らの内なる誠実を呼び覚ますことができたなら、山をくずし岩を砕くことも心のままでありましょう。（中略）道徳が第一であって、次が事業であります。事業を道徳の前に置いてはなりませぬ」[49]。これは、金銭以上に徳のなせることの大きさを信じていた彼の姿勢を、的確にあらわした言葉である。このように、ただ誠実のみによって著しい結果をあらわし続けた尊徳は、農民に対してだけでなく、商人、土地の名主、僧侶、家老、そして幕府に対してさえも、まったく変わらない態度で臨んだ。それは、慈悲深い天と大地に囲まれた人間は、その天の法則に従って、勤勉と誠実とをもって天と共に歩むならば、かならず「独立と自尊」とを勝ち取ることができるという信念を徹底的に貫く態度であった。尊徳は「「自然」と人間との間に立ち、「自然」が、かくも惜しみなく人間に示す道理の道を、おのれのよこしまな心ゆえに見失っているひとびとを、「自然」との本来の関係に引き戻[50]」すことを目指したのである。このような二宮尊徳を、「農聖人[51]」「農民道徳家[52]」「道学者[53]」「道徳的医師[54]」「人類の教師[55]」と呼ぶことができるだろう。

以上が内村の論である。内村に従えば、尊徳のおこなった改革は策略や政略、あるいは反乱といった形のものではなく、仁術や勤労によるそれであった。この点が、英語文化圏で彼の業績が平和主義的なものと捉えられる根拠となったのではないだろうか。また尊徳が民主主義者と謳われたのは、「ひととしていかに生きるか」という彼の問いが、農民という身分にではなく、一人ひとりの個人に向けられた点で、民主主義的人間観と近かったのではないかと思われる。内村は、たしかにそれまでの尊徳論とは異なった独自の論を展開した。つまり、他の多くの研究者と同様に『夜話』や『報徳記』『語録』などをテクストとしながらも、そこに描かれた尊徳を当時の社会構造や政治的な権力構造とは切り離して、非権力的な、農民的、道徳的、倫理的な文脈においてクローズアップしたのである。そしてこの特殊な尊徳像こそが、敗戦前後の米軍やGHQの尊徳像や最近のベラーの尊徳像（詳細は次項）にまで波及効果を及ぼし、その背景となっていたと考えられる。

ところが、こうした倫理的文脈を強調しながら尊徳や報徳言説に出会うことを試みた内村の研究においては、報徳思想における「天道」がひどく一義化されて捉えられている。報徳言説との出会いによって内村が見出した「天」あるいは「天道」は、慈悲深いものであり、天理に従う人間には惜しみなく豊かに報いる、愛にあふれた神秘的な存在という姿（意味）である。この内村の論は、ある意味で聖書などに類似したつよい神話性や物語性をもっている。そのうえで、尊徳もまたこの「天」に徹底的に従順な姿勢で臨む人物として、素朴な聖人論的文脈のうえで捉えられているのである。内村の出会い方からは、尊徳のそうした在りよう(意味)につよく光があたったのである。たしかに、尊徳におけるそうした従順さは否定されるものではないかもしれないが、しかし尊徳は、一方で天道を制し、天道に逆らうことの重要性や必要性も再三強調している。天道にのみ従うことを「畜生の道」として、あるいは「人道の罪人」とさえ呼んでつよく非難してもいるのである。その点からも、こうした内村の手法(出会い方)は、主情的に尊徳を賛美し称揚した他の多くの論との差異化が図れているとは言いがたい。その意味で、あくまで学術的手続きを経て論じようとしている佐々井や下程らの研究ともまた、区別されるべき態度であると思われる。内村の論は、学問的な研究というよりもむしろ、体験主義的あるいは神秘主義的な色彩の濃い「尊徳賛歌」の反復であり、独自の方法論によった研究とは評価できないと言っても過言ではないだろう。そのため内村と尊徳や報徳思想の出会いを通して生み出されたのは、倫理的で価値的なある種の理想像が語り出された、農聖人尊徳にまつわるひとつの神話として捉えることができるだろう。

8　海外におけるもうひとつの尊徳像

こうした内村の論とかかわる研究として、ロバート・ベラー(Robert N. Bellah, 1927–)の論をあげることができる。ベラーは、一九五七年に刊行した『Tokugawa Religion — The Values of Pre-Industrial Japan(徳川時代の宗教—日本の前近代産業社会の諸価値—)[56]』において、徳川時代の文化的伝統 —— とりわけそのなかでも宗教 —— が日本の近代化の際に担った役割を論じている。その際、ヴェーバーの流れをくむ近代化論を基本的な手法として歴史社会学の領域で論を展開する。そして、この文脈におけるひとつの事例として尊徳にみる報徳思想を取りあげて考察しているのである。このように「宗教」という脈絡から報徳思想を捉えようとするベラーの論は、倫理的文脈をつよく打ち出した内村の尊徳像の影響を多少なりとも受けていると考えられる。この論の特色ある着眼点としてベラーは、「日本の宗教が、普通の国民に実際上どんな意味をもっているか」という問いを提出する。彼は、日本宗教についての研究は、これまでのように「教典、教義、また民衆が加入していた宗教組織の形式的な構造を知るだけでは足りない」と論じている。そして、宗教が実際の生活に及ぼしていた意味を探ろうとする視点から、「宗教的帰依が、生活全体を形成し、これに影響を及ぼすに至る道程と、また逆に、生活が宗教にどのように影響するかを知ること」の重要性を主張する。そのうえで、「できるだけ、文献からの引用を通して、徳川時代の日本人自身が、自ら語るのを聞くことにしよう」と、自らの研究態度を表明している。[58] こうした研究手法によってベラーは、徳川時代の日本に存在していたあらゆる宗教に共通する「日本宗教」という文脈を発見する。この点について池田昭（一九二九—）は、ベラーの論においては、「新宗教、心学運動、あるいは報徳運動は「日本宗教」のひとつの例であり、また仏教各宗派の相違は、「日本宗教」のヴァリエーションとして捉えられる」と指摘している。[59]

ベラーは、日本の特色は「経済価値」よりもむしろ「政治価値」の優位性にあると述べ、そのことが「日本宗教」の在りようと密接にかかわっていると論じる。日本のひとびとの「中心的関心は、（生産よりむしろ）集合体目標にあり、忠誠が第一の美徳である。支配と被支配が「すること」よりもずっと重要であり、権力は富よりも重要である」。[60]「すること」とは、すなわち行為することで獲得する富への関心といったいわば目的達成の価値を示している。そうした価値よりも、むしろ社会が円滑に調和に満ちてあることを至上の関心とする体系維持の価値が優先すると論じるのである。ただしこのときの「調和」は、主に中国に見られる比較的静的な理想に達するという意味での調和ではなく、集団の目標達成への一方向的な動態とも言える形体をもつ点で、日本的調和としてあることも加えられている[61]。こうした価値観を根づよくもつ日本人の生活観は、ヴェーバーの言う「世俗内禁欲主義[62]」を促進する「日本宗教」と密接なかかわりをもっている。つまりこうした生活観との相互関係のなかで、日本宗教は「集合体すべての構成員の、目標への努力に対する没我的な服従を強調[63]」し、「国恩もしくは国家の恩恵に報じるよう期待」をすることとなる。そして、上位者に対する「絶えざる義務の遂行手段と考えられる職業」を重視し、「勤勉と倹約」を奨励するという方向性[64]をもつに至るのだと論じる。先述の池田の指摘の通り、この論においてベラーは「徳に報いる」ことを説く報徳思想を、この「日本宗教」の典型的なひとつの例と位置づけている。

またベラーは、一九八五年ごろにはこの見解を踏まえ、報徳思想のみに焦点化した論「Ninomiya Sontoku: The Diligent Farmer as Sage（勤勉なる聖農「二宮尊徳」）[65]」を展開している。そのなかでベラーは、尊徳を「絶望的な貧窮にあった農村孤児がそれを克服し、富と名声を勝ち得た実例」として捉え、「実際的」「綜合主義的」な性質をもち「人望ある尊厳性と創意性を備えた強靭な精神を具現」した人物として位置づけている[66]。さらに、「彼（尊徳）は、自分は何よりもまず「道」の人間であり、「教」の人間であって、田畑の開拓者以上の人心の開拓者であると自認していた」として、尊徳を「行動的人間ではなく、何をおいてもまず教師である」と論じる[67]。ここでベラーの論の内容を詳細に追うことはしないが、ベラーは内村と同様に全体を通して尊徳を「教師」と見立て、その教えの中身として「徳と報徳」という言葉に特に注目する。そのうえで、「いかなる人間も尊敬に価すること、最もつつましい下積みの人々こそは、最も尊敬に価する」ということこそが「尊徳が彼の生涯をあげて実行し、教えたこと」であると結論している[68]。日本人の生活を通底する生活観を軸に、尊徳もまた他の「日本宗教」と同様に、労働を重視し、勤勉と倹約を説くことで「農民の道徳水準を向上させ、同時に、農民の経済的生産を改善させることを自己の義務と考えた」[69]というのが、ベラーが尊徳に出会うなかで得た意味（解釈）なのである。

しかしベラーが先の論（一九五七年の論）で見出した「日本宗教」という観点は、のちの一九八五年にこの論をペーパーバックで再版する際に追記したまえがきで、ベラー自身も述べているように「宗教」が、政治や経済の発展のための「手段」へと矮小化されている感が否めない。こうした傾向は、ベラーが論を展開するために出発点においたひとつの「目的」――すなわち「日本の宗教における合理化傾向が、日本の経済的あるいは政治的合理化にどのように貢献したかを示すこと」という「目的」[70]――と関係していると言えるだろう。ベラーにとっての関心は、あくまで「非西欧諸国である日本の近代化の成功」という点にあり、「日本の宗教のうちで、何がプロテスタントの倫理と機能的に類似しているのか」[71]という点にある。ある意味では、この一貫した目的や関心がひとつの水路づけをおこなってしまっているのである。ベラーは、ペーパーバック版のまえがきで、「日本宗教」は根本的には人間の調和と人間と自然との調和とに関心を寄せ、その関心を、「宇宙の一切の存在に慈しみをもち、心くばりをしている情念」としての「舞」といった生活の表象に凝縮させていると述べる。[72]それぞれの役割をもつ舞手たちの「慈しみの舞」が、祭やあるいはごく普通の日常生活として織りなされ、調和する。しかしこの「日本宗教」は実際のところ、「社会の究極的な目的を実現」するものではあり得ず、「宗教」の本来的な機能である「生活の目的を設定する」どころかむしろ、「個人を、集団の要請に敏捷に対応するように社会化させたり、達成または集団への忠誠の圧力から表現的に逃避させたり」など「他の目的のための手段として用いられているようにみえる」と言うのである。[73]ベラーはここに、「究極的目的の世界」としての「宗教」を「手段の地位にひきおろしてしまう過程」をみている。[74]

報徳思想を捉えるためのこの「手段としての「日本宗教」」という文脈は、たとえば内村の倫理的で宗教的な文脈などと比べると、「集団功利主義」的な傾向をもつと言える。内村にとっての尊徳や尊徳の思想は、そのものがいわば自己目的的な倫理性をもっていた。他方でベラーが捉えた報徳思想は、富や権力といった集団的で社会的目的達成のための手段としての宗教性をもっていた。こうした両者の捉え方の相違は、尊徳の後継者たちの一連の対立構造を想起させるものでもある。たとえば、報徳結社を組織した相模の福住正兄と遠江の岡田良一郎は、報徳思想をめぐる解釈を相当に異にした二人であった。福住が「平田篤胤没後門人という経歴を活かし、(中略)平田国学の幽冥論などを積極的に摂取した」のに対し、岡田は「ベンサムらの功利学説をその報徳解釈に折り込んでいった」のである。そのため、「福住説は、岡田によって、報徳を神道に同一化し、宗教視するものと批判され、一方岡田は長老富田高慶によって、報徳を「財本徳末」と捉えるのは本末転倒との抗議を受けるなど、門人間で報徳理解をめぐる論争が展開」されることとなる。[75]あたかもこうした後継者たちの論争の形と重なりあう形で、内村とベラーのそれぞれの論を捉えることができるかもしれないのである。

しかし、ベラーの尊徳研究は内村の論と同様に、たとえば神道や仏教あるいは儒教といった他宗教の教義との照らし合わせによる解釈や、当時の社会構造や政治的な権力構造からの因果論的解説など、既存の研究の枠組みを用いるのではなく、独自の観点から捉えようとしている点では非常に独特である。あくまでも実際の素材となるテクストを出発点として、そこに出会うために妥当な解釈枠を探索し導こうと関心を向ける。つまり、方法への自覚的な取り組みがなされているのである。これは、他の尊徳研究があらかじめ解釈枠を先行させ、その枠組みを素材の検討や解読に適用しようとする出会い方とは根本的に方向を違え、その点で他と一線を画す重要な特徴をもつ研究となっている。このようなテクストとの出会い方やひととの具体的実際的な「生活」への関心など、ベラーの研究には臨床教育という方法にとってもまた多くの示唆が含まれていると思われる。

9 精神医学における尊徳像

ところで、二宮尊徳を論じた視点は数多くあるが、そのなかでも少しめずらしいものとして精神医学の手法によって分析をおこなった中井久夫の論[76]があるので、この研究についても紹介しておきたい。この論のなかで中井は、江戸時代中期以後に成立した「執着気質的職業倫理」に着目をしている。中井によれば、この「執着気質的職業倫理」とは、本質的に「建設の倫理」ではなく「復興の倫理」であると言う[77]。ひとたび衰退してしまった状況に対して、うつ病の心理の底に見られるような「くやみ」や「とりかえしがつかない」という感情とは別の感情をもって対処しようとするその倫理は、何とか「とりかえしをつけよう」という思いを原動力にした「執着気質的努力」を基盤とした倫理である[78]。これは、「勤勉と工夫の倫理」あるいは「「甘え」に対する禁欲の倫理」とも言い換えられる。中井は、こうした倫理を尊徳の内に典型的に見出し、そのことを次のように論証する。尊徳は、決して昔からの貧農ではない。彼の内には「田地を丹念に買い集めて小地主となった祖父の記憶が生きていた」のであり、その記憶が尊徳に「とりかえしをつけよう」という思いをもたせ、彼を「勤勉」や「工夫」を軸にした「立て直し」「再興」に向かわせた。また尊徳は、幼少期より「甘え」を決意を以て断念していた。彼がはじめて得た金でした行為は、うちひしがれた父に酒を買い与えることであった。母も幼い彼を便りにしきっていた」のであり、彼は、こうして「両親を「甘えさせ」たのである[79]」。さらに、尊徳が対人関係のもつれなどから自らの仕法が行きづまったときにとる「常套手段」が「断食」であったことも、彼の「口唇的なものへの断乎たる禁欲を示威」していて、ここにも「甘え」を拒む姿勢」をみることができる。このようにして中井は、尊徳の内面に典型的な「執着気質的職業倫理」を見出すのである。

また中井は、尊徳の哲学を「全く非宗教化された倫理であり、かつ徹底的に「再建の倫理」である」とし、「二宮型の危機感と、それに対応する再建の努力、それを支える実践倫理は、（中略）近い過去に、それも特に立ち上がりをつきくずされた記憶のいまだに鮮明な社会、集団、個人において顕在化しやすい」と捉えている。(80) まさにこの見解に、中井の立場が明らかとされている。つまり、中井は尊徳にみられる「執着気質的職業倫理」を、尊徳自身の個人的な境遇以上にその背景となる歴史性にも着目し、「江戸時代そのものの社会構造」を根拠に成立したものと見立てるのである。(81) そのうえで、尊徳が生きた時代の社会構造について、㈠法と秩序の支配が力をもつ太平の世にのみ存在し得る「計算可能性」、㈡法の硬直性による合法的な「抜け道」の存在、㈢世俗化や宗教の根こぎによる民衆の蓄積を宗教が吸い上げるという事態の解消、㈣家計の小規模性による容易な「復興」と容易な「崩壊」の可能性、という四つの具体的な要因に着目して論を展開している。(82) こうした中井の論は、精神主義と実証主義との二項対立的な図式が成立するようなそれまでの尊徳研究の手法（テクストとの出会い方）に、まったく新しい手法を提示していると言えるだろう。中井は、研究のためのテクストとして『報徳記』などを選択し、それらのテクストに描かれた時代的背景や生い立ちなどを根拠として、尊徳の思想や行為の分析をおこなう。このとき彼が注目し、研究の切り口とするのは「歴史（性）」である。

中井は、人間にまつわるさまざまな事象にかんする考察には、「人類の歴史のなかからいろいろな過程が引きずりだされてくる —— 論理的でなく歴史的な —— 一つの順序を想定」することが必要であると主張する。そして、そうした「歴史的」な視点においては「遺伝か環境かの議論がほとんど無意味化している」とも述べる。そしてこの「歴史的」な視点が、具体的な諸々の事態よりも、各々の事態を生み出す社会の成立それ自体を、はるかに重要な課題としてみつめるものであるとする。ここで中井が論じる「歴史」とは、いわゆる論理的、実証主義的な科学の手法や観点から導き出される実体的な歴史観とは異なる。このことを踏まえると、中井の用いる「気質」という概念が、非常に特殊な概念であることが明らかとなる。それは、単なる先天的遺伝的な性質や特質でも、また、単なる後天的環境的な要因でもなく、「歴史的に引きずりだされてきたもの」なのである。中井の言う「気質」とは、個人の内面に還元することも、あるいは、単なる社会構造に還元することも不可能なものである。あくまでも「気質」は、いわば間―主観的とも呼べる関係的な要因として決定されていると言うのである。

なお、中井は自身の研究手法の出発点にかんして、「一応実践していることになっているが、ある距離と違和を感じてもいる西欧精神医学の正体を見きわめたいという強い底流が一貫して」ある、と述べている。それは、西欧精神医学が提唱してきた近代科学への距離と違和、とも言い換えることができるだろう。そうした底流に支えられた中井の研究態度こそが、遺伝か環境か、という区分に代表されるような、内か外か、個か社会か、主観か客観か、といった近代科学的二元論を越えようとする試みとして、「気質」あるいは「歴史(性)」といった概念を生み出したのではないだろうか。この中井の研究手法は、規範的、価値的な精神主義か、あるいは客観的、非価値的な実証主義か、という二項対立に縛られた尊徳研究の領域にもまた、新たな展開を切り拓く可能性があることを示唆している。中井は関係的な概念(「気質」「歴史性」)を打ち立てながら、それに依って立つことで、客観的な出会い方か、主観的(主情的)な出会い方か、といういわば近代的な二元論的論争を超えようとする。これは、まさにポストモダン的とも呼べる出会い方への示唆であり、その意味で、臨床教育という方法にとってもまた、きわめて重要なものと言えるだろう。

10 臨床教育学における先行研究

さいごに、本書にとってきわめて重要な先行研究ともなる、皇紀夫の尊徳論について概観しておく。臨床教育学の方法論の開発と展開に力を尽くした皇は、臨床教育学と二宮尊徳との出会いが、生産的な意味を創造する可能性についてさまざまな論を提出している。たとえば、代表的なものとしては、「下程勇吉の二宮尊徳研究―人間学的研究の方法について―」(下程勇吉／教育人間学研究会『教育人学の根本問題』、二〇〇〇年)、「二宮尊徳随感」(教育哲学会『教育哲学研究』第八八号、二〇〇三年)、「二宮尊徳研究の学術的意義」(劉金才／草山昭編『報徳思想と中国文化』北京市学苑出版社、二〇〇三年)、「二宮尊徳の「神儒仏正味一粒丸」という語態」(大谷大学哲学会『哲學論集』第五〇号、二〇〇四年)などがある。これらを手がかりに、論考を追うことにする。

皇は、自身が専門とする臨床教育学の方法論を、言語という方法として構築している。この方法によれば、問題事象について検討する教育相談の場面は、「学校での教育言説の形骸化と画一化と硬直化」をつよく感じさせる[83]「問題」の「語りの筋に差異を仕掛け」、「「問題」が多義へと開放される場面を共同して開く作業」であると捉えられる[84]。この作業のなかで臨床教育学は、新しい「「問題」言説の創作によって教育言説の変換と再生[85]」をはかることを目指す。臨床教育学は、こうした意味変換と意味再生のための方法を模索することに大きな関心を向ける。皇はこうした模索のなかで尊徳の語りに出会い、大いなる驚きを体験したと言う[86]。それは、愚夫愚婦である農民たち(聞き手)に対して語り出した尊徳の語りが、まさに皇が臨床教育学において模索する意味変換と意味再生という機能を存分に発揮している語りとして捉えられたからである。たとえば、尊徳が「得意とした比喩である「水車の譬」」は、まさに「農民生活の日常に新しい意味発現の世界を切り開いて見せる、この転換と意味開示を達成する語りの技がここにある」と感じさせるものであったと言う[87]。そこで皇は、まずはこの「水車の譬」をめぐってさらなる論考を展開している[88]。そのなかで、この譬を「「人道」と「天道」の関係を示したもの」で、「天道と人道とが相互に背反しながら循環する「一円」的関係にあることを教えた」比喩であると捉え、レトリック用語における「「諷喩（アレゴリー）」である」と見立てる[89]。そして、あることを語りつつ、別のことを意味するという機能をもつ「諷喩」の働きによって、水車がもっている「丸い形と水流に程よく沈むバランスと半円対立的円環運動など」「水車の形、運動、作用、仕掛けなど」、それらすべてが「尊徳の一円相の世界を表現するメタファーのネットワーク」となって、報徳という独特の「意味空間」を開く様子を見出す[90]。このようにして尊徳が語る「水車の語り」は、あくまでも具体的な水車（具体物）を語りつつ、しかし別のこと――すなわち「水車とは全く異なった「それ（人道）」領域[91]」という「根源的な宇宙の理法[92]」――を意味するのである。その語りは、こうしてある種の具体物による「物証」を受けることで、よりたしかなインパクトとともに意味変換を生じさせることに成功する。そしてそこに、水車をめぐって開示される新しいリアリティが生まれる[93]。皇は、このようにして、報徳言説の「構造と機能を分析して、比喩によって演出される語りの効果、つまり、意味やイメージをその斬新さと初々しさにおいて伝える語りの技法[94]」を、報徳言説を特徴づける新しい意味として見出すのである。

また同様の関心から、尊徳が語る「心の荒蕪を開く」という表現に着目した論を展開してもいる[95]。皇は、この「心／田を結ぶ比喩言説が彼の語りの大筋である」と指摘したうえで、「尊徳が構想した天地人の一円融合のコスモロジーがこの「心田を開く」をルートメタファーにして」語り出されていると捉える[96]。このルートメタファーは、心と田畑という「通常の文脈では関係のない両者を、いわば強制的に隣接させ、通常では成立しないような関係を強引に仕掛け」ている。尊徳の語りにみるこの仕掛けこそが、心や田という農民にとってはあまりにもあたり前となっている「事柄の自明性を差異化させ、かえって心と田それぞれがこの見立てにおいて新しい意味を発言する」場面、つまり意味変換と意味再生の場面を演出する働きをしている。(97) そのようなルートメタファーが、尊徳が展開する「「農業」を根幹においた独特な宇宙論」の底流に流れることで、その宇宙論を根本的に支える重要な機能を果たしていると捉えるのである。(98) 他にも皇は、「尊徳が自らの教えを報徳教と命名し、それを譬えて「神儒仏正味一粒丸」」と称して「その成分と効能を判りやすく説いている(99)」場面に着目して詳細な論考をおこなったり、(100)「ある時、将軍側近の水戸公から「二宮金次郎は是れ迄何をして居たか」と問われ、それに対して「土を掘って土を食べて居ました」と答えた(101)」と伝えられている場面について検討を加えたりしている。(102)

いずれにしても皇は、自らの関心を一貫して「実利言説を効能的に機能させる語りの内容ではなく語りにおける「非指示的」な働きとでもよべるような」側面にむけている。(103) 水車や、心田や、一粒丸というよく効く丸薬や、食べて居た土の語りは、尊徳にとっては、その語りにおいて語り出している字義通りの世界(具体物の世界)以上に、直接には語られていないのに語り出されている——「非指示的」な働きによって、直接には語られていないのに聞き手には感得できる——比喩的な世界観(宇宙論)の方により重要な狙いがもたれている。しかしまた同時に、この宇宙論を具体物の世界で語り切るからこそ、「物証」というたしかさで裏付けられ、生活レベルでの納得を生み出す機能をもつ。皇の論によるならば、まさに尊徳の語りや尊徳の思想が、「あることを語りつつ、別のことを意味する」諷喩として存在するところにこそ真骨頂があるように見えてくるのである。

皇は、臨床教育学と尊徳研究の出会いは、「言わば「語り」が取りもつ縁」であると述べる。(104) そしてこの

「語り」をめぐる、メタファー論や比喩論を基軸とした出会い方によって、尊徳の語りや報徳思想の新しい意味（姿）を発見しようと試みる。尊徳の語りにおいては、一見すると思弁的であったり抽象的であったりするようにもみえる宇宙論的表現（「一円」など）もまた見られるが、しかし一方で「具体的な生活の場面を瞬時も離れる事なく」、「畑の草を取る作業と地続きなのであって、そこに断絶を作らないある「強靭」で独特の思考様式（スタイル）」を備えて存在してもいる。[105] そのように地続きであるからこそ、尊徳の語りは愚夫愚婦の生活へと届き、生活意識と密接に連関した場所での意味変換と意味再生を可能にしたと捉えられるのである。こうした一連の論考を経て皇は、「「愚夫愚婦」が身につけた生活意識をそのまま肯定して正当化する「思想」ではなく、報徳の教えという独創の価値体系によって自覚的に生活の意味を変換すること、行為と意識を支配する生活文脈」の「変換を企図するもの[106]」という、報徳思想や報徳言説の新たな意味（姿）を発見するのである。

以上が、皇の尊徳研究である。この研究は、一貫して尊徳の語りの内容にではなく、尊徳の語りの方法や機能に関心を向けている。描かれた文章にではなく、描かれてはいない行間に関心を向けるような研究手法（出会い方）であると言えるかもしれない。皇は、聞き手である農民たちに納得とリアリティをもって受け取られた尊徳の語りが、そこに日常の認識を大きく転換させる力をもつある種の宇宙論（報徳思想）を切り拓くことへの驚きと関心をもって、尊徳の語りに出会う。そして、尊徳の語りと皇の方法論（臨床教育学）が応答するなかで、比喩的機能に注目する着眼が生まれ、この出会いは新しい意味発見の現場となることに成功する。『夜話』や『語録』に残されている比喩的な語りは、これまではまさに愚夫愚婦にさえ届くあまりにも分かりやすいたとえ話として、誰もが字義通りに不思議もなく受け取り理解してきたものであった。しかし皇は、この語りに出会い応答するなかで、この点にこそある種の不思議な力や機能が働いている様子を捉える着眼（見立て）を生む。そのような臨床教育学との出会いによって、これまで自明であった尊徳のたとえ話に新しい意味や機能が発見され、そしてまた、尊徳に「語りの練達者」[107]としての顔が発見されるのである。加えるならば、この発見は皇（臨床教育学）にとってもまた、尊徳の語りに照らされる形で、相談事例に応答するための臨床教育学の方法論を洗練させる場ともなっている。まさにこれは、尊徳研究にとっての新しい発見であると同時に、臨床教育学にとっての新たな発見でもある、という二重の発見性（創造性）をもつ点に重要な特徴がある出会い方（研究法）だと言えるだろう。

11 出会い方の自覚と工夫――研究の在り方（方法）をめぐって

以上のように、これまで尊徳研究の対象として扱われてきたものは、報徳思想の根幹にかかわる原理的側面をはじめ、各地の仕法にみるそれぞれの個別的側面、思想の成立や尊徳自身の生い立ちをめぐる歴史的経緯、尊徳が残した書簡や日記や家計簿、あるいは尊徳にまつわる秘話的なエピソードに至るまで、あまりにも多岐にわたってきた。そこにおいては、もはやあらためて検討の余地がないほどに多様かつ微細に考察され、論じ尽くされてきている感もある。しかし、実はこうした状況は、これまでの多くの研究における独創性がもっぱら研究対象の新しさに依存してきたことの現われであると捉えることもできる。従来の研究の多くは、テクストの深層にある真実（真なる意味、正解、実像、真相）を探究してきた。そうした研究は基本的には、テクストがあらかじめ唯一無二の意味をもって独立的、自足的に存在していると考える立場を前提としている。そのように、テクストの意味がテクストの側に一元的に回収して考えられるとき、研究にとっての意味発見は、テクスト自体の発見とほぼ同義になる。だからこそ、手をつけてこられなかったテクストや現象や事態を研究対象として発見することが、研究が独創的であるための何よりの根拠とされてきた。そのため、多くの研究者は次々と新たな未見の資料を発掘することに力を注いできたのである。未だ誰の目にも触れていない資料、新しい研究対象を発見することこそが、尊徳研究に新しい側面や意味を発見することにつながる、と信じてのことである。

しかし、臨床教育という方法では、研究におけるオリジナリティや新しさを、対象となる素材の目新しさと同義には考えない。たとえば、先に紹介した皇の論のように、いわば従来の多くの研究もまた対象としてきた既知のテクストを用いながら、しかしそのテクストとの出会い方を工夫することで独自性をみせることが可能なのである。さらに言えば、この独自の出会い方は、尊徳や報徳思想にとっての発見性ばかりでなく、当該の学問領域自体にとっての発見性としても機能する。出会いと応答は、その意味でまさに「関係」への創造性を発揮するのである。このようにして、すでに周知のものとなっているテクストもまた、出会い方の工夫により、それまでとは別の意味が見出され、多義的な意味の世界へと拓かれる可能態としての〈テクスト〉となり得る。臨床教育において、それぞれの研究の独創性や多様性は、対象の目新しさだけではなく、研究のための方法 —— テクストへの見立てや応答的実践 —— の工夫と不可分だと捉えるのである。

ところで、こうした事態を思うとき、わたしはごく素朴な日常の場面を連想する。たとえば、わたしがある子どもと出会う場面。その子どもは、人見知りではないけれど、それでもわたしの前ではいつもとてもシャイな様子でふるまっている。言葉も少ないし、少し照れたようなやわらかな表情をよく見せる。もしかしたら、そのようなことからわたしは、「この子はシャイな子だ」と感じる（名づける）かもしれない。しかし実は、これは正確さを欠いた表現ではないかと思うのである。もしかしたらその子は、別の場面や別の関係では、元気はつらつとした活発な様子で過ごすかもしれないし、あるいは、とても頑固で周囲を困惑させるわがままな姿をみせるかもしれない。もちろん子どもばかりでなく、たとえばわたしもまた、ある関係ではしっかりと気が利く行動ができたり、ある関係では緊張のあまりからだが固まって何もできなくなったり、ある関係では無性に腹立たしいイライラからミスを連発したり……する。そうした顔（姿、名前、機能、認識や行為の在り方など）の違いや変化は、本人の特別な意図や意志を反映してのことと言うより、むしろ関係的な事態として生じているのではないだろうか。自身の意志や選択を超えて、関係によって自らに現われる顔が変化する事態は、多くのひとが日常的、体験的に知っていることだとも言える。そのとき、「どれが本当のわたしか」と問われることほど難しいことはない。おそらく「わたし」とは、関係によってしか姿を現わさないし、体験も思考も感情も行動も、実のところ何かに呼応する形でしか（re-action としてしか）生まれてこないのではないかとも思うのである。そのため、先の「この子はシャイな子だ」という表現（名づけ）について言えば、その不正確さは、この子どもの「シャイ」という顔（姿や名前）が、あくまでも関係の産物として現われていることを忘却した点にある。少なくとも、その「シャイ」が現われている場に、「わたし」が立ち合っていることを忘れてしまっている、とも言い換えられる。こうした自身の日常感覚が、臨床教育学の提起するさまざまな論と重なるように思うのである。

各研究が「尊徳の実像」に迫ろうと、関心を対象の側に向けるほどに、わたしにはこうした日常場面が想起される。先に、できごとの意味は、それぞれの「関係」が擦り込まれ、映し込まれて一回ごとに生まれていると論じたが、臨床教育学においては、同じことがまさに研究によって明らかになるテクスト（対象）の意味についても言えるのである。臨床教育という方法に立つとき、たとえば「シャイな子」のなかに知らず知らずのうちに「わたし」の存在が織り込まれている様子が見えてくる。生活世界におけるできごとの意味（見せる顔、名づけ、認識など）のなかに、多くの場合ひとは無自覚のうちに織り込まれ、擦り込まれている。名づけ（意味産出）とは、そうしていつでも関係の産物として生み出されている。そのように見立てたうえで、いま一度、意味が生まれる現場での当事者的立場への自覚から、出会い方の工夫をすることを提案するのが臨床教育学である。この立場においては、テクストに見出される意味とは、「わたし」とは無関係に、「わたし」の外に自立的に存在しているのではなく、「わたし」による見立てと実践という独自の関係を映し込む形ではじめて生まれている一回的な意味なのである。だからこそ、テクストの意味は、「正解」という一義に閉じ込められることなく、関係に応じた多義的なゆらめきをもつ大いなる可能性へと拓かれる。臨床教育研究においては、それぞれの研究（の独創性や創造性）の根拠を、一元的に対象へと求めるのではなく、研究者自身の在りようや研究方法など、研究をめぐる関係全体に求めようとする。そしてこの見立てによって、研究が創造的な意味を発現し得る回路を拓こうとする。研究において見出されるできごとやテクストの意味に「わたし」を含む関係が擦り込まれているということは、「わたし」の在りようが動き、関係が動くことで、できごとやテクストの意味もまた変化し得るということだからである。こうした捉え方は、シャイな子や尊徳の語りだけでなく、不登校、いじめ、発達障害、暴力や暴言、ひみつ、わがまま……など、日常生活において目の前に現われるあらゆる事象との出会いを、発見的で創造的であり得る地平へと拓く回路となるとも言えるのである。

以上のことからも明らかなように、臨床教育という方法にとって、研究や実践とは、できごとやテクストの開明であると同時に、方法それ自体の開明である。出会いを通した応答的探究によるできごとやテクストの意味発見であると同時に、意味発見の実践に照らされる形での出会い方そのものの自覚化、精緻化、洗練でもある、と言ってもいい。次章からは、本書の本題となるテクストと臨床教育との出会いの場面が描かれる。この研究は、尊徳研究としてではなく、まさにテクストの開明でありつつ、方法の開明でもある臨床教育学研究として展開され提出されている。

注

（1）大藤修「戦後歴史学における尊徳研究の動向」（二宮尊徳生誕二百年記念事業会報徳実行委員会編『尊徳開顕』二〇二—二二九頁（有隣堂、一九八七年））に所収。なお、以降の節は基本的に大藤の論を引用し、要約して紹介したものである。

（2）特に劉金才「尊徳思想研究の正鵠と学術的立場について」（『国際二宮尊徳思想学会　第二回学術大会』一六—一八頁、二〇〇四年）に詳しい。また、彼の立場については、「二宮尊徳の「報徳思想」と日本の近代化について（上）」（『かいびゃく』八月号、一一—一六頁、一九九六年）、および、「二宮尊徳の「報徳思想」と日本の近代化について（下）」（『かいびゃく』九月号、一一—二〇頁、一九九六年）に論じられている。

（3）大藤修『近世の村と生活文化』（吉川弘文館、二〇〇一年）一五頁。

（4）同書、六頁。

（5）前掲「戦後歴史学における尊徳研究の動向」二〇八頁。

（6）前掲『近世の村と生活文化』七頁。

（7）同書七一—二〇六頁。

（8）同書一一八頁。

（9）同書一一九頁。

（10）同書一二一—一二二頁。

（11）同書一二三頁。

（12）同書一二九頁。

（13）『報徳記』は、富田高慶の著作である。この著は、従来は尊徳没後一ヵ月の一八五六年（安政三年）一一月に、高慶がこもって書き上げたとされていたが、最近の資料調査によって、著作の発端は一八五〇—一八五一年（嘉永三—四年）にさかのぼり、完成は明治にもちこされていたことが明らかになっている（詳細は、『尊徳開顕』に収録されている、佐々井典比古著「尊徳研究のための新資料」を参照)。

(14) この著は斎藤高行の著作で、もとは「続報徳外記」と題されていた。のちに『二宮先生語録』と改め、全五巻の作品として刊行された。そのうち四巻までは明治年間に出版されたが、全文が発表されたのは一九三一年(昭和六年)である。

(15) 下程勇吉『天道と人道』(岩波書店、一九四二年)。

(16) 同書、一一頁。

(17) 同書、一二頁。

(18) 同書、一四頁。

(19) 同書、二二頁。

(20) 同書、二三頁。

(21) 同書、三一頁。

(22) 同書、二六頁。

(23) 同書、三三—三四頁。

(24) 同書、三〇頁。

(25) 同書、三五頁。

(26) 同書、二九—三〇頁。

(27) 同書、三五頁。

(28) 同書、一一三頁。

(29) 同書、一一三頁。

(30) 同書、二四六—二四七頁。

(31) 皇紀夫「下程勇吉の二宮尊徳研究—人間学的研究の方法について—」(下程勇吉/教育人間学研究会編著『教育人間学の根本問題』(燈影舎、二〇〇〇年))。

(32) 同書、二一四—二一五頁。

(33) 中村紀久二『教科書の社会史』(岩波書店、一九九二年)一九六—一九七頁。

(34) 同書。

(35) 奈良本辰也『二宮尊徳』(岩波新書、一九五九年)。
(36) 井上哲次郎「学説上における二宮尊徳」(留岡幸助編『二宮翁と諸家』(東京人道社、一九〇六年))。
(37) 同書、九九―一〇〇頁。
(38) 同書、一〇一頁。
(39) 前掲『教科書の社会史』二〇一―二〇三頁。
(40) 並松信久「つくられた二宮尊徳」(吉田光邦編『十九世紀日本の情報と社会変動』(京都大学人文科学研究所、一九八五年))。
(41) 井上章一『ノスタルジック・アイドル　二宮金次郎』(新宿書房、一九八九年)。
(42) 同書、一〇四―一〇五頁。なおこうしたビラについての詳細な検討は、「国際二宮尊徳思想学会　第二回学術大会(二〇〇四年)」において前田寿紀によっても論じられている(「戦中・戦後におけるアメリカ側の日本への報徳活用の働きかけに関する考察(I)」『第二回学術大会会誌』三九―五三頁を参照)。
(43) 同書、九六―一〇三頁。
(44) Kanzo Uchimura,『JAPAN AND THE JAPANESE』, 一八九四年。なお、本書は邦訳本、内村鑑三『代表的日本人』(岩波書店、一九〇八年)を参照、引用している。
(45) 子安宣邦監修『日本思想史辞典』(ぺりかん社、二〇〇一年)三四〇頁(「だいひょうてきにほんじん」)。
(46) 前掲『代表的日本人』一五六―一五七頁。
(47) 同書、一六〇頁。
(48) 同書、一五八頁。
(49) 同書、一六六頁。
(50) 同書、一六三頁。
(51) 同書、一五五頁。
(52) 同書、一五八頁。
(53) 同書、一六〇頁。
(54) 同書、一六七頁。

(55) 同書、一六二頁。
(56) Robert N. Bellah,『Tokugawa Religion-The Values of Pre-Industrial Japan』, The Free Press, 一九五七年。(『徳川時代の宗教―日本の前近代産業社会の諸価値―』、一九六二年)。なお、本書においてはこれを再版した『Tokugawa Religion-The Cultural Roots of Mordern Japan』, The Free Press, 一九八五年(R・ベラー著/池田昭訳『徳川時代の宗教―近代日本の文化ルーツ―』(岩波文庫、一九九六年))のうち邦訳本を参照、引用している。
(57) 同書、三六頁。
(58) 同書、三三―三四頁。
(59) 同書、三九一頁。
(60) 同書、四〇頁。
(61) 同書、二二〇頁。
(62) 同書、四六頁。
(63) 同書、二二〇頁。
(64) 同書、二三〇頁。
(65) Robert N. Bellah, Ninomiya Sontoku: The Diligent Farmer as Sage(R・ベラー、「勤勉なる聖農「二宮尊徳」」)この論文は、公式に発表されたものではなく、草稿として残されているものである。制作は、おおよそ一九八五年ごろであると思われる。
(66) 同論文、一頁。
(67) 同論文、三頁。
(68) 同論文、三〇頁。
(69) 前掲『徳川時代の宗教―近代日本の文化ルーツ―』二五〇頁。
(70) 同書、四六頁。
(71) 同書、三五頁。
(72) 同書、二七―二八頁。
(73) 同書、二九頁。

(74) 同書、三〇頁。
(75) 前掲『日本思想史辞典』四一七―四一八頁（「にのみやそんとく」）。
(76) 中井久夫『分裂病と人類』（東京大学出版会、一九八二年）。
(77) 同書、四九頁。
(78) 同書、五〇頁。
(79) 同書、五一頁。
(80) 同書、五七―五八頁。
(81) 同書、四六頁。
(82) 同書、四六―四九頁。
(83) 皇紀夫「二宮尊徳随感」、（教育哲学会『教育哲学研究』第八八号、二〇〇三年）一〇五頁。
(84) 同書、一〇六頁。
(85) 皇紀夫「二宮尊徳の「神儒仏正味一粒丸」という語態」、（大谷大学哲学会『哲學論集』第五〇号、二〇〇四年）四頁。
(86) 前掲「二宮尊徳随感」一〇六頁。
(87) 同論文、一〇六頁。
(88) 以下で展開されている論考に詳しい。皇紀夫「下程勇吉の二宮尊徳研究―人間学的研究の方法について―」（下程勇吉／教育人間学研究会著『教育人間学の根本問題』、二〇〇〇年）。
(89) 同論文、二三二頁。
(90) 同論文、二三三頁。
(91) 同論文、二三五頁。
(92) 同論文、二三三頁。
(93) 同論文、二三五頁。
(94) 前掲「二宮尊徳随感」一〇六頁。
(95) 以下で展開されている論考に詳しい。皇紀夫「二宮尊徳随感」（前掲）。
(96) 同論文、一〇八頁。

(97) 同論文、一〇八―一〇九頁。
(98) 同論文、一〇九頁。
(99) 前掲「二宮尊徳の「神儒仏正味一粒丸」という語態」七―八頁。
(100) 以下で展開されている論考に詳しい。皇紀夫「二宮尊徳の「神儒仏正味一粒丸」という語態」(前掲)。
(101) 前掲「二宮尊徳随感」一〇九―一一〇頁。
(102) 以下で展開されている論考に詳しい。皇紀夫「二宮尊徳随感」(前掲)。
(103) 同論文、五頁。
(104) 前掲「二宮尊徳随感」一〇六頁。
(105) 前掲「二宮尊徳の「神儒仏正味一粒丸」という語態」一四頁。
(106) 同論文、五頁。
(107) 前掲「下程勇吉の二宮尊徳研究―人間学的研究の方法について―」二三六頁。

第4章　『三才報徳金毛録』という〈語り〉

1　『三才報徳金毛録』との出会いへ

ここからは、これまで論じてきたことを、具体的なテクストとの応答を通して描き出してゆく。本書では以降、臨床教育という方法に依拠して、尊徳の語り（テクスト）との出会いの場に臨み、その開明へと向かう。このとき、はじめに出会うテクストとして、尊徳の自著とされる『金毛録』を選定した。この選定の背景には、この著作が報徳思想の根幹を著わす重要な書として位置づけられてきたにもかかわらず、これまでの研究方法ではその意味を解読することができず、「難解」「読解不可能」「意味不明」と評され敬遠されてきたという現状がある。『金毛録』をめぐるこうした研究状況から、このテクストを、それに向き合う方法（出会い方）の転回を要請している典型的なテクストとして見立て、臨床教育という方法を探索するための格好の事例と判断したのである。

この『金毛録』は、「二宮先生に直接指導を受けた人々でも、容易に見せてもらえ」ず、多くの門人が門を辞して帰るときに、一つ二つの筆写を許されたくらいで、それも「日光仕法雛形の巻頭に揚げてある「天命草木種草華実輪廻之図」を写すのが通例で、その他の多くは見せて貰えなかった」書物であると伝えられ、歴史的にも報徳思想の根幹にかかわる著作として重要な位置づけがなされてきた。(1)つまり、あたかも報徳思想における「奥義書」のように扱われてきたのである。しかし現在、重要とされているはずのこの書物の解釈を試みている研究はきわめて少なく、そこに描き出された言説の仕組みや意味世界についての考察はほとんど存在しない。このような状況は、円「〇」と直線「一」を用いた図と漢字の組み合わせによる短句という『金毛録』がもつきわめて特殊で難解な言説の形態にその原因があるとされている。なおここで、『金毛録』の構成を紹介しておきたい。この書は全三四頁で構成されており、それぞれ一頁完結型になっている。より詳細にみれば、一頁から一五頁が「……之図」と題され、一六頁から三四頁が「……之解」と題されている。なお「……之解」のなかには、三〇頁の「報徳解」の前頁にある「報徳訓」も含まれている。短句がなく「〇」のみで構成されているのが「……之図」のうち三頁あり、逆に、「報徳解」だけは「〇」が描かれず短句のみである。なおここで頁の上半分の図に着目すると、『金毛録』の第一頁「大極之図」と一六頁「大極之解」はひとつの丸「〇」のみが描かれているが、それ以外の頁は、その「〇」の内部にそれぞれのタイトルに沿った「語」が書き込まれている。その際、「〇」が直線「一」によって分節されてその線に従って「語」が配置される場合と、そうでなく無分節の状態でただ「〇」の内部に「語」だけが配置される場合がある。なお直線「一」による分節がある場合、それは二分割、四分割、十二分割のいずれかである。また、「〇」を用いた図の下、すなわち頁の下半分に記されている短句とは、「〇」の内部に書き込まれたそれらの「語」を用いた短い句の連なりである。ここで特に後半一六頁以降の「……之解」にみられる「短句」は、その大半がまさに「判じもの」のように不可解で、結局いかなる内容が表わされているのかが判然とし

天生草木華實輪廻之圖

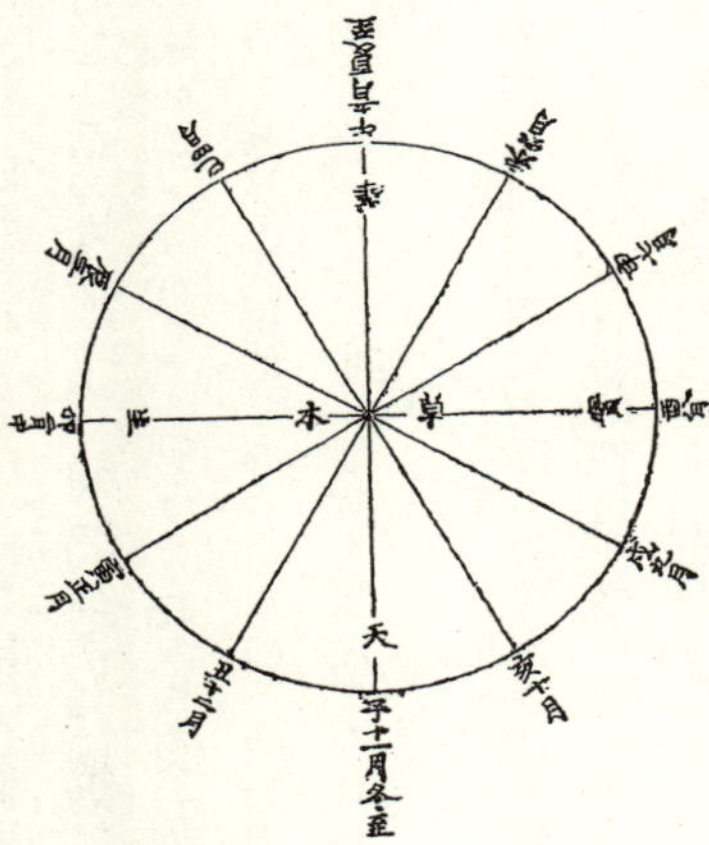

天命之謂レ種、
孳レ種謂二草木一、
其體茂名レ華、
其氣凝名レ實、

ない内容となっている。以上が、『金毛録』の簡単なアウトラインである。

奥義書であり、思想理解にとって重要な何かがあるとは感じられながらも、しかしいざ研究として向き合おうとするとき、こうした難解さに阻まれてきたのが『金毛録』である。そのため報徳思想は主に『夜話』や『語録』など、尊徳が実際に暮らしのなかで農民や弟子たちに向けて語った言葉ややりとりや問答の記録書によって広く伝えられ、研究されてきた。そこには、生活に密着した具体的事物を用いた多くのたとえ話や、当時一般的な日常生活のなかでよく知られていた格言や俚言、故事、古歌などを読み解きなおしつつ語った引用や借用の説話（つまりパロディのような読み替えをした語り）がみられる。それらは、非常に平易な言葉で語られ、その内容も身近で実用的であったため、愚夫愚婦にさえ理解しやすく普及力があったと考えられている。そして、彼の思想にかんする研究もまた、これらの説話の内容分析や解読を中心におこなわれるのが通例である。[2]

描かれている言葉の内容解読のみに終始したこれまでの研究におけるアプローチからすれば、難解な言説形態で語られている『金毛録』は資料的性格がきわめて薄く、非常に厄介な研究対象となる。また、たとえある解釈枠から『金毛録』で尊徳がどのような内容を記したかを明らかにできても、このテクストがなぜ図像と短句によって構成されたのか、なぜこのような表示のスタイルが選ばれたのか、という点についてはまったく関心が向けられてこなかった。あくまでもテクストで「何を」語ったかへの関心であり、テクストが「いかに」語られたかへの関心は存在してこなかったのである。こうした報徳言説の字義的内容（「何を」）にのみ一元的に関心を向ける態度は、語りの意味を語りの現場から切り離してしまう捉え方とも言える。他ならぬ尊徳という主体が当事者として現実を生き、他ならぬその現実と出会うなかで、他ならぬ図と短句という形態で表現した『金毛録』言説から、そこにある生々しい個別性や特殊性を一切剥奪してしまう。そうしてその言説の固有性を漂白したうえで、コード化された他の一般言語とまったく同じ枠組みで読み解こうと関心を向ける。以上のような解明の手法に対して、臨床教育という方法は、テクストの意味を、テクストをとりまく「関係」や方法のテーマとして捉えなおす見立てを提案する。そして、報徳言説が「いかに」語られたかという場面性への注意を基底に据え、報徳言説の意味にあらためて出会いなおす実践（テクストの開明）へと向かう。

ところで、『金毛録』について論じた稀少な研究者として佐々井信太郎がいる。彼の論については以降で概観するが、彼は尊徳の『金毛録』言説を解説するなかで、現に描かれていることであるにもかかわらず「これに特別な「意味はない」」と説明して、それ以上の考察を加えずにその箇所を通り過ぎることがある。これは、その箇所が、佐々井の解読の枠組みに照らすとき有意味と判定される圏内には入ってこないという理由で、それを取るに足りない「例外的」言説として捨象しようとする態度である。ここには、解読の枠組みに優位性を与えることで起きる排除の構造をみることができる。たしかに、臨床教育の相談事例の現場で耳を澄ましているとき、一見すると「飛躍的」あるいは「矛盾的」と映ったり、あるいは佐々井が述べたように例外的で「意味はない」と思えるできごとやことばが唐突に現われたりすることがある。しかしそれは多くの場合、できごとと聞き手の文脈（枠組み）とが食い違っているときに生じる現象であるとも言える。

たとえば、他者と会話をしているとき、聞き手にとってその他者が唐突に話題を変えたように見える場面に出会うことがある。つまり、聞き手にとって、語り手の話が飛躍した、とか、これまでの筋からは意味がないことを話しはじめた、と思えるような場面の出現である。しかしこの場合、それでも語り手の内では何らかのつながりがあることが多いのではないだろうか。それは、聞き手には一見すると理解しがたいような、その語り手にオリジナルな連想や固有のイメージなど、独自の関係項目の配置の仕方があり、語り手なりの文脈や筋道（枠組み）によって導かれるつながりであり得る。そのためこの場面こそ、最も語り手の独自性が発揮され、そのため語り手と聞き手の枠組みがズレ、「理解不能」という事態が生じてしまう典型的な場面となり得るのである。そのようなことと似て、一般的な理解枠や客観的な常識によってはつながらない（分からない、見えない）ものでも、別の文脈においてはたしかにつながる可能性があるのであり、そこに特別でオリジナルな意味を見出し得るのである。聞き手に「意味不明」としか見えないならば、それはむしろ聞き手が語りの文脈からはじかれ、その語りに参入できずにいることの証明なのではないだろうか。だからこそ臨床教育という方法は、むしろこのような場面こそ、その語りが理解のための方法の工夫や転回を要請している場であると捉えてゆく。そして、その「意味はない」できごとにこそ可能性を見出し、積極的に出会い、応答しようとする。『金毛録』言説とは、これまでの研究がもつ解釈枠においては、「難解」「読解不可能」と捉えられてきた語りである。そのことは、「『金毛録』という語りが、『金毛録』のための方法を待っている」事態として考えることができるだろう。なおこのとき、従来の解釈枠にとってのネック（難解であることの原因）となっているのは特殊な言説形態である。しかしこの言説の形態があまりにつよい一貫性をもって『金毛録』の構成を支えている点は、むしろその語りがその語りなりの何らかのつながり（文脈）をもって固有の意味を発現させ得る可能性をたしかに予感させるのである。

2　『金毛録』をめぐるこれまでの研究

これまで『金毛録』は、主に特殊な形態で構成されていることを理由に研究対象とはなりにくい書物とされてきた。「円相の図については、とても関心があります。尊徳は何でも円で説明しています。ただ、その説明がほとんどないので、理解しにくいところが多く、この円相についての詳しい説明が欲しいと思っています[3]」との言葉に典型的に語り出されているように、従来の研究者たちも、あるいは最近の海外の尊徳研究者のひとりである劉も、この書物の重要性を指摘しつつも、それを解読するための手がかりを得られずにいるのが現状である。こうした状況において、佐々井が『金毛録』にかんする論[4]を展開していることは、非常に稀少な試みと言える。そこで、本書の論考に入る前に、まずその佐々井の論を追ってみることにしたい。

佐々井は、『金毛録』を「宇宙が一円の一元から構造されたこと、並びに一円一体から開びゃくしたことを述べたもの[5]」あるいは、「自然としては宇宙観、人為界としては人生観から処世観に至るまでの大問題を、思想体系を立てて簡約に解説し弁証した著作[6]」と位置づける。またこうした尊徳の思想は、「眼前の事実である「米を作り豆を育てた体験」を検討し、それを「拡大して宇宙の開びゃくを推論し、宇宙万象を通じて開びゃくを無窮に連続することを達観[7]」することによって産み出されたもので、「経験から帰納したことを明弁した」「経験的法則[8]」の思想であると論じる。一方で同時に、尊徳はこうした自らの独自な思想を、易や儒教、仏教の思想をヒントにしたり[9]、「日本書紀並びに易によって傍証」したり[10]、「古典文章で証言しつつ論旨」を進め成立させた[11]、とも言う。佐々井はここに、『金毛録』における図や漢文にみられる引用や借用のゆえんをみるのである。さらに彼は、『金毛録』で多用されている「○」を用いた図については、「尊徳は自分の思想を図表によって説明し、その思想体系を図表の連繫によって表明した[12]」と捉え、それぞれの図の下に書かれた漢字の組み合わせ文をこの「図表」の「解説文」と位置づけている。そして、ここに著わされた内容が「何を言っているのか判明しないから判じ物であると伝えられ」、概して『金毛録』は「難解なものと評され敬遠されてきたと述べる[13]。ここには、佐々井や下程勇吉ら思想面の研究を手がけた従来の研究者たちが、『金毛録』にかんする研究もまた、主にそこで述べられている字義的内容面に焦点を当て、その解読に力を注いできた様子が顕著に見られる。

『金毛録』をこのように見立てる佐々井は、『金毛録』の第一図から順に、各頁について一つずつ具体的な解説を加える。そして、各頁に書かれた図表や語句の内容を、主に「豆」が育つ具体的なプロセス（豆種→豆草→豆花→豆実）と、尊徳という人物（彼が育った境遇や実際の言動など）を軸にして、実像に即した詳しい形で説明する。これらの解説を概括すると、尊徳の論じた「開びゃく」という思想に論点が集約される。佐々井によれば「開びゃく」とは、ひとびとの生活や報徳仕法を統制するための「自然と人為とを一貫した原理や原則」である。[14] そして、この「天道と人道とを通じて一貫して変異のない大道」[15] こそ、『金毛録』おいて説かれたことであると結論づける。このとき佐々井は、第十五図の「天性草木華実輪廻の図」（一二九頁の図）を、この「大道」を典型的な形で示した根本的な「標準図解」と捉える。彼は、尊徳がこの図表において述べたことこそ「開びゃく」としての「大道」であり、「豆種から生えた豆草は、もはや豆だけでなく、水・光・熱・肥料などが豆種を中心にひとつになった一円一体のものである。すなわち豆草は豆種や種々の養料が合成した新しい豆草という新生活に入っている」[16] という原理原則を明快に提示した図であると論じる。具体的には、「円の中は現実の事象であって、それが空間において開びゃくし変化する状態を示したのであり、円の外は現象が流転する時間である。空間における物体という三次元と、時間という一次元とをひとつの図にした図で、四次元の世界が、因果の関係をもって連続しつつ開びゃくする、それが現実の世界であることを明らかにしたもの」である、と第十五図の「図表」を解説している。[17] このような「因果輪廻の法則、一円融合による生々発展の開びゃくの法則」こそが「大道」であると言う。[18] それゆえ、尊徳の思想はこの第十五図を「基礎とし、ここに帰一した。だからこの図を標準として、あらゆる天道人道の図解が作られ、多くの図が十二に分かれている。ぐるぐる回って輪廻する説明がはなはだ多いのもそれである。別して「わが道は開闢の大道である」と度々文書に書かれてあるが、輪廻は全く開びゃくの連続である」と論じる。[19] このように、佐々井が尊徳において見出しているのは「内包的開びゃく」[20]論である。自らを取り囲む「環境」と「一円融合して無限に生々発展を続け」ることで、それらが内包的にもっている「天分の徳」をおのずと「出現」させる。[21]「(この)開びゃく論の前途に、人類は将来に何事かを開びゃくするものであるという希望を予想した」[22]のが尊徳という人物であった。佐々井は、このように捉え、尊徳の思想に沿うならば、人間たるものは自然の「開びゃく」に倣い、これを「相続」することを「自覚」して「鋭意努力すべき」存在であると見えてくるのであり、まさにこうした「努力」の「発動心」を「涵養」するために『金毛録』のいくつかの図表を含めた報徳言説はつくられている、と述べている。[23]

また佐々井によれば、尊徳は、この人類における「開びゃく」すなわち「人道としての実践」のために、「万象に徳の実在を附与する」「人道」の必要を論じ、さらに「この徳に報ゆることによってその徳を得ると認め」ることで、「徳及び報徳が人道上のことであることを明らかにし、徳に報ゆるのでなければ人道としての実践は不可能であることを確信」していたと言う。[24] 佐々井は、「徳」「報徳」にみられるのは、「人道」が「開びゃく」するための根元となる重要な「努力」であり、そこを焦点化して扱ったことは「尊徳の思想体系の一大特色である」、と論じている。[25]

以上が佐々井の論の概略である。しかし彼のこの論には、立論が明らかに破綻している箇所がいくつかみられる。たとえばそうした破綻は、第二十二図「財宝増減の解」(一三六頁の図)にかんする解説に典型的にみることができる。佐々井は、「この第二十二図の特色は、図表を一輪廻して因果関係を会得するのではなく、手前と向う側とが相対して因果関係を示し、一項目ごとに別々の箇条をあげ、六項目をもって終っている。周辺の月名も、それが時間の一年の経過ではなく、ただ十二ヵ月に項目を配当しただけで意味はない。だか

財寶增減之解

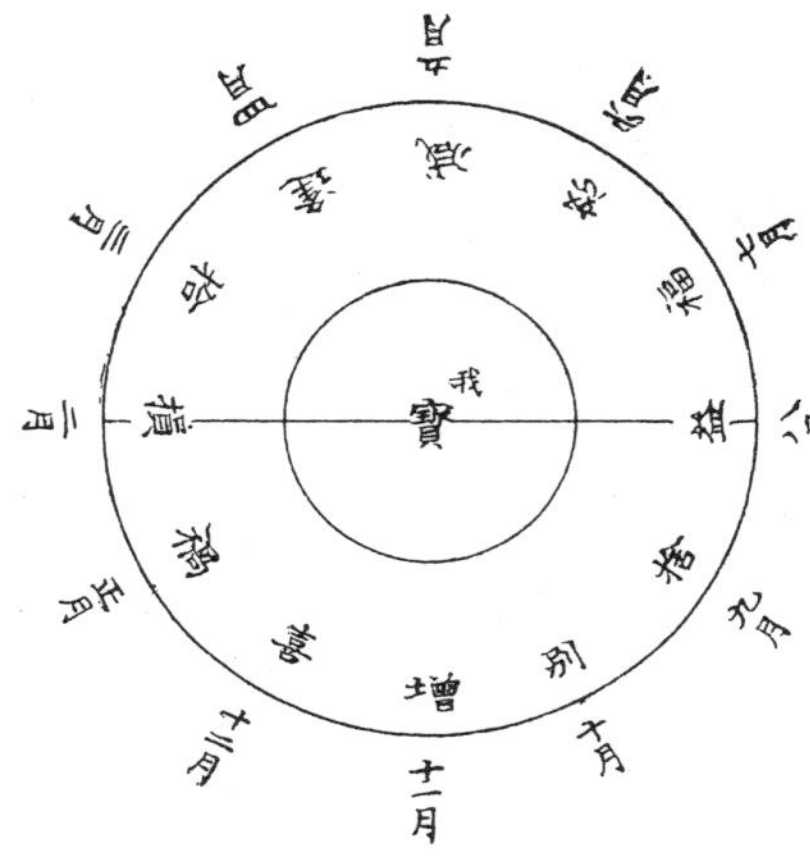

夫本一圓無財也、無財相變生一寶、一寶增化爲萬寶、未發財寶、則無貸借、無貸借無通用、有通用自然發貸借、有貸借必暨增減、有增減不止《ヤメ》貸借、一貸累積爲萬貸、想萬貸本歸無貸、無貸轉倒爲一借、一借相重爲萬借、悰《ヲモンハカル》萬借本歸增減矣、有一增必有一減、有一喜必有一怒、有一禍必有一福、有一損必有一益、有一拾必有一捨、有一逢必有一別、佛曰之因果、猶施報與之、亦復有天地懸隔之理、譬似農者施一粒、于獲萬粒、所以有一施必有十報、有百施必有千報、有千施必有萬報、是故稱《アケ》貸《カシ》貨財而益之者、損彼損是、益彼益是、彼是之因果、相對如車輪之廻無停也、財本不我財、天道之財、天感激其性、與之在厚薄、摸厚薄本、天非作事自招之、不好誰貧賤瘁焉、此謂天理自然、不義而富且貴、於我如浮雲、可不愼矣、

らこの図表は貸借・授受・増減の関係を説示しただけのものである」（傍点は引用者）[26]という。ここで、現に描かれている言説をして「意味はない」としている佐々井の見解は、彼が「標準図表」としている第十五図を説明するための仮説的理解枠が、この図表には適用できないことを示している。つまり『金毛録』は、佐々井が方法論とする枠組みでは回収し切れない言説を含みもつのであり、その枠組みにおいては捉えることができない、なにがしかの意味を見出す可能性に拓かれたテクストであると考えられるのである。

たしかにこの佐々井の研究は、尊徳思想の「正解」を解き明かすために、『金毛録』というテクストに即した解説を試みた実験的研究として位置づけられるだろう。しかしこのとき佐々井は、従来の研究者たちと同様に、謎めいた形態で描かれている『金毛録』にかんしても、一般言語を解読する際と同じ辞書を片手にその内容の分析に取り組んでいる。そして、そこに描かれた言語を適宜具体的な事象や現象によって説明するという一種の分析的還元主義の手法をとっている。しかし、そうした研究の手法にかんしては自覚的であるとは言えず、「意味はない」とする論を軽々と提示してしまう。素朴に言えば、佐々井の論考には『金毛録』について一貫して適用が可能な理解の枠組みや研究手法はみられない。そのためそれは、『金毛録』全体（『金毛録』という書物）の分析や論証あるいは解釈とは言えず、『金毛録』の一部の図像の「解説」という役割にとどまる研究だと言える。あるいはこの研究は、報徳的人道を実践するための「手引き書」という、いわば佐々井の側の理解可能なフレームに回収できる一部のみを切り取って、『金毛録』という書の意味をやせ細らせてしまっているとも言える。本書ではこの佐々井の論考とは異なる立場からこのテクストに出会う試みを展開しようとする。佐々井はここに描かれた図像を、あくまで説明のための素材と捉え、深層に控える「大道」を説くための単なる説明図表と位置づけ、さらに、下に添えられた言語についても、図像の解説文という補助的な位置づけしかしていない。本書では、こうした佐々井の研究は、『金毛録』に貫かれている特徴的な言説形態がもつ意味や必然性を取りこぼすことで、結果的に『金毛録』という書物全体の意味や意義を矮小化してしまっていると指摘したい。

3　「一粒丸」としての『金毛録』言説

ところで、ひとが『金毛録』に出会うとき、かつてどこかで、それと非常に類似した形の言説に出会ったことがあるように感じるかもしれない。先にも触れたように、尊徳の語りにはよく知られた文言（格言や俚言や古歌や仏教／儒教言説など）の引用や借用――つまりパロディのような使用の仕方――が非常に多くみられるのである。まさに「報徳（教）は神儒仏一粒丸のごとし」と言われるように、尊徳が語り出す報徳思想の土壌は、神道、儒教、仏教をはじめさまざまな思想や語句が一体的に融合して形成されている。本来種々個別であったそれぞれの薬草を丹念に砕き、それらをひとつの鉢のなかで摺り合わせ、練り上げ、最終的に一粒の丸薬とするように、報徳の思想はさまざまな薬草をオリジナルにブレンドし、調合した一粒の丸薬（一粒丸）として存在している。もはやそこでは、各種の薬草が影響を及ぼし合うことで、それぞれが単独で担っていた香りや効能を変質させ、独自の香りや効能（意味）を帯びる新しい丸薬となっている。彼の語りや思想は、それぞれの思想を「部分」としたそれらの総和的な「全体」として成立しているのではなく、本来別個のものが摺り合わされ練り合わされて融合し、変質したオリジナルな一粒丸として成立している。そのため、そのなかのいずれかの思想が報徳思想の中心である訳ではないし、たとえ見覚えのある語であっても、もとの意味（効能）を正確に維持している訳ではないのである。報徳思想は、そのなかに含まれると言われる他の思想のような神秘主義的な天道一元論ではないし、逆に、単なる人間中心主義的な道徳的こころがまえ論でもない。彼の論は、天道／人道の二元論が、人間の行為や作為において融合して一円化（一元化）するところにその特徴をもっている独自の論（新しい丸薬）であり、そこに転用されているさまざまな思想（薬草）は、一粒丸となることで明らかなる変質を起こしているのである。

こうした一粒丸という特質を、『金毛録』言説にもまた見ることができる。引用としては、第一図にみられるように「伝ふるに曰く……」と、『日本書紀』の文言を抜き出している箇所などがその典型としてあげられる。また、円相の図をつくるときの構造上の技法モデルや短句に用いる語句などにも、多くの引用や借用がみられる。そのためひとは、『金毛録』の前にたたずむとき、かつてそれと非常に類似した形の言説に出会ったことがあることを思い出すのである。たとえば『金毛録』にみる短句の形態は、仏教（特に「般若心経」）的な言説の作り方を重ね合せることもできる。この仏教の経典は、「実体観を否定する空観」をその根底に置き、「読む者・聴く者が実際に空の体験を深めてゆく」効果を狙って、「執拗に繰り返される否定的論述」をその言説形態の特徴としている、と言われる。そのように「経自体に繰り返し述べられる否定は、言葉に対応する実体的な存在などありえない」ことを徹底的に説くためのものなのである。[27] こうした「執拗に繰り返される否定的論述」という技法は、たとえば、『金毛録』における「不無火　不有火　不有火　不無火　不無水　不有水　不有水　不無水也」といった「不」の繰り返しという言説形態の型として借用されているとも考えられる。あるいは仏教言説の影響を受けたこの言説形態は、山内得立（一八九〇―一九八二）によって「レンマの論理」と名づけられている形態とも重なる。山内は人間の「思惟の様式」を、㈠肯定、㈡否定、㈢肯定でもなく否定でもない、㈣肯定にして否定、という四つの論にまとめ、そのうち㈠と㈡を西洋の論理である「ロゴスの論理」と呼び、㈢と㈣を含みもつ論理をインドの大乗仏教に典型的にみられる「レンマの論理」と呼ぶ。[28] この「レンマの論理」は、矛盾律を認容するばかりか、むしろそれを「至当とする」[29]。

山内は、「ロゴスの論理」が「存在の学」であるのに対し、「レンマの論理」は「非存在の、無についての、空に関する教説」であり、[30]それは「縁起―無自性―空の概念」を導くと言う。[31]つまり『金毛録』が、こうした仏教言説の形態を借用することにより、山内がインドの大乗仏教の言説を軸に論じたこの「レンマの論理」を、何らかの変質とともに自らの内に取り入れている可能性をみることができるのである。

さらに、この書が作成された当時広く普及していた「陰陽五行」や「易」の思想やその図表からの引用や借用を考えることもできるだろう。「〇」の使用による図の作成というアイディアや、書き込まれる語句（太極・陰・陽・天・地など）の類似性など、多くの点で両者は一見よく似た形態をもっている。たとえば「太極」（ただし尊徳は「大極」としている）という語はもともと、「万物の根源にして根拠を意味する中国思想のターム」である。これは「〈道〉や〈一〉と通じ」るもので、ここを元として両儀（陰陽）を生じ、次第に万物を生じると考えられている。こうした「太極」の思想は、のちに『易経』に拠りつつ万物の生成過程をシンボリックに表現するために、「太極図」として図示されて世に知られるようになる。これは「〇」を用いた図表であり、ここにおいて最上段に描かれた何も書かれていないひとつの丸（〇）こそが「無極にして太極なるもの」すなわち万物の根源としての「太極」である。こうした「太極図」や、この図の解説と言われる「太極図説」（約二五〇字程度の短篇）が、しだいに朱子学の中枢に組み込まれていったのだと言う。[32]『金毛録』において尊徳が描き出した思想やその表現技法に出会うとき、こうした「太極図」をベースにした「陰陽五行」や「易」の転用を想起することもあるだろう。たとえば佐々井はきわめて端的に、『金毛録』の第一頁の「大極之図」にかんして、「宇宙開びゃくの法則を知るには、天地の根元を知らねばならない。易に天地の根元を太極と書き、儒者は太極の図を丸ひとつで表わしているから、金毛録の第一頁に書いてあるのも、それから思いついたのであろう」[33]という解説を加えている。

しかし、先にも述べたように、『金毛録』をはじめ報徳言説は、あくまでも「一粒丸」として成立している。たしかに引用や借用や転用であるけれども、しかしそれら個別の薬草は、粉々に砕かれ、摺り合わされることで、もはやもとの文脈からは剥ぎ取られ、変質をして（もとの香りや効能とはおおよそ別のものとなり）、新しい丸薬（一粒丸）の成分となって生まれ変わっている。そのため、『金毛録』の意味を開明しようとするときに、たとえば仏教言説の形態がもつ意味を解読する枠組みや、「陰陽五行」における図や語の解釈手法をそのまま適用することはできないのである。なお加えるならば、特に「陰陽五行」との関連については、その思想的背景が尊徳の思想とは決定的に異なることからも、『金毛録』への独自の解釈枠が必要性であることが明らかである。以下では、そうした両者の思想的な違いをより明確にするために、「陰陽五行」における図表を生み出している中国思想について、吉野裕子（一九一六―二〇〇八）[34]の論をもとに概観してみたい。以下が吉野の論である。

「陰陽五行」の図表とは、「宇宙万象の在り方、変転について、より詳細且つ具体的に説明するため」[35]のものである。「陰陽五行」や「易」のベースとなる中国思想においては、「自然の規則正しい運行」[36]や「季節の順当な循環」[37]を何よりも重視する。そこでは、人間とは、その自然の順当な推移が妨げられないことを祈り、ただひたすら自然に「適った行為、生活をすべき」[38]存在であるということが徹底的に説かれる。さらに、天下の泰平や民生の安定の基盤である「年穀の実り」[39]については、「実りをもたらすものは、ひとえに一年の時間の推移であり、しかも順調であることが必須条件である」[40]という見解をもっている。こうした思想を基盤に描き出された「陰陽五行」や「易」の図表とは、目に見えない季節や自然の順行を具体的に把握するためにそれらを「具象化」した図表であり、その図表が「人間生活万般の規範となり、これを規制」するものとなることが目的とされているのである。[41]

以上のように吉野は述べているが、このような意図で描かれた「陰陽五行」の図表は、尊徳の思想に引き寄せるなら「天道」の原理を至上のものとし、それを把握し説明したものということになるだろう。しかし、尊徳の思想では「天道」を「畜生の道」と見立て、天道にのみ従って生きる人間を「人道の罪人」として厳しく非難する。尊徳の思想では、天道に従ってのみ生きるのではなく、それに「従いつつ逆らう」のが人間として在るべき「道」（人道）であると主張されている。ここからも、彼が最もこだわり重要視していたのが、「天道」ではなくむしろ「人道」であることが分かる。この点を踏まえると『金毛録』は、「空」を説く仏教言説や、ひたすら「自然」に従うことを説く陰陽五行における図表と、一見よく似た形態をもちつつもそこに働く原理はまったく異なることが明らかとなる。

つまり報徳言説にみる引用や借用は、単なる転用なのではなく、「引喩」として解釈する必要があると考えられるのである。「引喩」とは、「ことば遊び」を語源とする「「暗示的」引用」のことで[42]、これは、「すでによく知られている対象を利用」して何らかのことをほのめかす「借り物のほのめかし[43]」と言われる。ここで言う「よく知られている対象」とは、「成句、名句、格言、諺、詩歌、神話、物語、小説などの言語的世界ばかりでなく、時事、社会、歴史などの人事・文化の百般に渡る[44]」。具体的にはたとえば「和歌の「本歌取り」の手法[45]」を思い浮かべると分かりやすいだろう。この手法においては、本歌の趣旨や意図を正確にかたどり伝えることではなく、あくまでそれを「利用」して、意味を変質させ、まったく新しい歌を創り出すことが目指される。しかしこのとき、本歌がまったく無意味化してしまうわけでもない。本歌の世界観は新しく生み出された歌の世界の背後にたしかに控え、たしかに流れることで、そこに「重層的」な意味世界を繰り広げる力となる[46]。この「重層」性こそが、その「ことば」がもつ意味のずれや豊かさを産み出し、「一つの意味を提示し、別の意味を意味させる[47]」という「ことば遊び」の特質である多重な意味の「ほのめかし」

を可能にするのである。

これまでみてきたように、『金毛録』における尊徳の言説にも、型や文言や語句などに多くの引用や借用がみられる。しかし尊徳はそこで、それらの引用した元の言説（仏教言説や陰陽五行の言説）がもっていた正確な意味や思想を把握し伝えようとしたのではなく、それらを「利用」して、独自の「読みなおし」を施し提示したと捉えることができるのである。広く知られているさまざまな対象を引用し、それらを「神儒仏一粒丸」という新たな筋立てのなかで捉えなおし、パロディ化して語りなおす。それはまさに、「創造のための引用」[48]あるいは「自由な「引用」[49]」とも言われる「引喩」と呼べるだろう。そのため「一粒丸」としての報徳思想においては、彼の言説にみられる引用や借用もまた「引喩」と捉え、神道、儒教、仏教をはじめさまざまな思想に適合する解釈方法（解釈枠）とは異なった独自の方法において向き合い、そこに生み出されている新しい文脈（一粒丸という文脈）に出会うことが求められるのである。

4　言説形態への着目――図像言説という見立て

では、そうした一粒丸としての『金毛録』が求めている、『金毛録』のための出会い方（方法）とはいかなるものだろうか。このことを摸索するため臨床教育という方法は、「何が『金毛録』なのか」と問い、『金毛録』の意味を生み出している場面性や関係――できごとと尊徳という主体を含むそれらの呼応的関係、出会いの場面――へと関心を向ける。そのうえで先の予感、つまり、これまで解読不能の主たる原因を作り出してきた意味不明なその言説の形が、むしろあまりにも一貫して『金毛録』を支えていることから、何らかの新しい意味を生み出すための手がかりになるのではないかという見解を出発点とする。そして、ここに描かれている図像や短句がもつ「形態」に注目した応答を展開するのである。これはまた、従来とられてきた言語の「内容」への関心とは異なる着眼の仕方であり、これまでの研究が無関心であった（あるいはもて余してきた）言説形態に、逆にテクストに応じるための手がかりを得ようとする関心の向け方である。なお本書では、この言説形態への注目という着想をさらに精緻化するために、すでにこうした点について詳細に論じているヤコブソンの論を参考にした。

ヤコブソンは著書『一般言語学』(50)のなかで、人間科学という領域における「言語学の自律」(51)について述べる。彼は、「言語は記号体系の一種であり、言語記号の科学としての言語学は、記号学 semiotic、すなわち記号の一般科学の一部分にほかならない」(52)と言う。注意すべきは、ここでヤコブソンが主張する「記号学としての言語学」とは、「文脈自由構造」をもつ人工的な「形式言語」ではなく、「文脈依存構造」をもつ「自然言語」を出発点(53)としている点である。場面や文脈から切り離され、個別性や主体性を漂白された形式としての言語は、その意味で何ら縛られるもののない自由な存在である。しかし他方、語られる場面といったきわめて個別的で一回的な要因からけっして自由になれず、切り離しがたく結びつけられ、依存している言語は、まさに日常という素朴な人間的場面で出会う自然言語であると言うのである。ヤコブソンはこの「自然言語」を、「不断の発明的な進展を付与する」特性をもち、「意味の可変性」「多様で広域におよぶ比喩的転移」「無限の適性」といった「無限性と創造力とが全面的に連関」した言語である(54)、と規定している。

ここでの「記号」は、一般的に理解されているような形式的に固定化された一義的記号ではなく、多義的で可変的な意味の創造のただなかにある象徴性と密接にかかわる「記号」を意味する。ヤコブソンは「言語学」の目的を、「記号とその意味の生成と変様についての法則」(55)の開明にあると捉え、そうした開明の手がかりとして「記号のパターンの構造」あるいは「記号の型」といった言説の形態に注目する(56)。彼は、こうした意味での「言語学」を、隣接する人間諸科学にとっての「方法論上の模範」[57]であるとし、諸科学におけるさまざまな研究対象（たとえば、祭式、慣習、語り、心理など）を、「記号とみなすことによって、これらの事実は異なる光の下に現われて」[58]くると主張する。

こうしたヤコブソンによる知見は、これまで本書で述べてきた可能態としての日常の在りようや、できごとの意味発現（発見）ができごとをとりまく「関係」という機能によって生み出されている在りよう、さらには、それらへアプローチするための方法的手がかりなどについて、理論という側面からの洗練を加えてくれる。このヤコブソンの論に導かれて、以下では『金毛録』言説の形態について詳細に検討する。

『金毛録』は、その大半がまさに「判じもの」のようで解釈しがたく、たしかに難解と言える。そこではたとえば、「身体がなければ精神（心気）もない。また精神がなければ身体もない。……　身体が生じれば精神が生じる。また精神が生じれば身体が生じる」のように、言語内容だけを追えば同じような句がぐるぐると循環して語られているだけであり、結局のところ何が意味されているのかは一見しただけでは非常に分かりにくい。一読して、それが普通のテクストではなく、容易には理解を許さない謎めいた不思議なテクストであることが分かるのである。しかし他方で、言説形態に着目して『金毛録』を前にすると、どの頁もほぼ統一されていて、そのパターンが非常に画一的である様子が見えてくる。一頁ごとにタイトルが打たれ、各頁の上半分に円「○」を用いた図が示され、下半分に漢字を連ねた短句（あるいは短句の組み合わせ）が記されているという非常にシンプルな構造がこのテクストの大半を占めている。尊徳自身が著わした（とされている）書物のうち、これに類似した言説形態がみられるのは、『金毛録』以外にも『大円鏡』『空仁二名論稿』『百種輪廻鏡』『三世観通悟道伝』『一体三行録』『万物一円鏡』『万物発言集』『天禄増減鏡』『無題』など数十冊に及ぶ[59]。「○」を用いた図と、ぐるぐると行ったり来たりしながら繰り返される循環的な短句という、一般的には奇妙にみえるこうした形態も、尊徳にとってはいわば常套的な形態なのである。尊徳は、自身の思考形式を表現しようとするときに、あたかもそれがあたり前であり、必然であるかのようにこの形態を選択している。そのためこの形態は、奇妙でありつつもしかし、尊徳言説独自の何らかの重要な機能をもった「型」として、ある程度まで一般化できる。ここにおいて、こうした「型」が、報徳思想を語るためには必要不可欠でさえあって、尊徳によってある必要性をもって自覚的に選択された形態として見えてくる。つまりこの形態が、そこに表出された語りに独自の意味を生み出す「関係」として必要不可欠な機能を担っているという見立てが生まれるのである。

　そこでまず、『金毛録』の各頁の上半分に置かれている形態である「図」に着目し、それをひとつの「図像言説」と見立て、この形態と不可分な連関をもつことではじめて語りにもたされる意味について考えてみたい。『金毛録』では、一番はじめの頁に「大極之図」（一四七頁の図）と題してひとつの円「〇」だけが描かれている。そして、「大極」とは古書の言い伝えによれば、天地や陰陽の対立や分割のない混沌とした状態で、形状が定かではない鶏卵の中身のようなものだと述べられる。そこは、すべてのものが有り、かつ、すべてのものが無い場所であると言う。また続く数頁では、「〇」のなかに語を入れただけの図（一四八頁の図など）を展開する。ここでは、下の短句として「火・水・風・地」「清・濁・気・体」「陽・陰・暑・寒」などを用いて、「不無火　不有火　不有火　不無火　／　不無水　不有水　不有水　不無水也……」と延々と続けている。つまり、「火が無かったのでもなく、火が有ったのでもない。火が有ったのでもなく、火が無かったのでもない。／水が無かったのでもなく、水が有ったのでもない。水が有ったのでもなく、水が無かったのでもない。……」と繰り返す。この「〇」とは、何らの名づけも存在していない――分節化や意味化されたできごとが何も存在していない――「無」の世界であると同時に、あらゆる名づけの可能性が秘められ

大極之圖

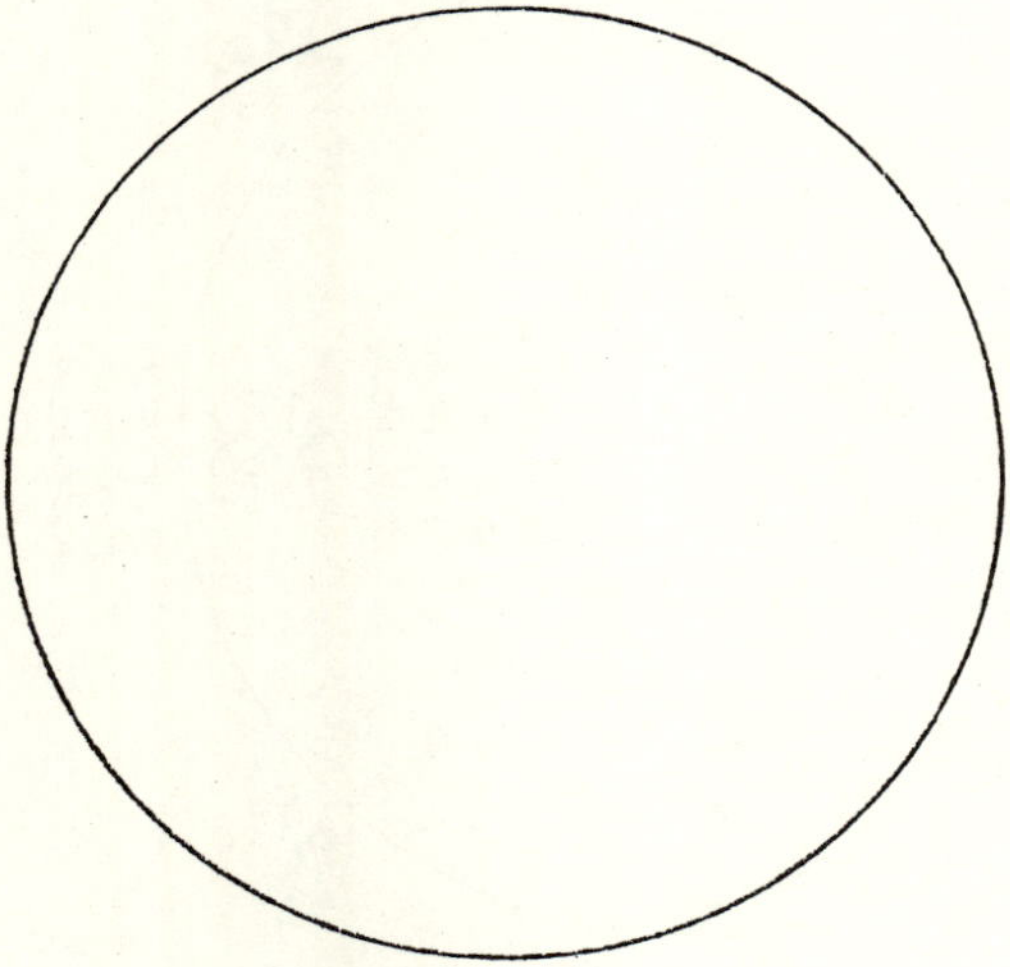

萬物化生、莫レ不下以二大極一爲上元、

傳曰、天地未レ剖、不レ分二陰陽一、渾沌如二鷄子一云、

一元之論圖

不レ無二火不レ有二火、不レ有二火
不レ無二火也、
不レ無水不レ有水、不レ有水
不レ無水也、
不レ無風不レ有風、不レ有風
不レ無風也、
不レ無地不レ有地、不レ有地
不レ無地也、

た母胎という意味ですべてが存在する――あらゆる分節や意味を含みもつ充満した濃厚な――「有」の世界でもある。このように、肯定／否定、否定／肯定を連続して繰り返すことで、対象的で実体的な認識の枠組みが次第に解体をはじめる。こうした繰り返しをとなえるなかで、一つひとつの事物にもともと貼りついていると思われていた名づけがはがれはじめる。そうして、二分化した名づけをもって相反していたはずの「有」「無」が、そのいずれでもない「〇」という混沌としての世界の在りようを出現させはじめるのである。それぞれの名前が、実は先天的に決定されている不変的な名なのではなく、あくまで便宜的なラベルとして一時的に与えられた名づけであり、名づけ以前に立ち返るなら、そこにはあらゆる可能性に拓かれた「混沌のコスモロジー」（つまり可能態、意味の母胎）が広がっている。尊徳は、こうした混沌としての在りようを、有／無のいずれをも包摂した「一円」とか「天道」と呼び、それを「〇」という図像言説で象徴的に表現した。

なお、「〇」だけの世界の次に現われるのは、「天地開闢之図」と題された図（一五〇頁の図）である。「〇」の中央に「―――」という直線「―」が引かれることで、それまで混沌であった「〇」が分割され、そこに「天」と「地」が開闢する。つまり、「天」と「地」という名づけが誕生するのである。以後、「〇」は主に二、四、十二のいずれかの分割をされて、さまざまな世界が開闢してゆく（名をつけられてゆく）様子が描かれている。このことから、混沌や一円としての「天道」すなわち「〇」を分節化するはたらきを担う直線「―」は、人間が生活する意味（名づけ）の世界を切り拓き、成立させる「人道」と捉えることが可能となる。「〇」のなかに直線「―」が書き込まれることで、「我」としての「人間」を軸に、混沌であった世界が分節され、できごとに名づけが与えられる。「我」という主体が誕生することで、世界は混沌（無意味でありつつ有意味でもあるという天道的一円の在り方）にとどまることができなくなり、なにがしかの色彩（意味）をもって体験

天地開闢之圖

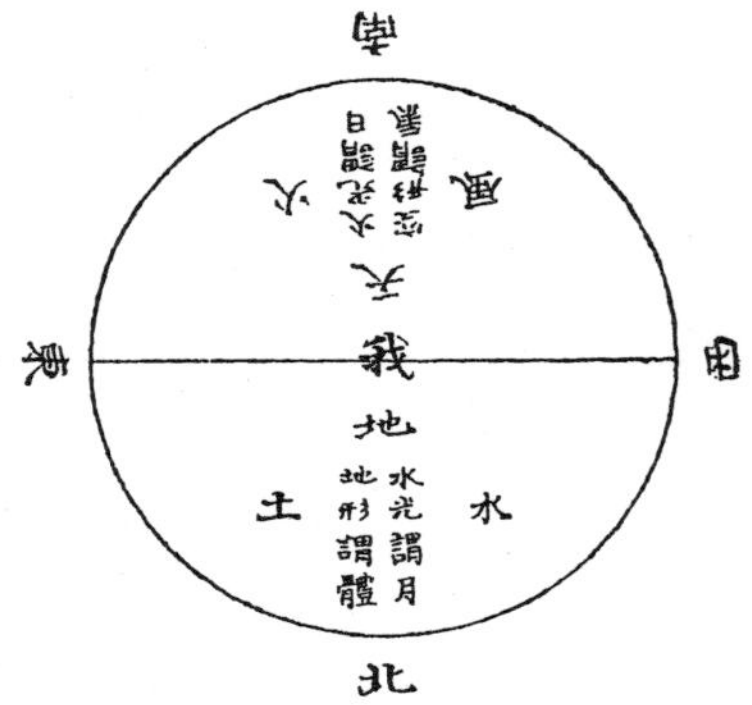

傳曰中心ヲ爲二日體一、
地盤ニ有二月體一云、

される名づけを帯びたできごととなる。そうして世界に区別を生み、名づけを通した他のものとの識別を生み、できごとたちは輪郭をもちはじめる。できごとに「意味」が生まれるのは、できごとに呼応する当事者としての主体（re-action の主体）が誕生するからなのである。直線「一」による「我」の誕生は、混沌のコスモロジーとしての「〇」の世界を、「我」の生きる現実的な日常世界へと転換する。「人道」の原理が働くこの現実的な世界とは、それぞれの物事に名前がある、ある意味で実体的で対象的な次元の世界である。それはまさに、実際に人間が生きている具体的で日常的、実用的な様相を示す世界とも言える。ここに、「天道」とは異なる世界の構成原理をもつ「人道」が成立するのである。

ただし、このように「〇」だけの図と「〇」のなかに直線「一」を含む図とは、それぞれに異なった次元の世界を意味するが、『金毛録』にみられる図像言説には、「〇」だけのものはあっても直線「一」だけのものは存在しない。つまり尊徳の思想においては、天道は自らの力だけで存在し得るが、人道は天道の力なくしては存在できないことを意味している。こうした彼固有の「人道観」は、図像言説という形態をもつこと（「〇」として描き出されること）でより鮮明な文脈をもつ物語となり、その意味を一層つよいインパクトとともに開示するのである。先にみたように、『夜話』において尊徳は、人道の在り方を語るために「水車のたとえ話」[60]をする。そのなかで彼は、水流を天道に、水車を人道に見立てる。そして、水車とは、半分（五分五分という意ではなく適宜の意）を水のなかに入れて水流に従わせ、半分を水の外に出して水流に逆らわせることではじめて用を為すものになると語る。どっぷりと全体を水につけてしまっても、逆に完全に水から離してしまっても、水車は回転せず、結果として人間の役には立たないものとなる。このたとえ話を通して尊徳は、半分天道に「従い」、半分天道に「逆らう」、という天道との「宜き程《よきほど》」の関係をもつ在り方を、「人道」の姿として示している。まさにここでも、報徳思想において、人道とは天道なくしては語り得ないものであることが述べられているのである。『金毛録』における図像言説が、ひとつの円「〇」と直線「一」という原理的には区別される二つの図形を組み合わせた形態で描かれる必然性や必要性は、この点にあると言うことができる。

尊徳という語り手(主体)と「〇」というシンボル(図形)の出会いこそが、「〇」という単なる図形に、あるイメージを吹き込み、そこに混沌のコスモロジーという新しい意味を発現させたのである。それが報徳思想における「天道」であり、言語的に言うところの「一円」融合界、という固有の意味である。なお、この「〇」という図形との出会いは、尊徳にとってもまた新しい意味発見の現場であった。尊徳もまたあらかじめ「〇」として天道や一円融合界を理解していたのではなく、あくまで「〇」との出会いを通して、天道や一円融合界の理解を深めてゆくのである。もちろん直線「一」という図形もまた同様の事情にある。尊徳との呼応(出会い)を不可欠な要因として、その個別的で間—主観的な「関係」を通してはじめて、「〇」や直線「一」は単なる図形から、特有の意味を発現する「図像言説」になり得たのである。これが、臨床教育という方法と『金毛録』とが出会うなかで発見したテクストの上半分に描かれた図形の意味である。

なお、この図像言説という見立てを通したテクストとの向き合い(実践)が何であったのかを、先のヤコブソンの見解を踏まえ確認しておくならば、次のように言えるだろう。客観重視のこれまでの尊徳研究は、テクストの言語的内容面、すなわち実体的で実用的な側面にだけ着目して分析や説明を試みてきた。これは、報徳言説が一義性をもつ「形式言語」であると捉えてきた手法だと言える。それに対して本書ではまず、意味を生み出すために不可分な働きをするものとして言説形態に注目をしてテクストに対面した。これは、テクストとなる報徳言説を、象徴性や詩的機能をともなう複合的機能をもって独特の意味を創出している一種の「自然言語」として捉えた方法と言える。これまでは軽視されてきた言語的形態面の役割に着目することで、語りとしての報徳言説が独自の意味世界を発現し得ると見立てた方法である。つまり、ヤコブソンの述べる「言語学」をひとつの世界観として根底に置き、尊徳研究の「方法論上の模範」と位置づけ、そうした新たな「見立て」が拓く地平において研究対象の言説（ここでは報徳言説）に出会いなおす試みとして意義をもつと言えるのである。

5 詩的言説という見立て

次に、各頁の下半分に記されている短句という形態にも注目しなければならない。これもまた、従来は上に描かれた図の「解説文」と捉えられ、ここで現わそうとしたことの真意を説明する言葉として、その内容面にのみ着目して論理的な枠組み（辞書）に照らす手法で解読されてきた。しかし臨床教育という方法においては、これがいわゆる通常の対象指示的な形態 —— 辞書と対応させて字義通り解読できる、説明的で教義的な形態 —— を取っていない点に着目する。図像言説と同様に、この短句もまた尊徳によって好んで、そしてきわめて頻繁に使用されている形態である。短句という特殊な形態もまた、必然的に選ばれた形態なのではないかとする実験的な見立てから、短句の言語内容ではなく、その形態に注目したい。なお、これを図像言説と連関する詩的言説として見立てることとする。この詩的言説とは、ヤコブソンの「詩」あるいは「詩的機能」の論から影響を受けた考え方である。

ヤコブソンは詩的とも物語的とも呼べる言語にかんして、その「言語的メッセージの言及対象をさすために」「場面」という用語を選択している。[61] そして彼は、この「場面」を軸として「言語的メッセージ」が生み出す意味について検討すると、意味とは何らかの外的状況を指示するという単純なものではあり得ないと指摘する。そうではなく、「場面および発話状況によって特定され、具体化され、あるいは変更されたものがそれの場面的意味[62]」になるのであり、「場面（旧来の用語では対象）」や「意味」を「言説世界内部におけるものごととして捉え直[63]」すことができると論じる。こうしたヤコブソンの知見は、これまで臨床教育という方法をめぐって、繰り返し述べてきたテーマと重なり、この方法の理論的基盤ともなる。何らかの名づけ（意味）とは、外在する物事やできごとを指さすために、一対一の対応で先天的、宿命的に貼りつけられた名前なのではない。その意味で、客観的で不変的な意味を登録している辞書との対応による解読 —— 外側の法則による理解 —— は不可能である。そうではなく、できごとと主体との呼応（出会い）としての「関係」が具現化され、カタチを帯びることで、はじめてあるひとつの名づけ（意味）が誕生すると捉える。その点においても、すべての「関係」は名づけの当事者として、名づけの内部に含まれて在ることとなる。先の例で言えば、「○」という図形が尊徳との出会いのなかで「天道」「混沌のコスモロジー」という意味を帯びたとしても、その意味は、辞書のどこを探しても見つかるものではない。むしろある固有の「関係」が「言説世界内部におけるものごと[64]」となることで、そこに独自の文脈やイメージのつながりや筋立てを作り出し、ひとつの物語の様相を呈することで、特有の新しい意味を発現させるのである。それはちょうど、比喩の理解の仕方と似ている。「わたしはオオカミ」という言語の意味は、辞書で定義できるものでなく、あくまで語られる場面の関係を多分に含み込んだ文脈に拠ることでしか決定されない。つまり、できごと（象徴性やイメージ）と尊徳との出会いや呼応こそが、図像言説としての「○」の内部に存在し、その間—主観的な「関係」が、そこに固有の意味を新しく創造し発現させるのである。

　ここで論をいま一度、ヤコブソンに戻したい。彼は、そうした言語の「場面的意味」を分析しようとするならば、「標準的なことば遣いを基準として、個々の言語の体系に照らして検知」するのではなく、「メッセージの次元で、ただ一回的な現象として現われる」ものとして捉える手法を用いるようにと提案する。[65]ヤコブソンはこうした手法を「メッセージにたいする志向」と定義し、この「メッセージ」を具体的な場面における一回的な発話を指した「形と意味との双方を一体化した概念」[66]であると捉え、論じる。そのうえで、「一回的な現象として現われる」言語は、形態としての音（や韻律）がリズムを作り出し、そのリズムが意味と深く一体化することで、ある具体的な「メッセージ」になると捉えている。つまり、ある「主題をリズムの側面から際立たせ、支え、あるいは暗示」[67]するというアプローチの仕方が提案されるのである。さらにヤコブソンは、こうした「メッセージにたいする志向」や「場面的意味」を発現させる機能としての「詩的機能」を定義し、これを「記号の手ざわり（palpability）を強めることによって記号と対象との基本的な亀裂を深める」[68]機能として提示している。ヤコブソンによれば、この「詩的機能」とは、「意味が成立するための条件」を「指示される対象の側」にみるような、[69]ある特定の実体的対象を表示する「指示機能」とは異なる言語の機能として捉えている。まさにこれは、臨床教育という方法が、できごとの呼び名が、あくまでひとつの名づけであり、厳密に一義化されている固定的不変的名前ではないとする「見立て」を提出することで、できごとと名前の間に亀裂（隙間）を生み出す機能を果たそうとすることと似ている。なお、こうした見解は、実体概念ではない関係概念としてことばを理解する立場であるとも言われている。[70]さらにヤコブソンは、「詩的機能」がメッセージの「形態面に作用し、それを契機として意味の内転と水平化」が起きることから、詩的言語は「指示機能にうすく、継起する辞項はことごとく比喩の気味をおびる」[71]と論じている。そのうえで、このような「詩的機能」を軸として、「音」や「リズム」といった言説形態に注目して言語（テクスト）に出会おうとする立場へと展開する。それは、語り出されたテクストを、既存の言語体系における字義的意味と照合したり、外部に存在する客体を表示するための対象指示的な「言語」として捉えたりするのではなく、その言説世界の内部に独自の意味空間を創り出す可能態としての〈語り〉と捉えようとする臨床教育の見立て方と通底する。

またヤコブソンは、「詩的機能」にそった「詳細な構造吟味にとりわけ適している」ものとして民間伝承をあげ、これを「詩の最も明確で紋切り型の形式を提示するもの」(72)と捉える。そしてこの民間伝承こそ、言説形態のなかでも特に「音」に着目し、そこから「音と意味との内的連関」(73)を探ることが必要かつ有効となるテクストであると述べる。たとえば彼は、「詩にあっては音の顕著な類似はすべて、意味の類似および/または相違との関連において評価される」、あるいは「音の類似する語は、意味においても互いに引寄せられる」とし、「音—意味の連結の適合性」を述べ(74)、実際に「音素」を単位として、ロシアやスラブの民族詩の具体的な分析を展開している。この分析のなかで彼は、音素のもつ「音象徴性」が、明るさ、広さ、軽さ、温かさ、柔らかさなど、「多様な知覚様式、特に視覚体験と聴覚体験の現象的結合」と深くかかわるとの結論を導いている(75)。そして、「ある一つの分類に属する音素が平均以上に集積したり、対立する二分類に属する音素の対照的集まりがあったりすれば、それは(中略)〝意味の底流〟のごとき働きをする」と述べ、「音は意味の完全なこだまとなっている」と主張する(76)。ヤコブソンは、「詩」の分野の典型としてこうした民族詩などの民間伝承を位置づけ(77)、これらの分析における音素からのアプローチの必要性や有効性を検証している。民間伝承を「詩」と見立て、そこにおける言葉を音との連関によってそのつど生み出される多層的な意味を発現するものとして捉えようとする方法である。

このヤコブソンの知見を手がかりとして『金毛録』の下半分に描かれた短句との出会いを試みるとき、二つの新しい意味を発見する。まずは『金毛録』において描かれている短句を詩的言説と見立てることで、はじめて見えてくる新たな意味である。それは、シンプルには、詩的特性という機能を働かせる比喩的なテクストとしての姿と言える。ぐるぐると繰り返される循環的な短句の連なりは、その字義的内容を伝えようとする以上に、むしろ比喩的な意味さえ帯びながら、独特の世界観を「〝意味の底流〟」として響かせる機能を担っている。その意味でこの形態は、『金毛録』という物語を根底から支える必要不可欠な役割を果たしている。それらは、循環的に唱えられるなかで「音」や「リズム」によって聞き手にある種の体験を喚起し、イメージの連関を生み出し、単なる短句として内容説明機能を発揮するのではなく、まさに詩的言説としての機能を帯びはじめる。さらにいまひとつの新しい意味とは、尊徳をめぐるものである。ヤコブソンの論に従うとき、報徳言説が民間伝承という詩的スタイルをもつ言語の在りようと極めて類似したテクストとして見えてくる。愚夫愚婦としての農民たちを聞き手として、自らもまた農民である尊徳が語った語りを、民間伝承を基本形態としたスタイルの語りと見立てるとき、尊徳の語りは、まさにその言説形態がもつ必然性や必要性への視点を抜きにしては語り得ないテクストとなる。それゆえに、この言説(テクスト)の語り手であった尊徳に、新しい名づけ(意味)が見出される。つまり、言語内容だけでなく意味と不可分に連関する言説形態にも自覚的、積極的に工夫をこらした「レトリカー(語り手)」としての尊徳像である。

以上のように、ここまでの論により図像言説や詩的言説という言説形態への見立てが、『金毛録』との出会いなおしのために一定の有効性を発揮することが明らかになったと言えるだろう。この見立ては、謎めいた形態と見られていた『金毛録』を、レトリカーである尊徳によって固有の工夫が施された書として見出すなど、新しい意味発見へとつながる相応の機能を果たすのである。そこで、以降ではさらにここに描かれる形態に着目し、論を展開してゆきたいと思う。

6 円環的構造の機能

はじめに注目するのは、図像言説における「〇」という形や、詩的言説における循環の形態である。この「〇」という形や循環の形態とは、始点や終点をもたず、いつまでも止まることなく巡りつづける構造をその特徴とする。詩的言説である短句について言えば、たとえば「天地開闢生死之解」では「……無身体無心気　無心気無身体……有身体有心気　有心気有身体……」（「身体がなければ精神（心気）もない。また精神がなければ身体もない。……身体が生じれば精神が生じる。また精神が生じれば身体が生じる。……」）と述べる。ここでは「身体」と「心気」という語を、「無」「有」と掛け合わせ合計四回循環させているが、尊徳はこうした形態を常套的に好んで用いる。他の短句もまた、多くは「〇」という図の形と同様、始まりや終わりのない円環的構造をひとつの特徴として備えている。それは、各タイトルにみられる「輪廻」「来往」などの言葉からも充分に推測できるように、非固定的、流動的、非実体的、文脈的な構造だと言えるだろう。

　このことを、より具体的な言説からみてみたい。「一心治乱之解」（一五九頁の図）という項目の図像言説では、「〇」は「—〇—」という軸で分節化され、上半分が「治」、下半分が「乱」として二分されている。そしてここにおける詩的言説は、「……善心があれば当然悪心もあり、悪心があれば離叛の心もおこってくる。しかし、離叛の心があればその中でまた服従の心がおこり、服従の心があれば自然和の心で行動することにもなる。しかし、和の心でいる間にいつしか不和の心がおこり、不和の心から人を怨む心が生ずるようになる。ところが、人を怨む心があればまた親愛の心に変わることにもなり、親愛の心があれば平穏を願う心がおこってくる。平穏の心があれば賊乱の心がおこり、賊乱の心があればついに天災を被ることになり天の恵みは永遠に失われてしまうであろう。……」（傍点は引用者）という句が描かれている。この詩的言説もまた、「治」

一心治亂之解

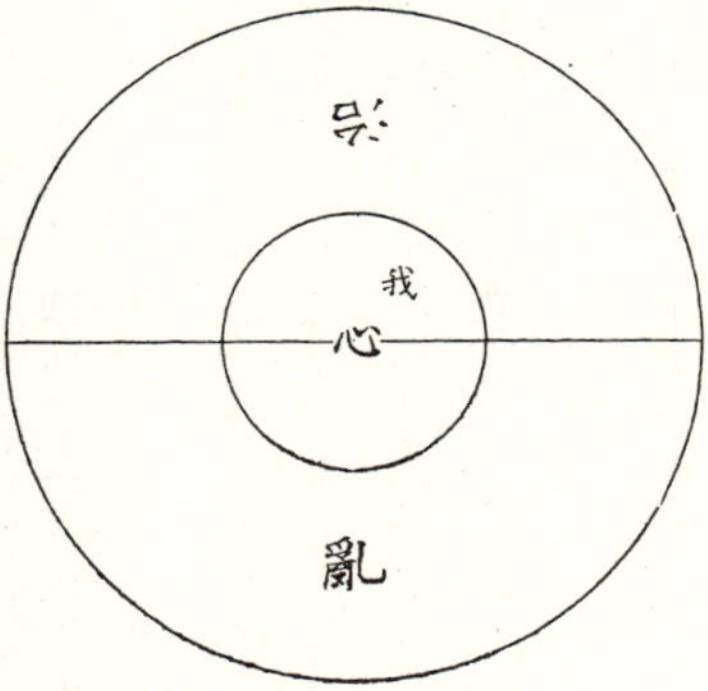

夫本一圓一人也、一人變化爲萬人、有萬人發萬心、有萬心交《マシユ》善心、有善心有惡心、有惡心發離叛心、有離叛心起服心、有服心以和心、率和心發不和心、有不和心起怨讎心、有怨讎心懷《イタク》親愛心、有親愛心發治穩心、有治穩心發賊亂心、有賊亂心焉到天災、有天災天祿永終矣、惟《ヲモヘハ》其本、則一人一心也、亂《セハ》一心亂《ス》十心《テ》、治《レハ》一心《テ》治《ム》十心、亂百心亂千心、治千心治萬心焉、此謂天理自然、故君子必愼其獨也、

と「乱」の「来往」という明らかな円環的構造を備えた形態になっている。ところで、ここで各文言の前半(傍点をつけた部分)にみられる意味的な飛躍や、論理的な整合性の難しさは何であろうか。この詩的言説は、正確に円環的構造を形作るために、どうしてもこうした飛躍的な文言を必要としてしまう。しかし、それが「飛躍的」あるいは「矛盾的」と映るのは、実は「直線」の文脈においてなのである。「治」と「乱」、すなわち「善心」と「悪心」、「離叛」と「服従」、「和」と「不和」、「怨み」と「親愛」、「平穏」と「賊乱」などそれぞれは、直線「—」によって切り分けられた世界、すなわち実体的な現実世界においては、決して交わることのないはっきりと区分された別個のものである。それらは、直線上においては断絶のある相互対立的で二分法的に布置された「実体」なのである。ところが『金毛録』においては、こうした相異なる対照的な実体が、「〇」という円環的構造にのせて語られる。通常、直線的な文脈で認識されている実体を、「〇」が象徴する一円・混沌のコスモロジー的な「天道」の文脈にのせるのである。そうして語り出してみると、通常の認識で別々のものとしてその境界をはっきりと保持していたはずの個別的対象(個物)が、次第に一円混沌のなかに溶けてその境界を無意味化させせられてゆく。このとき円環的構造は、対象がもつ対立性を互いの包摂性へと変容させ、対立していたはずのものたちを互いに包み合うように一体化させてゆく機能をもつ。つまり『金毛録』に描かれている円環的構造は、そうした文脈転換を促す形態として、通常の生活認識に転回を仕掛け、実体としての意味を差異化させる装置として機能しているのである。

この機能は、十二分割された「〇」の図のそれぞれの項目に十二ヵ月の月名が割り振られている図像に、さらに顕著にみられる。たとえば「財宝増減之解」(一三六頁の図)では、「禍」と一月、「損」と二月、「拾」と三月、「逢」と四月、「減」と五月……がそれぞれ対応し、ひとつの円「〇」がちょうど一年の暦的分節と同様に十二分割されている。この図像においては、「増」「減」という一見すると対立関係にある反対語句が、

「円環（○）」という形態的文脈に置かれることによって、その対立性を保持しながら（直線「一」を保ちつつ）も、円「○」のうえでは相対化される。つまり、「増」「減」というできごとの在りようが、直線上では対立として描かれつつ、一方で、円上では包摂される形で描かれる。そうした二重の意味を帯びることで新しい別の意味として登場するのである。「増」と「減」は直線「一」的世界ではたしかに対立するものでありつつ、しかし同時に「○」的世界においては「増」は「減」に連なり、「減」は「増」に連なり、両者は相互に相手に包まれてゆく。つまり、財宝のそれぞれの用語を円上に配置し、十二ヵ月が暦的に巡る時間構造との対応関係のうえで見立てることで、両者の形態的意味をひとつの「○」という象徴的形態に重ねているのである。

「治」「乱」や「増」「減」は、実体的、対象的に世界を眺めつづける限り、決して対立的関係から解放されることはない。あるいはより具体的に、「一月」から「十二月」へと流れる時間や「種」から「草」、「華」、「実」と変化をする草木について言えば、「十二月」から「一月」への推移や「実」から「種」への変化を、実体的、物質的な世界観からみるときには――つまり「人道」という直線的図式のうえでは――、再びもとに戻るという循環や円環の構図で捉えることは不可能なのである。なぜならそれらは、常に過去の「一月」や「種」とは明らかに異なった新しい実体であって、あくまで直線的に前進するものであり、もとに戻ることはあり得ないからである。現実のなかにあるそうした過去には回収できない科学的で客観的な現象としての事物（モノ）の有りようは、直線的ベクトルの思考法（見立て）のうえでしか表現できない。それが、ひとが生きる通常の世界であり、『金毛録』が直線「一」を用いて描き出そうとしている世界である。まさにこの意味で、直線「一」とは「人道」の世界だと言えるだろう。ところが『金毛録』では、この人道的世界を直線「一」だけで描くことをせず、「○」という構造を併せもたせる形で描き出している。『金毛録』において貫かれているのは、どのような直線「一」も、すべてが「〇」のなかで語り出されているという形態である。つまり、この円環的構造を一貫した特徴としてもっている図像言説（円図像）は、「人道」における事物を、その人道的意味を保ちつつも、円環的文脈――すなわち天道的意味――を併せもつものとして見立て、語り出しているのである。決してもとに戻ることがあり得ないはずの「十二月」から「一月」への時間的な直線的進行に、ふたたび巡ってくる円環的往還という意味を含ませて語る。決してつながるはずのない「治」と「乱」の直線的対立構造もまた、「平穏の心があれば賊乱の心がおこり……」といつの間にか円環的往来をしてつながり合うことが不思議でないものとして語り出される。こうした語りが、いわば事物や世界に対する実体的視点から象徴的視点への転回を引き起こす装置として機能している。『金毛録』の図像言説は、直線「一」上の意味的な整合性や正当性を、円環「〇」原理のうえで転回（回転）させ、認識や意識に作用を及ぼし、変容を生み出しているのである。

こうした『金毛録』言説の図像言説と詩的言説の双方に共通している円環的構造という特徴によって引き起こされていることを、臨床教育的に捉えるなら、それは名づけへの気づきによる変容と言えるかもしれない。日常感覚からすれば「一月」から「十二月」へと進んだ月日が、さらに新しい「一月」へと進むことは、あまりにも自明な事態である。「治」と「乱」が対立し、「治」は平穏と、「乱」は賊乱とそれぞれつながっていることは、通常の認識としてなんらの疑問もない事態である。それらは生活のなかであたり前にそうであるものとして名づけられ、ひとに認識され、体験されている。ところが、これらの事態が『金毛録』によって「〇」のうえで語り出されるとき、固定して一義化されていたはずのあたり前の名づけが明らかに揺らぎはじめる。「十二月」は「一月」へとふたたび戻るものである。平穏の心があれば賊乱の心が起きるものである。と、それぞれの事態の円環的性質が強調される語りは、それが論理的飛躍をもっているにもかかわらず、しかしどこかで不思議な説得力をもって受け取られる。すると、これまで一義的に疑いなく見えていた名づけが重層性（多義性）を帯びはじめ、ある種の新しい意味をもつ名づけとして受け取りなおされる（再発見される）こととなる。そしてこの名づけの創造と再発見が、ひとの生活認識や現実体験に作用を及ぼし、日常を変容（あるいは再創造）させる契機となる。まさにこの円環的構造が、名づけの受け取りなおしを可能にし、実体的、科学的、客観的、一義的な日常を、象徴的、物語的、多義的な〈日常〉へと変容（再生）させる機能を果たすのである。

7　反復の機能

この円環的構造にさらなる機能を加える形態として、『金毛録』の言説形態にみられるもうひとつの大きな特徴に注目したい。この特徴とは反復であり、詩的言説にみる形態の特徴である。詩的言説における反復は、たとえば「因果輪廻之解」（一六四頁の図）に典型的にみられる。そこでは、「蒔米種　生米穂　発米花　結米実　／　蒔麦種　生麦穂　発麦花　結麦実　／　蒔粟種　生粟穂　発粟花　結粟実　／　蒔稗種　生稗穂　発稗花　結稗実……」と、はじめの一連四句の「米」の位置に、麦、粟、稗、豆、瓜、茄子をそれぞれ入れ替えてひたすら反復される。言語内容だけを追うならば、至極あたり前のことが延々と述べられているにすぎない。はじめの一連の四句（米の種を蒔けば、米の穂が生え、米の花が咲き、米の実ができる）を、対象を変えて何度もなんども繰り返しているだけである。このような短句の一文字だけを変えた反復は、報徳言説には多用され、頻繁に登場する常套的形態である。同じ文意の反復使用については、伝達を目的とする言語表現の機能からすれば、はじめの一連の句だけで充分に事は足りるはずで、論理的な必然性はほとんど

因果輪廻之解

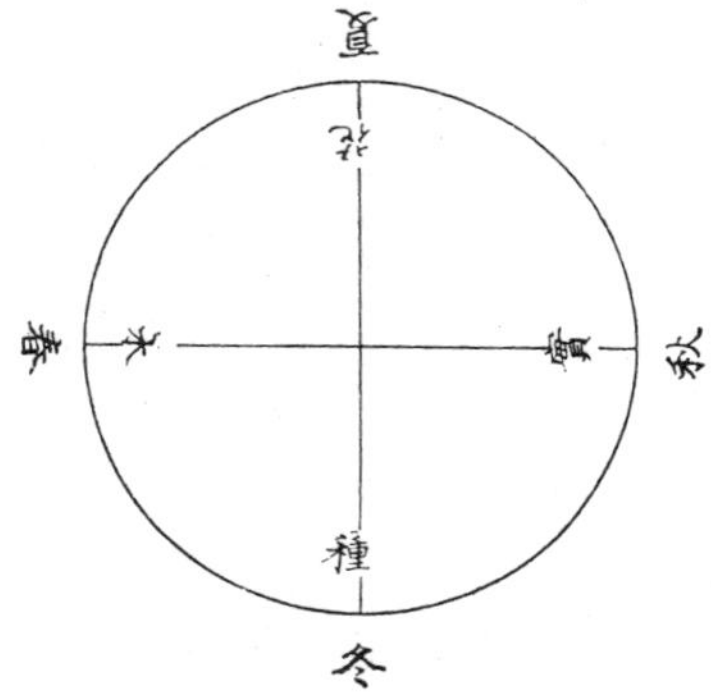

至リ體種ニ含ハ生育氣ヲ
至リ體木ニ含ハ花咲氣ヲ
至リ體華ニ含ハ實凝氣ヲ
至リ體實ニ含ハ種落氣ヲ

蒔米種
蒔麥種
蒔粟種
蒔稗種
蒔豆種
蒔瓜種
蒔茄種

生米穗
生麥穗
生粟穗
生稗穗
生豆草
生瓜蔓
生茄木

發米花
發麥花
發粟花
發稗花
發豆花
發瓜花
發茄花

結米實
結麥實
結粟實
結稗實
結豆實
結瓜實
結茄實

なく、冗漫余剰のレトリックにすぎない。字義的内容面からみても、執拗に同意の文が反復される必要性についての説明は難しい。しかし、ここに言説形態への注意を導入すると、この反復という形態に重要な機能が見出されるのである。

報徳言説における反復の考察に入る前に、修辞学において一般的に言われている反復の機能について概観しておきたい。鎌田東二（一九五一―）は、「同音反復」や「同音異義」を用いた「語呂合わせ」についての考察のなかで、「反復連唱」は「意識の集中と身体リズムの活性化」を引き起こし、「身心に「記憶」をたたみこむ」効果を発揮すると述べる。[78] さらに、ここで重要なのは「サウンド効果」、すなわち「音」によって「現実に呪的改変を加え、それを唱え聴く者の意識の変容を導く」効果であると言う。[79] 反復による「意味の横すべりが意味―秩序の解体を誘い」[80]、「センス（意味―秩序―意識―世界）の解体とサウンド（声音―身体―深層意識―異界）への集中」[81] を生み、ひとびとを「固定化された一義的な意識の型＝制度」から、それらを「吹き飛ばし、無化し、撹乱させ、多義的でたゆたいゆらぎ、変成しつつあるカオティックな原場へ連れ戻す」[82]。また、彼はその事態を「サウンドの喚起力」とも呼び、「音」が「言」となり、「事」を呼び出す」とも説明している。[83]

鎌田が述べるように、従来「反復」は、対象指示的、一義的な「言語」の世界とは異なって、音やイメージによる「リズム」の創出を通して、その語りに独自の意味世界を築きあげる機能をもつ形態と考えられ、身体化や記憶と深い結びつきのあるものとして捉えられてきた。鎌田によればそれは、「言葉の意味を日常的文脈から解き放ち、別の文脈の中に置き換え、新しく意味を複層的に結合することによって、日常的意識の覚醒」と「秩序づけの再編」を促すことであるとも言われる。[84] これは、反復という形態における言語の機能が、実体的世界の表示機能ではなく、言説世界内に新しい意味を生み出す創造機能であることを示している。すなわち、言語の意味が反復という言説形態と不可分な連関をすることで、そのつど新たに発現する様子を論じているとも言える。こうした反復の機能的役割は、たしかに報徳言説において用いられる反復にもみられるものであろう。この点については、佐々井もまた次のように指摘している。佐々井は、『金毛録』における「報徳訓」にかんする考察のなかで、「一句を一箇月とし、三句一連で四季を型とした」、「三句一連、十二句四連の報徳訓は、大衆の口唱・反省・自覚を目標としたもの(85)」で、それは民衆に「広く口唱され(86)」たと言う。また、直接に尊徳の教えを受けていない子孫に形式的に「記憶せられ」てなお、その効果を発揮している例さえ見られるとも述べている(87)。このように、報徳言説における反復が、「音」や「記憶」と関連した機能を担い、創造機能を果たしていたことも否定できないのである。しかし同時に本書では、繰り返し述べてきているように、一粒丸として成立している『金毛録』における反復が、それらに加えて独自の機能的役割をも担っていることに注意を払おうと考える。以下ではそうした『金毛録』に独特な反復の機能に着目して論を展開してみたい。

　このとき、『金毛録』にみられる反復への注意から、この機能が先に論じた円環的構造との連関から捉えられるのではないかという見立てが生まれる。ここにおける反復は、この円環的構造のうえにあるからこそ、固有の機能を有効に発現していると考えられるのである。円環的構造は、詩的言説にもみられるが、やはり「〇」をモデルとしている図像言説に典型的にみられる特徴と言える。先取りして述べるならば、本書が見出した詩的言説の反復という形態がもつ特有の機能とは、この「〇」(円環)に回転をもたらす運動エネルギーを発電する機能である。

　『金毛録』は、語りの対象となる実体的直線的世界を円環的構造に置きなおし(見立てなおし)、意味の多義性(重層性)を喚起する。この作業に反復という形態を加えることで、その円環的性質を強調してゆくこととなり、ついにはその意味を始まりも終わりもない円環運動の軌道にのせることに成功する。この反復によって、同一文意の詩的言説が繰り返し「〇」のまわりを来往循環することで、その循環運動がエネルギーとなって、分節によって生み出され付与されていたそれぞれの項目がもつ意味（＝名づけ）は次第に剥奪されてゆく。反復が運動エネルギーとなって、静止していたはずの「〇」は動き出し、意味が多義性を超えて、ついには無化されてゆくのである。「治」「乱」や「生」「死」の繰り返される来往、「種」「草」「華」「実」そしてふたたび「種」へと戻りゆく終わりなき循環的変化、「一月」から「十二月」そしてあらためて「一月」へと巡る暦的円環。それらは反復という形態に沿って繰り返し円環的文意を重ねるなかでエネルギーを得て、ついにはぐるぐるとした回転をはじめる。この回転こそが、「〇」によって描かれた円的な天道の文脈がもつリアリティを出現させ、発動させ、目の前に心身融合的な世界への新しい物語的イメージを生み出す機能となる。

たとえば、自転車の車輪がぐるぐると廻ることで、なかの輻《や》（放射線状に伸びている針金のような棒）のそれぞれの区別ができなくなり、まるで一体化しているように見えてくることがある。ちょうどこの事態のように、『金毛録』の詩的言説に施された反復という形態に従って同じ文意の文言を繰り返す作業が、図像言説である「〇」に回転を生み出す運動エネルギーとなる。そして、「〇」がぐるぐると廻ることで、「〇」のなかに描かれていたはずのそれぞれの語句の区別ができなくなり、ついには一円化してしまう。まさに、分節され意味が確定していたはずの互いの境界（直線による区別）が曖昧になり、その境界が無化して（無意味化して）しまうのである。そこに現われる無化され一円化された世界が、『金毛録』の詩的言説における第一句としてたびたび用いられている「夫元《そのもと》（本）一圓……也」の一円（一圓）だと言えるだろう。反復運動によって生まれた回転により、それぞれの直線上の意味は重なりあい、溶けあい、膨満化、飽和化、濃密化し、一円的な意味へと収斂される。図像言説に反復という形態が加わることで、事物の意味は、直線でも円でもあり得るという静止した多義性（重層性）を超えて、動的な在りようとしての一円（名づけが無意味化する混沌）の世界に飲み込まれてゆく。こうした事態はまた、反復が円「〇」を分節化している直線「一」を無効化して単なる「〇」だけの世界に戻してゆく、と言い換えることもできる。この「〇」だけの世界とは、「夫元《そのもと》」である「天道」の世界であり、分節以前の世界である。円環的構造と反復は、それらが互いに影響し合い、重なることで、人道世界のなかに天道を語り出す装置として機能するのである。

報徳思想は、人道を天道と不可分な存在であると見立てている。それは、直線「一」が常に「〇」とともに描かれている図像言説によって象徴的に語り出されている在りようである。さらにまた報徳思想は、あくまで人道にとっての根源（夫元《そのもと》）が天道であり、この天道があらゆる意味の母胎となって人道を支えていると捉える。そうした人道（意味、区分）の母胎である混沌のコスモロジーとしての天道世界の在りようが、図像言説に詩的言説を連関させる——つまり、円環的構造に反復を連関させる——ことによって象徴的に語り出されているのである。こうして、『金毛録』においては、特殊な言説形態が、報徳思想という特殊な思想形態と一体化するようにして表現されている。あるいはむしろ、この特殊な言説形態が「〝意味の底流〟」となってある水路や筋立てを作り出してこそ、そこに独特の文脈や行間が機能し、難解で特殊な世界観（報徳思想）が心身融合的なイメージ（ある種の体感や納得）とともに出現する、と言えるかもしれない。この点についてさらに言えば、『金毛録』という〈語り〉が、さまざまにテーマを変えながらも、三四頁にもわたって同様の構造の語りを重ねていることで、文脈がもつ機能はより一層つよめられてゆく。『金毛録』が、いくつものテーマについて語り、頁を重ねていることは、それらの内容への主張を重ねる働き以上に、そこに描かれた形態を重ねる働きが重要となっていると捉えられるのである。そのように頁を重ね、形態を重ねるなかで、「天道との不可分な連関をもつ人道の在りよう」というひとつの世界の見立て方（報徳思想という世界観）が、次第に『金毛録』という〈語り〉の全体を貫く文脈として感得されるようになる。そしてさらには、直接に描かれている当該のできごと（財宝の増減や、暦の巡り、種から実への変化など）に限定されることなく、その文脈があたかも日常の全体へと波及し貫かれてゆくかのような回路を拓くほどに、つよめられるのである。

8 農の「業《わざ》」というモチーフ

ところで、もう一点、『金毛録』言説の特徴的形態として、詩的言説が徹底して具体的事物に即した語りである点をあげることができるだろう。『金毛録』が、天道「〇」という、一見すると抽象度の高い世界（高遠）をテーマにしているようでありつつ、なぜ具体（卑近）の語りにこだわって描かれているのであろうか。この点に着目して論考を展開したい。

本書ではこれまで、『金毛録』を何らかの意味内容を生み出すための説明言語としてではなく、〈語り〉として見立て、その言説形態に注目して応答し、検討を加えてきた。そしてこのなかで本書は、『金毛録』に、あるひとつの新しい世界観（報徳思想という世界観）を文脈としたできごとの意味 —— 日常認識を転回させる新しい意味 —— が描かれている様子を発見した。『金毛録』は、素朴な人道的世界を天道原理と接触するものとして見立てることで、読み手の通念的で画一化された意識や無自覚な行為に変化を促し、自明視していたあたり前のできごとの意味を転回させる契機となっている。立ち止まって考えてみたこともないような、作物の「種」、自分のこころに生じる「平穏」、暮らしている「暦」……。それらは通常の日常生活においては、あまりにも当然な実体（たったひとつの名前に縛りつけられた客体）として名づけられ、それが名づけであることさえ忘却され、事実として体験されている。それが直線「一」が描き出す人道的世界である。しかしこれがひとたび「○」とともに描かれると――そのような見立てのうえに置きなおされると――事態は変化をはじめる。疑いようもなく自明視していたできごとの名前は、天によって与えられた絶対的な名前ではなく、ひとが人為的に付与した名づけであることに気づかれる。その気づきは、できごとの名づけ（意味）に揺らぎを与え、ひとに作用を及ぼし、世界の見え方や体験の仕方を変化させる。目の前のあまりにもあたり前だった風景が、新しい別の意味をもちはじめる。作物の「種」は「葉」「華」「実」との循環を帯び、こころに生じる「平穏」は「賊乱」との連関をにおわせ、生活の「暦」はただ直線的に過ぎ去るものでなく巡るもののイメージを深める。そのようにして、「事実」であったはずのできごとへの名づけが、いわば「物語」の文脈に置きなおされ、新しい重層性をもつ名づけ（意味）として再創造され、再認識され、再体験される。このとき重要なのは、そうした新しい意味が、直接的、説明的に語り出されるのではなく、特殊な言説形態によって生み出された文脈や行間を機能させることで、象徴的に語り出されている点である。天道の世界を直接字義通りに語るのではなく、あくまで人道の世界の語りに工夫を施すことで――人道の語りを特殊な形態において語ることで――、まさに象徴的比喩的に語るのである。この〈語り〉が、あくまでも日常（人道）のなかで語られ、日常（人道）の世界に立ちつづけたものであったからこそ、ひとびとの日常に作用を及ぼし得たと言えるだろう。まさにこの点にこそ、『金毛録』が徹底して日常的事物の語りに終始する形態であった必要性が見出されると言える。このように『金毛録』という〈語り〉は、図像言説と詩的言説、円環的構造と反復、そして具体物による語りといった特殊な形態を一貫して根底に流すことで、読み手にとってのあたり前の日常（人道）を、多義的で不可思議な揺らめきをもつ可能態としての〈日常〉（天道との連関をもつ人道）へと変容させる行間を生み出すのである。

そしてまた、『金毛録』が徹底した日常の語りを形態としていたことは、尊徳が、思想家や学者ではなかった点からも捉えられる。尊徳は、常に一貫して、愚夫愚婦を相手に語り出す語り手であり、自らもまた農業を営む生活者であった。彼は、たしかに天道という混沌のコスモロジーとしての世界観が自身を含む人間の生活にとって不可欠なものと捉えていたのかもしれないが、しかし少なくとも、それを直接的な指示内容を伝えるのにふさわしい説明言語で、モノローグとして教え説くことをしなかった。もし彼が、ある思想をあらかじめ持参して、その内容を伝達することを目的としたならば、まわりくどいたとえ話などせず、もっと明快で的確な思想言語で語ることができたのではないだろうか。「米の種を蒔けば、米の穂となり……」と語るのではなく、端的に「天道とは……」と語り出し、民衆を教化できたはずなのである。しかし、尊徳の語りは、そうした一般的な学術用語や思想言語といった説明言語で直接的に何らかの原理を明らかにする独語の語り方にはなっていない。この点にかんする着目は、たとえば尊徳を思想家と捉え、「天／人の融合一体を説く超越論的天道論者であった」とみなす他の研究と本書との差異であり、分岐点となるところでもある。本書においては、報徳言説が、天道を不可欠な要素としながらも、一貫して日常（日常の事物、できごと）を語りつづける形態を維持した点を重視する。尊徳は、最後まで人道における意味こそを語り出そうとしたのであり、そこに報徳言説や報徳思想の重要な特徴があると考えるのである。彼にとっての出発点は、直線「一」によって分節される人道――すなわちひとが生きる日常という現場――であり、そしてまた目指されるゴールも人道のなかにあった。目指されるゴールとは、自明視されることで鮮明さを欠いている人道世界を、根源（「夫元《そのもと》」）である天道との接触をもつものとして語り出すことで、そこに新たなる意味を創造することである。そのことが、単なる人道を鮮やかな息吹をもつ〈人道〉として受け取りなおす契機となることが狙われているのである。客観的実体的世界観で受け取られていた何気ない名づけを、報徳思想を行間として機能させることで生まれる物語的世界観のうえに置きなおし、意味深い名づけへと変容させ、日常を豊かな多義性や重層性を帯びた〈人道〉として捉えなおす場を演出しようとするのである。まさに尊徳にとっての〈語り〉は表示機能でなく、創造機能をもっていたと言えるだろう。

尊徳は、「報徳思想」が大切であると考え、それを実践に反映させようとしたのではなかった。そのように思想から日常へと至ろうとしたのではなく、あくまでも彼は、日常に立ちつづけていたのであり、その日常での営みの集積として、報徳思想とも呼べる思想（知恵や方法）が創出されたのである。彼が見出し、語り出した報徳思想とは、そのようにして人道のなかで生まれたものであり、そしてまた人道のなかにこそ生きているものであった。そのように一貫して、日常から思想へと至る方向性をもっていたのである。尊徳にとっては、彼がこだわりつづけた具体的事物が存在している人道界こそが、天道界が出現している現実的で行為的な現場として、至上の意味をもつ世界であった。そのように思うとき、彼が「米の種を蒔けば……」と語り出すのは、何も高遠なる思想を噛み砕いて易しく伝えるためのたとえ話だったのではなく、ある文脈のもとでは最も直接的な語り方だったとも言えるかもしれない。

このように報徳思想や報徳言説は、思弁的で抽象的な教義としてではなく、徹底的に具体的な生活場面に根ざしたものとしてあった。あるいはそれは、田を耕し、草を取り、種を蒔き、肥料を施し、耕作に耕作を重ね、収穫をする、という農における「業《わざ》」に根ざしたものであったと言い換えてもいい。尊徳は農民として生き、農作業を生涯の営みとした。その尊徳を含む農民たちが日々向きあっていた田畑とは、ひとの作為の力だけで思い通りの姿に変えることができるようなたやすい対象ではない。たしかに田畑は、荒れ地を開闢し、日夜働くひとの作為（耕作）の力によってはじめて成立し得るものである。しかし、他方でそれは、作為の力のみではどうすることもできない存在でもある。種を葉にし、華を咲かせ、実として成熟させるのは、作為ではなく自然なる天地の力である。ひとの作為の力と天地自然の生産力とがうまくコラボレーションできてはじめて、荒れ地は田畑として開闢され、その田畑に米や麦が実るのである。このことは、おそらく農民であれば誰もが体験的に知っていることであろう、あまりにも素朴であたり前の日常的事態である。そうした自然（天）と田畑（地）と作為（人）の力の包摂的な相互関係は、日常の土とのかかわりを通して、米や麦を産出する農の「業《わざ》」として、農民である者には充分に知られていたことである。この自明視されるほどに何気ない日常を、尊徳は、田を産出する人道の力と、田に徳を発現させる天道の力とが相互に働き合うことではじめて田徳という生産性が機能し、田畑に米や麦を生育し繁茂させることができる、という見立てで認識し、体験する。まさにそのような農の「業《わざ》」を基本的モチーフとした見立てこそが、そこに報徳思想というオリジナルな文脈を作り出す。その文脈のうえで目の前の事物が語られるとき、自明視され息吹を失っていた日常が、新しい物語を帯びた〈日常〉へと変容するのである。『金毛録』という〈語り〉は、素朴に体験されている農の「業《わざ》」を、田に宿る力（天道）と作為の力（人道）の相互作用によって成立する田徳発現のための「業《わざ》」（人間の叡智）として、捉えようとする世界観（見立て方）を切り拓いてみせる。こうした見立てを通して世界を眺めるとき、単なる草取りや種蒔きもまた、天道と連関した人道的営み、人道的叡智の証として、重層的で多義的な意味をもつ作業として認識され、体験されるようになる。この新しい意味発見が農民たちにとって納得的に機能するとき、働くことの意味もまた新たになり、実際の生活における労働意欲の変容（再創造、再生）を引き起こし得るのである。

本書では、『金毛録』が、一見すると判じ物や奥義書のようであり、高遠なる宇宙論やまさに奥義とも呼べる思想の極意が描かれているようでありながら、しかし、終始徹底した具体物で語りつづける形態が貫かれている点に注意を払い、このテクストとの応答を重ね、以上のような捉え方を見出した。日常的な農の

「業《わざ》」をモチーフとした見立ての集積として報徳思想は生まれたのであり、だからこそ日常の場面を片時も離れることなく『金毛録』という〈語り〉が紡がれた。これが臨床教育が『金毛録』との出会いのなかで見出した知見である。

9 「工夫」というモチーフ

これまで見てきたように、尊徳は人道（直線「一」）と天道（「〇」）とをきっぱり区別して見立てている。彼は、二つの道は異なる原理をもち、ひとは人道（人の道）という作為の道を立てて生活している、と繰り返し語る。できごとの名づけや意味づけがあくまでも人道界に固有の区分であって、根源や母胎としての天道世界――名づけ以前の世界――には、そうした区別は存在していないとするのである。そのうえで、尊徳が何よりも価値を見出すのは人道界である。天道の原理のままに生きることは畜生の生き方であり、ひとにとっては罪なる生き方でさえある。ひとは人為を尽くし、天道とは異なる世界原理を打ち立てて生きる工夫の主体として在るべきだと捉え、人道を至上原理と考えた。ではなぜ、『金毛録』においては人道が無意味化され、それを一円混沌の天道に戻すような働きをする形態（「円環構造」と「反復」の連関）が用いられたのだろうか。こうした機能をもつ『金毛録』とは、報徳思想においてどのような位置にあるものなのだろうか。そしてまた、ここで人道的な在りようとされる、工夫の主体とはいかなる在りようなのであろうか。この点について、以下にみてゆく。

『金毛録』における一円化は、人道は所詮天道には逆らうことができない、あるいは、人道は結局天道の原理の内にあるものだ、といった天道至上論を述べるものではない。そうではなくむしろ、人道がひとたび天道をくぐらされることでより明確に〈人道〉としての姿を顕在化させることが狙われているのである。本書ではそれを、自明化してしまうことで息吹を失った人道世界が、天道に触れることで、ひとびとに再認識され、再体験され、鮮やかにその意味や機能を取り戻し、受け取りなおされることが狙われている、と再三述べてきた。車輪がぐるぐると廻ることで、輻《や》の区別ができなくなり、それぞれの輻《や》がまるで一体化しているように見えてくる。あたかもそれと同様に、「〇」が回転をはじめることで、「〇」のなかに描かれていた直線「一」が見えなくなり、ついには一円化して「〇」だけの世界に戻されてしまう。しかし、実は事態はそこでは終わらない。回転が止むことによってふたたび目の前に輻《や》や直線「一」が現われるのである。そこにはふたたび「〇」が区分され（名づけを帯び）、輪郭をもつ姿で現われる。しかしそこに現われた区分をもつ円は、もはや元の自明視されていた実体的人道世界ではない。そこには、新しい意味を帯びて再生された物語的世界としての〈日常〉が出現している。これが『金毛録』のなかで生じた意味転回であり、人道（実体的世界）が天道をくぐらされることでより明確に〈人道〉（物語的世界）へと変容（再創造）すると表現したものである。このときひとは、天道に包摂されながらも、しかし天道と矛盾し、対立し、天道を切り裂き、分節する主体として、この〈人道〉を生きることとなる。こうしたひとの在りようを、尊徳は工夫の主体と捉えた。[88]

たとえば尊徳らが生きた時代は、天災や人災という、いわば自分たちの力を大きく超えたどうしようもない力――その意味で天道的な力――によって、田畑が荒れ地へと引き戻されてしまう事態がつづいた時代である。この事態のなかで人為は圧倒的な無力感を与えられ、絶望していた。ひとが天道に対立し、それを切り裂き分節する力をもつ存在であることなど、想像さえできないような時代と言ってもいい。あらゆる人為（耕作）の努力は無意味化され、まるで人道をあざ笑うかのように天道が猛威をふるい、ひとを開闢以前の世界に連れ帰ろうとする事態がつづく。そのようななか、ひとびとの希望や耕作意欲はますます剥奪され、加速度的に荒れ地化が進んだのである。尊徳は、こうした現状に対しても、ひとは〈人道〉への気づきを取り戻し、工夫の主体として立つことで希望を取り戻すことができると考えた。そしてこのときの工夫を、水車の工夫と重ねて語り出してみせるのである。当時、どのような農民にとっても、水車は農業に不可欠なありふれた道具として知られていたし、水車の働き（機能）は誰もが体験的に知っていた。水車とは、どこの農村にも存在しながらも、しかし取り立て注目されることなどない、あまりにも自明な風景として、日常のなかに埋もれているものであった。ところが尊徳は、この水車をひとつのモチーフとして、そのうえに〈人道〉を生きる工夫の主体の在りようを見出し、これによって時代的に蔓延する絶望感にさえ対抗しようとするのである。それが、尊徳が用いた有名なたとえ話として伝えられる「水車のたとえ話」[89]である。そのなかで彼は、水流を天道に、水車を人道に見立てる。そして水車（人道）とは、半分を水のなかに入れて水流に従わせ、半分を水の外に出して水流に逆らわせることではじめて用を為すものになると言う。つまり、人道における天道との関係を、半分天道に従い、半分天道に逆らう、という「宜き程《よきほど》」の関係として語り出すのである。そしてこの、水車（人道）が水流（天道）に触れつつ、しかし逆らうという人為を尽くしている姿こそ〈人道〉としての姿であると捉える。さらに、そうした「宜き程《よきほど》」[90]のバランスを保つ（〈人道〉としての）水車を、知恵と力の証であり、工夫の主体であると見立てるのである。

　水車は、どっぷりと全体を水につけてしまっても、全体を水から離してしまっても、回転することはできず、ひとの役には立たない（水車としての機能を果たさない）。天道と離れた人道は、水から浮いてしまった水車のように無用の長物であり、他方、天道と一体化した人道は、水に沈んでしまいもはや水車であることを放棄したものと同然である。これが尊徳の人道観（天道／人道観）である。尊徳は、〈人道〉とは天道なくしては語り得ないもので、天道をたしかにみつめてそれに従いつつ、なおかつそれに逆らうことで成立する世界と見立てる。そして、ここに生きる主体（ひと）は工夫の主体としてあり、それはあたかも水車のように生きることだと語り出す。この工夫の思想は、人道を人道の世界だけで考えていては決して現われてこない。ひとが生きる世界の構成原理とは異なる原理をもつ天道の存在を知り、そこへの直接的な操作の不可能性を受け止めたうえで、なおかつ、それになすがままに流されるのではなく、応答するという積極的工夫――つまり、従いながら逆らう工夫――が必要であることを説く。人道（ひと）は、天道にある意味で包摂されながら、しかしたしかにそれとは矛盾し、対立し、それを切り裂き、分節する者としても存在していると見立てるのである。先にもみた通り『金毛録』では、人道の世界をひとたび一円化、天道化する作業を加え、直線「一」によって分節化された世界を純粋な「〇」のみの世界（人道以前）に戻していこうとする。そのうえでこの作業を、農業の場面と重ねてイメージしてゆく。つまり、農の「業《わざ》」を重ねつつ、人道以前の混沌の場所（天道世界）から人道が開闢する神話的世界として語ってみせるのである。根源（「夫元《そのもと》」）である人為を超えた天地の混沌（天道）に対して、ひとはそれに完全に包摂され尽くし飲み込まれてしまうのではなく、その世界との接触を保ちながらも（従いながらも）、その世界とは矛盾する別の世界原理を積極的に構築しようと（逆らおうと）工夫する。荒れ地としての混沌に、人為的な分節を打ち立て、事物を実体化、対象化して「種」「草」「華」「実」などと名づける主体的な工夫を営むことで、その荒れ地に鍬をいれてゆこうとする。そうした分節（名づけ）は、決して天地自然の原理なのではなく、あくまでも私意的で便宜的な人間の世界を構成する原理である。しかしこれこそが、まさに「工夫（従いながら逆らおうとする工夫）」と呼ばれる人間の叡智であり、農業という人道的営みを根底で支えるために不可欠な力となる。ひとは荒れ地を荒れ地として眺めるのではなく、そこに雑草と稲の区別を打ち立て、名づけを生む。この区別（名づけ）が、混沌としての荒れ地を切り裂き、田畑を開闢するために不可欠な人道的作為へとひとを誘う。こうした工夫（作為）こそが、混沌を切り拓き、ひとが生きる〈人道〉世界を開闢する力となるのである。

人道と天道は一体であり、ひとは天に逆らうことなどできない小さく無力な存在だと嘆く者や、あるいは人道が作為の道であることを忘却して、その直線性や分節性があらかじめ自明で自然な世界として存在している天道の世界であるかのように思う者は、『金毛録』という〈語り〉を通して、天道と人道がきっぱり分離されることを知り、人間の作為の力（工夫の生産力）をあらためて自覚させられる。言うなれば、水のなかに沈みきって廻ることをあきらめていた水車が、その半分を地上に引き出され、水流に逆らいはじめることで回転へと向かうのである。この回転こそ、水車のエネルギーとして機能するものであり、沈むことで失われていた水車の生産性を回復する運動となる。

また他方で『金毛録』という〈語り〉は、人道が天道（「〇」）なくしては成立しないことを知らせる。人道はその根源を一円にもっていて、この一円の力こそが人道の世界を支えている。種は「種」でありつつ同時に「草」「華」「実」としての存在を抱えもつからこそ、農業が成立する。このひとの営み（農業、人道、工夫）を根底で支えているのはあくまでも天道なのである。人道がそれだけで自立（自律）した世界であると豪語し、人間の万能感に酔いしれている者は、『金毛録』を通して、人道の操作性をはるかに超えた天道の力や恩恵に触れ、出会うこととなる。水車のたとえ話を借りれば、（当人は廻っているつもりでいたかもしれないが、実際には）水から完全に浮いて離れてしまうことで廻ることができずにいた水車が、半分引き降ろされることで水流に従うことをはじめ、回転が生み出される事態である。つまりこれは、水車が浮くことで失われていた水流の生産性が回復すると言うことである。

『金毛録』という〈語り〉は、単なる人道（直線）が天道（〇）をくぐることではじめて生まれる、「天道と人道の接面」としての〈人道〉（〇を不可分にして描かれる直線の世界）を語り出す。そして、その天道に包摂されながら対立する――つまり、従いながら逆らう――という「宜き程《よきほど》」の関係としてこの〈人道〉を捉え、この〈人道〉界を維持するための工夫の主体として人間を見立てる。このとき、『金毛録』の聞き手にとっては、こうしたモチーフとともに語り出される水車や、種や、治と乱や、一月から十二月の暦や、その他さまざまな具体物は、日常に埋もれてしまうようなあたり前の景色であることをやめ、鮮明なインパクとともに再認識されることとなる。さらに言えば、そうした認識や体験の変容はまた、その事物への認識を変容させることにとどまらず、その意味変容を根底で支えている文脈や行間の機能によって、その他のさまざまな意味の変容へと連なってゆく。つまり、むしろ聞き手にとっては、そうした再認識の場で感得されているのは、個別の事物の新しい意味なのではなく、そうした個別の事物の意味を重層化し、多義化し、解き放つことを可能にした科学的客観的文脈に代わる、新しい物語的世界の文脈や行間なのである。そして、まさにこの新しい物語的世界の文脈や行間こそ、「報徳思想」と呼ばれるものだと言えるだろう。

なお、このとき『金毛録』は、実は語り手である尊徳にとって、工夫の主体としての人間というモチーフ〈見立て方〉の具現や実践の場だったのではないかとも考えられる。図像言説や詩的言説としての形態をもつ〈語り〉によってはじめて発現し得たのが、尊徳がリアルに生きた世界の在りようであり、見立て方であり、つまり天道／人道の接面としての〈人道〉という生活世界だったと思われる。だからこそある意味で、尊徳が語り出したこの世界の在りようが、聞き手に受け取られ、そこで息づいて見え、彼らの認識と体験の転回を引き起こすかどうかは、人為の内だけで捉えることができるものではない。その意味で、語り手尊徳が、受け取られるかどうか分からない〈語り〉を、なおも最大限の技巧を凝らして語りつづけることは、まさに「人為をゆるがせにせず」「人道を尽くして天道に任す」[91]という、天道との「宜き程《よきほど》」の連関をもつ実践であったと言えるのではないだろうか。『金毛録』は、語り手尊徳にとっての工夫という実践の場であり、工夫の主体という人間モチーフを具体化するひとつの現場だったと考えられるのである。また同時に、工夫の主体としての尊徳は、綿密な計算とともに仕法（書）を立案し実践した農経営者である尊徳や、金融ファンドを構築運営した経済人である尊徳や、土木事業を綿密に練り上げ実行した尊徳にも当てはめることができるだろう。彼にとっては、『金毛録』という〈語り〉だけでなく、報徳仕法も、報徳金システム（五常講）も、土木事業計画もまた、おそらく徹底してこの工夫というモチーフにおいて構想されたと考えられる。このように一見多様である尊徳が生きたさまざまな顔も、工夫の主体というモチーフのもとで、〈人道〉を生きる人間尊徳の在りようと密接な関係にあるものとして、一貫性を帯びてみえてくる。つまり、このモチーフは、報徳言説や報徳思想（ひいては報徳仕法やその他のすべての表現）を成立させた「根本的な構え」として浮かびあがってくるのである。まさにこれは、〈人道〉における営みを根底において支え、同時に〈人道〉における営みから生み出される人間モチーフであり、尊徳という主体の在りようと不可分な人間（主体）の捉え方（見立て方）だと言えるだろう。

10　出会いがもたらした意味発見

主体、時間、空間、その他さまざまな要因を織りなした「関係」が変化し、出会い方が変化することで、できごとへの名づけは大きく変化する可能性をもつ。たとえば、「〇」や直線「一」という誰もが目にしたことがある日常的な図形は、尊徳との出会いによって天道や人道と名づけ（意味づけ）られた。落ちるリンゴというごく素朴なる日常の景色は、ニュートンとの出会いによって万有引力を発見し証明する場面として名づけ（意味づけ）られた。そこでの「〇」や直線「一」や落ちるリンゴの意味として生み出されている名づけは、辞書登録されているような意味（名づけ）ではないし、もちろん通常は隠されている深層（真相）の意味とか本質的（本当の）意味としてあらかじめ用意されていたわけでもない。

あるできごとが、ある主体と出会い、ある場面と出会い、それらが「関係」として織り合わされてゆくことで、ある意味を誕生させる。できごとは、紛れもない尊徳やニュートンという主体と連関し、他でもないそのタイミングと連関し、その他あまりにも多くのさまざまな偶然的とも呼べる要因（「場面性」）たちともまた連関することで、まさに一回的な「関係」となってゆく。そしてその「関係」は、そこに物語とも呼べるような筋立てや文脈を生み出して、できごとに名づけ（意味）を創造する機能を果たす。「わたしはオオカミ」という表現に、「○」や直線「―」という図形に、落ちるリンゴの景色に、それら〈日常〉に、ある「関係」が擦り込まれ、映し込まれることで、はじめてそれらの意味は生まれる。そこで生まれる意味とは、まさに「関係」がカタチをもって立ち現われた姿なのであり、きわめて一回的な現象として「関係」が具現化しているのである。当然のことだけれども、もしそこに別の「関係」があれば、「○」や直線「―」という図形にも落ちるリンゴにも、まったく別の意味が生まれる。そうした多様なる可能性をもつ意味発見（発現）の母胎として〈日常〉は存在している。だからこそ〈日常〉は、いつでも新しい意味の創造に拓かれており、新しい意味発見（出会いなおし）の現場となり得る。これが、臨床教育という方法を支える世界観である。臨床教育という見立てと実践は、この世界観に支えられることで成立している。

尊徳の語りとこの世界観との出会いは、互いに大きく羽を伸ばし、新しい意味へ向かった。こうした世界観にとって、『金毛録』という語りは大いに応答をしてくれたし、また逆に、『金毛録』というテクストに対して、この世界観は大いに応答することが可能であった。『金毛録』が他からの理解を阻んでいた「言説形態」という難儀な特徴は、この世界観に支えられて成立している臨床教育との出会いにおいては、まさに新しい意味発見（発現）のための重要な窓となって機能した。言説形態という窓を通して、これまで自明視していた世界の景色が、たしかな転回をはじめたのである。これまで「謎」「意味不明」とされてきた『金毛録』という〈語り〉もまた、こうした臨床教育という方法との出会いによって、言説形態を窓にした応答的実践によって、新しい意味を発見する現場となり得たのである。ただしこのとき発見された意味は、『金毛録』があらかじめ所有していた意味ではない。それは、描き手（語り手、尊徳）当人にとってさえ未知であり得る意味である。そこに発見（発現）された意味は、ある固有の関心と見立てをもった臨床教育が積極的に応答することで生まれた、関係の産物としての意味である。ここにおいて重要なのは、これが『金毛録』にとっての真意か、正しい理解か、語り手の意図を正確に把握した実像理解か、といった意味の正しさではない。むしろこのときテクストは、そうした一義的な正しさから解放され、読み手（研究者、応じ手）との関係に拓かれ、多様な意味の発現を認める意味の母胎と位置づけられている。だからこそここにおいて重要なのは、発見された意味の新しさとなる。これまでに出会われることのなかった新しい意味が、ある個別の関係を通して、そのテクストのうえに創造され、見出されるかどうか、この点が注目される点となるのである。

例外と呼ばれるできごと、難解と名づけられるテクスト、謎と認識される子ども、意味不明と体験される言動……。多くの場合、ひとはそうしたものたちとの出会いの場に立たされることで、独特の居心地の悪さや不安を感じるだろう。それは、これまで自身がもっていた理解枠（理解のための法則）がその出会いの場では、もはや武器としての切れ味を発揮できないことを意味している。端的に、そこは、自身が当然視していた理解の仕方が失敗する場所である。それまでの理解枠が、その出会いの場においては無用の長物となる。そのように手持ちの武器をはじき返されてしまうことで、いわば生身の自分自身が、そのままのカタチで出会いの場にさらされる。武器で守り固めていた身が露呈されることの居心地の悪さや不安感こそが、こうしたものたちとの出会いにおいて体験される独特の感覚を生むのであろう。しかし、臨床教育は、そうした場こそ「人間」を復権するための重要な契機であると捉える。それらのできごととの出会いに積極的に関与し、新しい意味発見へと向かうなかで、ひとは放棄してきた創造力を回復する。そのように、できごとの意味発見と、「人間」の再発見が同時に生じる、まさに二重の意味での現場としてこの出会いの場はある。理解に失敗したということは、それが新しい理解の可能性へと拓かれたことを意味する。本書にとっては、まさにこうした出会いの場における営みの一事例として『金毛録』との出会いや応答があった。ニュートンが落ちるリンゴに出会ったように、尊徳が「○」という図形に出会ったように、本書は『金毛録』というテクストに出会った。

ここでの出会いと営みは、臨床教育学を立場とする本書にとって、多くの示唆的な見解をもたらした。たとえば、新しい意味に発見的に出会えるかどうか、新しい意味がその場面で発見的に機能し得るかどうか、その意味が発見的として感じられ受け取られるかどうか、ということが、その「語り方（方法）の工夫」と不可欠なテーマであるという知見を具体的に知る機会となった。臨床教育が「新しい意味発見」と言うとき、その「新規性」と「発見性」の連関について、あらためて自覚する契機となったのである。また、この語り方（方法）の工夫が、個別の語りをつなぐ機能を果たしていることを見出した点も大きなことであった。尊徳の語りは、常に具体物を語るもので、たしかに個別的であり、応答的であり、即興的であるにもかかわらず、ある種の強固な一貫性を感得させるものであった。それぞれ別々の具体物を語りながら、それでもなおある文脈、筋立て、行間を機能させることで、それらすべてを「報徳思想の表出」という共通の土壌（ひとつの物語の地平）のうえに感得させる。まさにこのことを可能にしていたのが、語りの内容の工夫ではなく、語りの形態（語り方）の工夫だったのである。これは、個別の一回的な表出をしながらもなお、一貫性を維持する方法としての姿を摸索する臨床教育にとって示唆的な知見ではないかと思う。

しかし、こうした多くの知見がもたらされたとしても、やはり最も大きな意義は、眼前の日常やテクストが、〈日常〉や〈語り〉としてあり得ることを実践のなかで確認できたことと言えるだろう。出会い方（応答するための方法）の工夫や転回によって、そこに生じる「関係」が変化し、そしてたしかに新しい意味の創出と発見が生じ得る。出会いの場には、独特の緊張感や居心地の悪さや不安感はあるけれど、しかしそれでもなお、自身を当事者的な主体としてさらしながらその関係に身を投じ、応答的営みを展開してゆくとき、そのようにそこに真摯に臨むとき、日常やテクストもまた応答をはじめてくれる可能性をもっている。多様で多義的で可変的で揺らめきをもつ意味や発見に拓かれた、可能態としての〈日常〉や〈語り〉は、当事者的見立てと実践により、新しい意味発見（意味の再創造）の現場となり得る。そうした臨床教育学における見立てが機能し得ることを、あらためて実践の場で確認できたことは、本書にとってかけがえのない体験的知見となった。

わたしがどのようにして世界に臨もうとするのか、その根本的な構えとして臨床教育という方法は在る。この方法は、『金毛録』との応答というレッスンを経て、鍛錬され、洗練されたと感じる。もちろんそれは、マニュアルのように固定化したり、積み重なったり、力を増して強大になりゆくものではない。しかし一つひとつの応答的実践を体験するなかで、たしかに精緻化され、しなやかなつよさを帯びてゆくものであると言えるのではないかと考えている。次章では、さらなるレッスン（応答的実践）として、『金毛録』とは別の、新しいテクストに向かうこととしたい。

注

(1) 佐々井信太郎『二宮尊徳の体験と思想』(一円融合会、一九六三年)一七一頁。

(2) 尊徳が読み直しの対象として引用しているのは、大学・中庸・論語が最も多く、その他、孟子・易経・書経・孝経・礼記・心経・遺教経・観音経・日本書紀なども、それぞれの場面で引いて用いている。

(3) 劉金才「二宮尊徳の「報徳思想」と日本の近代化について(下)」(『かいびゃく』九月号、一九九六年)一九頁。

(4) 前掲『二宮尊徳の体験と思想』。

(5) 同書、一六五頁。

(6) 同書、一七三頁。

(7) 同書、一八六頁。

(8) 同書、一九六頁。

(9) 同書、一七四頁。

(10) 同書、二四〇—二四一頁。

(11) 同書、一六七頁。

(12) 同書、一七二頁。

(13) 同書、二四四頁。

(14) 同書、二三八頁。

(15) 同書、一九九頁。

(16) 同書、一九八頁。

(17) 同書、一九四頁。

(18) 同書、一九九頁。

(19) 同書、二〇〇頁。

(20) 同書、二三五頁。

(21) 同書、二三四—二三五頁。

(22) 同書、二三五頁。
(23) 同書、二五〇頁。
(24) 同書、二四三―二四四頁。
(25) 同書、二四二頁。
(26) 同書、二二一頁。
(27) 『岩波　哲学・思想事典』（岩波書店、一九九八年）一三〇四頁（「般若経」）。
(28) 山内得立『ロゴスとレンマ』（岩波書店、一九七四年）七〇―七一頁。
(29) 同書、八五頁。
(30) 同書、九三頁。
(31) 同書、一一六頁。
(32) 前掲『岩波　哲学・思想事典』一〇〇六頁（「太極図・説」）。
(33) 前掲『二宮尊徳の体験と思想』一七四頁。
(34) 吉野裕子『陰陽五行と日本の民俗』（人文書院、一九八三年）。
(35) 同書、五六頁。
(36) 同書、六九頁。
(37) 同書、一九九頁。
(38) 同書、七〇頁。
(39) 同書、六八頁。
(40) 同書、二三八頁。
(41) 同書、二〇〇―二〇一頁。
(42) 野内良三『レトリック辞典』（国書刊行会、一九九八年）三七―三八頁。
(43) 同書、三八頁。
(44) 同書、三八頁。
(45) 同書、四〇頁。

(46) 同書、四一頁。
(47) 同書、三八頁。
(48) 同書、四〇頁。
(49) 同書、四一頁。
(50) Roman Jakobson,『ESSAIS DE LINGUISTIQUE GENERALE』, Paris, Ed. Du Seuil, 一九六三年。なお、本書は邦訳本、R・ヤコブソン著/川本茂雄監修『一般言語学』「言語学と隣接諸科学」(みすず書房、一九七三年)二二五―二七〇頁を参照、引用している。
(51) 同書、二二五頁。
(52) 同書、二二八頁。
(53) 同書、二三一頁。
(54) 同書、二三〇頁。
(55) 同書、二二九頁。
(56) 同書、二二九頁。
(57) 同書、二二七頁。
(58) 同書、二二八頁。
(59) これらの書物の制作年代は明らかになっていないが、『金毛録』がこれらを「要略した抜粋というべき」書物として位置づけられていることからも、『金毛録』以前の制作と言える。また、その他さまざまな観点からおそらく、天保三年から五年の制作だろうと考えられている。詳しくは佐々井信太郎著『二宮尊徳の体験と思想』一六一頁以降を参照。
(60) 福住正兄『二宮翁夜話』巻一(三)、一八八四年。
(61) 山中桂一『詩とことば(ヤコブソンの言語科学一)』(勁草書房、一九八九年)一四四頁。
(62) 同書、一四五頁。
(63) 同書、一四五頁。
(64) 同書、一四五頁。
(65) 同書、二四四頁。

(66) 同書、二五六頁。
(67) 同書、一一五―一一六頁。
(68) 同書、一五四頁。
(69) 同書、一四四頁。
(70) 同書、二四四頁。
(71) 同書、二七一頁。
(72) 前掲『一般言語学』二〇八頁。
(73) 同書、二一四頁。
(74) 同書、二一二―二一三頁。
(75) 同書、二一三頁。
(76) 同書、二一四頁。
(77) 同書、二一四頁。
(78) 鎌田東二『神界のフィールドワーク』(ちくま学芸文庫、一九九九年)九二頁。
(79) 同書、九三頁。
(80) 同書、八一頁。
(81) 同書、八二頁。
(82) 同書、八八頁。
(83) 同書、九三頁。
(84) 同書、九六頁。
(85) 前掲『二宮尊徳の体験と思想』二四八頁。
(86) 同書、二四九頁。
(87) 同書、二五〇頁。
(88) 「工夫」という用語は、尊徳によってたびたび使用されている(『夜話』などを参照)。
(89) 前掲『二宮翁夜話』、巻一(三)。

（90）　皇紀夫「下程勇吉の二宮尊徳研究」（下程勇吉／教育人間学研究会『教育人間学の根本問題』（燈影舎、二〇〇〇年））二三二—二三六頁。

（91）　これらの表現もまた、尊徳によって好まれてたびたび使用された用語である（『夜話』など参照）。

第5章 『二宮翁夜話』という〈語り〉

1 『二宮翁夜話』との出会いへ

先の第4章において、本書と『金毛録』という〈語り〉の出会いの場面が描かれた。そのなかで本書は、この〈語り〉に新しい意味が生まれる出会い方の工夫として、言説形態に注目する見立てを見出した。この見立てを軸にした開明によって得られた知見を手がかりにするとき、『金毛録』に描かれた図や短句という独自性が際立った言説形態ばかりでなく、たとえば、尊徳が愛用していた「道歌」と呼ばれる歌の形態にも、何か特別な機能が見出せるのではないかという予測が生まれる。さらには、彼の思想を現代に伝える重要な記録として扱われている『報徳記』『夜話』『語録』などに残されている多くの説話の形態にも関心が向く。たとえば、『夜話』などに記されている尊徳が農民たちに向けて語った説話は、それがあまりにも具体的で分かりやすく、卑近で直接的であるため、内容はもとよりこの説話の形態についてもまた自明視されてきた。そのためこれまでは、この説話を「オリジナルな形態をもつ語り」と見立て、この形態をめぐる開明を試みることはなされていない。

しかし、あらためて考えてみるならば、尊徳が具体物を語り出すことで表出するのは、その具体物の意味そのものである以上に、「天道／人道論」（いわば宇宙論であり世界観）であり、天道の存在なくして生きることができない〈人道〉の在りよう（人道観）である点に特徴がある。この点が、彼のさまざまな語りが、単なる説話を超えた報徳思想の表出であったと捉えられているゆえんでもある。それにもかかわらず彼は、それら思想を決して指示的に語ることなく、いつでも生活に密着した具体的事物を用いた説話として語りつづけていた。このことは、ある種の形態的工夫（語り方の工夫）の証として見えてくるのであり、むしろ報徳思想にとっての重要な機能を担うポイントであるようにさえ見えてくる。こうした具体物をめぐる説話という形態に、あらためての注目が可能であるという見立ては、『金毛録』との応答のなかで気づかれたことであり、前章でも論を展開した[1]。『金毛録』という、まさに奥義書や判じ物と呼ばれる書においてさえ、尊徳は日常の具体物をめぐる話題を重ねつづけていたからである。ただしもちろん、そうした『金毛録』の開明から導かれた知恵や法則――言説形態への着目による開明の有意性という知恵や法則――が、そのまま『夜話』を含む他のあらゆる報徳言説との応答に有効であるということはあり得ない。意味理解へのプロセスは、あくまでも目の前の言説との応答のなかでこそ思考され、実践されるべきことである。このようにして、『金毛録』との出会いから生まれたこれらの知恵を手がかりにしながらも、本書は『金毛録』とは別の報徳言説との、新たなる出会いへと向かいたい。

尊徳の語りを現代に伝える著作はさまざまに存在するが、代表的なものとして『報徳記』と『夜話』『語録』とがあると言えるだろう。このうち『報徳記』が尊徳の業績を軸とした伝記的色彩が濃いのに対し、『夜話』や『語録』にはより日常的な農民たちとのやりとりが書き残されている。『報徳記』は、際立ったエピソードを軸に、尊徳の生涯を時系列に沿って記しているため、論理的な整合性や一貫性をもち、いわば史実の把握や教義の伝承を可能にするための資料として意味づけられることが多い。他方で、『夜話』にみる一つひとつの短い説話は、各々独立した場面をもつ生活のひとコマとして描かれており、断片的な覚え書き風に編纂されており、それらが相互に論理性で結びつけられて説明されることはない。ただし、聞き手からの問いへの即興的返答や、ふとしたときにそばにあるものを用いて語った語りなど、尊徳らしい実践知に満ちた、彼の生々しい息づかいを感じさせる語りとして意味あるものと受け取られている。本書では以降、このうちの『夜話』を主なテクストとする。たしかに『夜話』は尊徳の自著ではないが、そこには独特の力をもった語りをみることができる。何よりこの語りこそが、愚夫愚婦である農民たちの前に提出され、聞き手である農民たちを田畑へと駆り立てた。ここに描かれた語りが、農民たちの認識の変容のみならず、行為にまで影響を及ぼしたのである。この語りの力で、荒れ果てた農村（心田と田畑）はたしかに復興されてゆくのであり、いわばここに、報徳言説の真骨頂が披露されているとも言える。素朴に言えば、本書はこうした語りの力や機能に魅力を感じ、つよい関心を向ける。この語りの開明の場が、レトリカー（語りの達人）である尊徳とのやりとりを通して臨床教育という方法を鍛える場になることを目指したい。そうした動機から、本書は『夜話』という語りとの出会いに積極的に臨むことを決定した。

本書が『夜話』との出会いに身を置き、まず注意を引かれたのは、『夜話』の説話がもつ特徴としての「場面性」であった。徹底して生活のひとコマとして語られつづける『夜話』の説話は、出現している時間や季節や天候や場所やタイミング、あるいは聞き手となる人物の状況や身分や年齢や語り手（尊徳）との関係などを全体的に視野に入れ、それらが織りなすイメージを軸にすることで、はじめてそれぞれの場面的とも言える意味を生み出している……と見えてくる。『夜話』はたしかに一つひとつ個別のできごとに対応した、断片的で、独立的な、一話完結型の様相を呈してはいるが、しかしどの説話もこの「場面性」を重要な要因にして、いわば即興的に編まれているという点で強固な一貫性をもっている。そのため、そうした「場面（性）」が『夜話』における重要な特性のひとつではないかと感じられるのである。この意味で『夜話』は、通常の教養言説や説明言説といったいわゆる資料とは異なる、象徴性を帯びた物語として見えてくる。第4章でも論じたようにヤコブソンは、このような象徴的機能をもち、「場面」に色濃く規定されながら「場面的意味」を決定している詩的（物語的）テクストの開明にこそ、言説形態への着目が力を発揮すると述べている。そのため本書でも、場面性を重要な特徴として成立している物語としての『夜話』にとって、まさにこの言説形態への注目をふさわしい見立てとして採用し、ここにみる説話との出会いに応答することで、新しい意味の発見や開明に向かえるのではないかと判断した。

ところで、『夜話』にみる具体的な事物を話題として語り出す説話は、従来の研究においては思想を分かりやすく説明するための手段として理解されてきた。難解な報徳思想という宇宙論を、広く農民層に普及させることを目指して、日常の事物に即した容易な形での解説がされたのだろう、と捉えられてきたのである。『夜話』の説話は報徳思想の解説あるいは説明のための表層的な手段であり、その奥にこそ尊徳がたしかに描きもっていた深遠なる一円融合の報徳思想や哲学がある、と考えられてきたとも言える。しかし、少なくとも『金毛録』をめぐる開明においては、報徳思想を表出する言説形態は、そうした第二義的な役割ではなく、より決定的な機能をもっていた。たしかに、図や短句という難解な形態で語られた『金毛録』と、具体的な説話という平易な形態で語られた『夜話』とは、一見するとそれぞれ別の意味や機能をもつもののようでもある。しかし本書での試みにおいては、それらが相互循環的に連関して織りなしているものこそ報徳思想である、と捉える。なぜならば、それらはともに言説形態への工夫（語り方の工夫）が施されている点で一貫性をもち、この点に特徴をもつことで報徳思想の表出としての独自の機能を担っていることが予測されるからである。こうした一貫性への注意から、これから向き合おうとする『夜話』の背景にも、天道との「宜き程《よきほど》」の連関をもつ人道の在りようを描いた『金毛録』が控えている点に自覚的であろうと思う。もちろん、これまでの数多くの尊徳研究もまた、一連のテクストをこうした連関や相互補助的な連続性に着目し、共通の研究手法から解明しようと研究をすすめてきている。共通の研究手法とはつまり、それらすべてのテクストを事実が描かれた資料として扱い、そこに描かれた内容の解読や分析に主たる重きを置く手法である。どのテクストについても一貫して、尊徳という人物の実像に迫るため、報徳思想の真理を明らかにするため、残されたそれらのテクストには「何が語られているのか」という視点からアプローチする。そうした研究により、そこに記されている個別の内容の検討をし、それらをいかに精密に把握し、その意味を解明するかを問題としてきたのである。こうした従来の先行研究にみる研究法については先に詳細にまとめた[2]。

しかし本書においては、この『金毛録』と『夜話』との間に見られる、共通性や相互補完的な連続性のみならず、大きな差異や落差といった非連続性が見られる点もまた重視する。『夜話』に向き合うとき、たとえ言説形態への注目という一貫した出会い方で対面したとしても、やはりこの語りが『金毛録』とはまったく異なる性質を帯びていることを、感じないわけにはゆかない。一見すると奥義書や判じ物のようで近寄りがたく高遠だとさえ感じさせる「図像言説」や「詩的言説」として現われているのか、あるいは、一見するとあまりに直接的で卑近だとさえ感じさせる「たとえ話」として現われているのか、の違いである。たしかに『夜話』も『金毛録』も双方とも、いずれも工夫を施された形態で語られる点で共通しながらも、しかし明らかにそれぞれの具現化のされ方は異なっている。このことを、言説形態を軸に論じるならば、言説形態への工夫という点から一貫性や連続性が見えるが、他方で、それらがまったく別種の構造や形態をもっている点から決して交わらない非連続性も見える、と言える。言説形態への注目は、たしかにそこに一貫性や連続性への視点を生み出すと同時に、非連続性への視点をも生み出すのである。これは本書にオリジナルな視点となり、本書の論考にとって非常に重要な特徴となっている。本書では、それぞれのテクストが、言説形態に特殊な機能（意味の創出にかかわる機能）をもたせつつも、それらの具体的な機能や形態や構造は異なっているという点に注意を払い、『夜話』に応じてゆく。より素朴に言えば、先に『金毛録』に呼応するなかで編まれた方法が、直接的に『夜話』に応じる方法になることはあり得ないということである。この点に自覚的でありつつ、以降でも『夜話』との応答をつづけてゆこうと思う。

2 語態への着目

さて、これまで述べてきたように『金毛録』と『夜話』は、語りの形態への特徴をもちつつも、しかしその具現化のされ方（現われる具体的なカタチ）は異なっている。そこで、先に『金毛録』との応答では「言説形態」と呼んでいたものを、以下の『夜話』との応答のなかでは「語態」と呼びなおしたい。このようにあえて呼び名を変えることを通して、連続性と非連続性の双方に注意を払っていきたいと思うのである。『金毛録』においては、まさにテクスト（言説）が図や短句など文字通り「形（形態）」をともなうものであったために「言説形態」と呼んだ。しかし『夜話』の説話はまさに「語り」であって、何らかの明瞭な「形」をともなうというよりも、むしろ「スタイル（様態）」のようなものとしてのカタチであるため、「語態」とした。また、近年新たな試みとして展開されている「言語態」概念の構想が、この考案の基礎となり、手がかりとなってもいる。より正確に言えば、この「言語態」概念を、言説形態の重要性を主張したヤコブソンの示唆的な見解を踏まえて転回することで創作されているのがこの用語である。なお、ヤコブソンの基本的見解や、それを踏まえた研究立場については第4章において論じたが、「言語態」とは、一九九三年に東京大学大学院総合文化研究科に発足した言語情報科学専攻の「言語態の研究」グループを中心に進められている研究によって提唱された概念である。(3) それは「社会や文化の単位としての言語活動一般のこと」と定義され、「じっさいに実現したものとしてのことば、言語活動の実践態、社会や文化をつくりだしている具体的な言語の生態の集まりを指すことばとして使用する」と宣言されている。こうした定義から明らかなように、社会や文化といった背景をつよく意識した言語の「様態」「実践態」「生態」「表現形態」であると述べられてもいる。(4) この概念は、記号論からの提唱を受け、「記号の実現態、実践態」でもあるとされるような言語観にもとづいて確立されている。本書に即して言えば、社会や文化といった場面性への意識と、「態」と呼ばれる言語の形態への意識とをつよくもつ言語観であるとも言える。ただしそれでもなお、「言語態」という概念をそのまま使用することをせず、用語を転回させたのは、以下のような理由からである。

竹田青嗣（一九四七―）が指摘するように、多くの現代言語学は、言語における「指示とは実在対象の指示のことだとする論理主義的前提」や、さらにそうした言語が「一定の「意味」を〝もつ〟という意味実体的思考」を前提として、「「言語」をその生きた本質において扱わず、「一般言語表象」として分析してきた」。そのように、いわば「言語というシステム」を「信号のシステムや暗号のシステムなどのように任意に人為的に作られた明約的な規則体系」として捉えているのである。(5) 本書で述べてきた表現を用いるならば、そうした意味実体的な捉え方とは、語りの意味を語りの側のみに根拠をもつものとして、一元的に回収させて考えようとする捉え方である。語りの意味は、あらかじめ語りがもっているのであり、だからこそそこにはテクストの所有物としての「本当の意味（正解、真意）」がある。その「正解」を読み解くためには、外在的に準備されている辞書やモノサシ（そのテクストを計測する法則、枠組み）が必要となる。この辞書やモノサシこそが、ここで論じられている「信号」や「暗号のシステム」のようにあらかじめ「任意に人為的に作られた明約的な規則体系」である。ここでは、そうしたいわば辞書的な解読を、言語を「一般言語表象」として捉えた解読法としている。そして、これが多くの現代言語学研究が依って立つ言語観であり、研究手法であると言う。なお、こうした現代の言語学研究のひとつに、先に述べた「言語態の研究」グループの研究もまた位置している。この点が、用語法を転回し、本書に独自の新しい用語を考案することが必要であった理由である。

本書では、たしかに言語学からの影響を受け、ヤコブソンらの示唆も含みながら、言語や語りということへの関心をつよくもち、それを手がかりにした研究を展開している。しかしそれでも、これまで述べたような現代の言語学の立場とは相当に異なる立場の研究なのである。たとえば『夜話』にみる語りを、まさにこの「一般言語表象」としてではなく、ヤコブソンの提唱する「場面」[6]と不可分な〈語り〉として捉えようとすることなども立場の違いを鮮明にしている点と言えるだろう。本書は、これまでの言語論研究の手法――言語を一般言語表象として捉えた辞書的解読――とは異なった、語り（テクスト）との新しい出会い方（方法）を模索している。そのための工夫として、あえて言語態という用語を転回させた「語態」という新しいタームを導入し、それを『夜話』との応答のためのひとつの指針としたい。さらに加えておくと、竹田は上述のような言語学研究とは別の動きとして、近年の言語論的動向についても論じている。そのなかで、「言語の「意味」の多義性」や「言語規則の規定不可能性」という「言語の謎」をめぐる現象学的な言語研究[7]や、「「物語」「喩」「寓意」などの方法によって虚構化」された文学テクストにまつわる言語論争[8]など、近年はまさに言語を「その生きた本質」において研究しようとする方向が打ち出されていることに触れている。こうした近年の言語論が関心をむける先は、まさに本書の関心と重なる領域をもつものと言えるかもしれない。以下では、こうした言語学の領域からもヒントを得ながら考案された「語態」というタームを手がかりに、『夜話』との応答を重ねる。

先にも述べたが、『夜話』での語りは、『金毛録』の図像言説や詩的言説のように、ひと目で了解できるような明瞭な形（形態）を維持しながら描かれているものではない。それぞれの場面に応じて、その場面性によく影響を受けながら、即興的にカタチを変え、一見すると共通する型などないようにさえ思えるほどに、その時々に、個別に語り出されている。ただし、すべてが一貫して「たとえ話」として語り出されているし、それ以外にも、不思議なことにやはり尊徳らしい（あるいは報徳言説らしい）ある一貫性を感じさせもするのである。こうした形なきカタチを、本書ではひとまずスタイル――様態としてのカタチ、具体的な形を生み出すための型――として認識し、このスタイルをめぐる在りようや機能を語態という用語で捉えようとする。なお本書では、スタイルといったカタチが出現する「態」の地平と、それとは区別される「体」の地平との世界観の違いを、まずは明瞭に意識化したうえで論を進めたい。

たとえば、実体や形体のように「体」が用いられるタームは、そのものの恒常的、持続的な有りようを示す。そのため、客観的に測定可能な物理的事物（モノ、物体）と結びつけられたり、不変的で揺るぎない本質や真実と関連させられたりして論じられる。「体」は、時間や空間や関係によって変化してしまうような諸性質の、最も根底にある持続的なものとされている。だからこそ、時空間を超越した自立性や不変性（普遍性）をもち、それ自体で存続が可能なものであると言う。それが存在するために他のいかなるものも必要としない独立的な個物であるとも言える。いわゆる、客観的、実体的、近代科学的な事物の捉え方を支えている世界観である。他方で、実態や形態として用いられる「態」のタームとは、そのものの状態や状況的、文脈依存的な在りようを示すため、事物やできごとの可変的特質と関連させて用いられている。「態」の地平においては、できごとや事物を、それぞれの「場面」によって可変的、文脈的、流動的、多義的な「態」として、そのつどの一回的意味を発現する可能態として考えようとする用語である。そのため、これまでの本書における形式と合わせるためにも、以後、この「態」を〈態〉と呼び変えて表記することとしたい。なお、この「体」と〈態〉の区別は、「体（本体）」と「用（作用）」の区別をする仏教や儒教を中心とした中国思想の重要な概念のひとつである体用論とは、根本的に異なるスタンスをもっていることも指摘しておきたい。「体／用」は、あるひとつの世界観のもとでの異なる働きを意味する、二元論的な区分をするための用語である。それに対して、「体」／〈態〉は、根本的な世界観の違い、すなわち世界を見立てる原理の違いを現わす区別である。この区分は、できごとや言語（名づけ、テクスト）や世界を、一体どのようなものとして捉えようとするのか、そうした世界を捉えるための前提が違うことを現わす区分なのである。

これまでも再三述べてきているように、従来の研究は、一貫してテクストやそのテクストの意味、そしてそれらの分析や解明、そうしたすべてを「体」の地平でのできごとと考え、対応してきた。これに対して、臨床教育学は一貫してテクストを可能態としての〈語り〉と見立てて応答をする。臨床教育という方法は、〈態〉の地平でテクストと出会い、〈態〉の地平でそれに応答しようとする。その出会いのために〈語り〉という見立てを、そして、その応答のために〈言説形態〉や〈語態〉への着目という注意の向け方を、それぞれ営みのための手がかりとすべく創出したのである。あるいはこのことは、より端的に、テクストの表示機能でなく創造機能に注目しようとする姿勢と言ってもよい。以上が、『夜話』との出会いについての基本的な方向となる。なお、たとえ話に関心を向けるなかで語態に注目するとは、そのたとえ話の内容面への関心を向けるのではなく、そのたとえ話の機能や型や構造といったカタチへと関心を向けることを意味する。この点を確認したうえで、以降では、『夜話』に描かれた具体的なたとえ話について考えることをしてゆきたい。

3 〈態〉の地平との出会い

『夜話』のたとえ話と出会うとき、そこに描かれた多くのたとえ話が、ものの見立てにまつわる話として展開されている様子が見えてくる。たとえば、ある弟子と一緒に入浴したときに語られた、以下のようなたとえ話がある。

…前略… 世の中には、お前たちのような富者でありながら、みな十分であることを知らずに、あくまでも利をむさぼり、不足を唱えるのは、大人がこの湯船の中に立って、屈まないで湯を肩にかけて、「湯船がはなはだ浅い。膝にも達しない」と罵るようなものだ。もし湯をその望みのように深くすれば、小人・童子は入浴ができないだろう。これは、湯船が浅いのではなく、自分が屈まないのが過ちである。この過ちをよく知って屈めば、湯はたちまち肩に達して、おのずから十分になる。何も他に求めることはない。世間で富者が不足を唱えるのは、これとどこが違おう。…後略…

《『二宮翁夜話』三八》

通常、農民たちが日々の生活のなかで触れている湯船の水量は、いかなる場面で、いかなるときに、いかなるひとが見ても同じように見えると想定されている。それが何リットルの湯であり、何センチメートルの深さか……。一定の決められた尺度（モノサシ）によって、誰がいつ測ろうとも揺るぎない固定的な測定が可能であることを特徴とし、前提とする。その水量は、字義通りあたり前の実体として考えられている。ひとの在りようとも時間や空間とも無関係な真空状態のような外部に、生活や個別性とは切り離れたものとして自立的に存在する。モノ（湯船の水量）は、誰が、いつ、どこでそれと出会おうとも、厳然とした不変的で恒常的な形体をもって、あまりにも自明的な姿をした対象（客体）として捉えられる。通常の暮らしのなかでは、できごとや事物はまさにこのような「体」の地平に置かれている、とも言えるだろう。そしてそのなかで、できごとの意味はできごとを表示するための名づけとして付与されている。ひとはこのようにして、無自覚のうちに「体」の地平においてできごとを認識し、すでに辞書に登録されているそのできごとの意味（名づけ）を体験しているのである。

ところが『夜話』において尊徳は、湯船の水量を、そうした固定的で一義的な意味をもつ「実体」としてではなく、屈むという行為との関係によって一変し得る〈実態（可能態）〉として見立て、語り出している。ここで語られる湯船の水量は、「立つ／屈む」というひと（わたし）の在りようとの連関ではじめてカタチを現わし、その意味を決定する。湯船の水量は、物理的に増やしたり減らしたりしない限りそこに変わることなく一定の量である「実体的水量」なのではなく、ひとが立ったり屈んだりすることで、浅くもなり充分にもなり得る〈実態的水量（イメージ）〉として語られている。不変的であったはずのできごとが、可変的で動的な〈できごと〉として捉えなおされている、とも言える。このように、できごとの見立てを「体」の地平から〈態〉の地平へと誘おうとする語りが『夜話』には多く登場するのである。なおここできわめて重要な点を指摘しておきたい。それは、「浅さ／深さ」といった〈湯船の水量〉の意味を決定する、意味と不可分な機能を担っているのが、他でもない「立つ／屈む」というひとの行為であるという点の指摘である。つまり、『夜話』によって語り出される〈態（実態）〉という世界は、たしかに可能的なイメージ世界でありながら、しかし決して観念や思惟の産物が浮遊する想像上の世界のことではないのである。それどころか『夜話』においては、むしろ徹底してひとびとの具体的でリアルな日常生活の場こそが、〈態〉世界との出会いの現場として描かれている。この点は、重要な特徴である。

もうひとつ、別の「たとえ話」を取りあげてみたい。

> …前略…　一年は十二ヵ月であるが、月々に米が実るわけではない。ただ初冬の一ヵ月にだけ実って、十二ヵ月間米を食うのは、人々がそう決定《けつじょう》して、そう注意するからだ。これでみれば、二年に一度、あるいは三年に一度実るとしても、人々がそのとおり決定して注意をすれば、けっしてさしつかえはない。すべて物の不足するのは、みな覚悟をしていないからだ。…後略…
>
> 《『二宮翁夜話』一一五》

尊徳がこの語りによって描き出しているのは、〈態〉のできごととしての〈米〉である。農民たちが日々の現実世界において、実際に見て、触れて、作って、食して、交換している実体としての「米」は、おそらく農民である聞き手にとっては、あまりに当然視された存在として、疑いようのない一義的な形（形体）で揺るぎなくそこに有ると信じられていた物質であっただろう。しかし実は、それほどに自明化されてしまっているからこそ、逆に、日々の生活とも自らとも完全に切り離され、息づかいも色づきも失った空虚なモノになり果てていたとも言えるのである。そのような場所に、『夜話』のたとえ話はまったく違う意味を帯びた〈米〉――ひとの営みと不可分な、鮮やかなる息吹をもった〈米〉――を語り出す。十二ヵ月のあいだ農民たちが見つづけ、触れつづける米を、自明的にそこに有るモノとしてではなく、決定《けつじょう》というきわめて主体的で人間的な行為をくぐってはじめて目の前に現われることが可能となる存在と見立てて提示する。目の前の米がひとたびその見立てのうえに置かれると、たしかにそれは、ひと（人道）との関係なくしては産出され得なかった〈米〉としての意味を帯びはじめる。そして、ひとから切り離された無関係な場所に無機質に存在している「実体的米」ではなく、ひとの行為や作為（人道）といった生々しい営みの文脈に織り込まれた、動的で可変的な〈実態的米〉として見えてくる。ひとの在りようや生活と密着した、もはや見過ごすことのできないたしかな手応えをもつ存在としての〈米〉が、聞き手たちの目の前に、そのリアルな姿を現わす。

　このような〈米〉と出会うとき、ひとは毎日の何気ない生活においても、人間的な耕作や決定という行為や知恵——すなわち、人道という人工的な仕掛けや技——を介在させることで成立した〈米〉を食べて生きていることをあらためて発見する。そうして、米を食べることなどあたり前でバカバカしいほどに当然な事態だと思っていた生活認識が転回する。あるいは、米は完全に自然の恵みとしてひとが受け取っている賜物だと捉えていた自然観や人間観も転回する。あくまでも米や米をめぐる営みは、ひとの行為や作為を通して生まれる実用的で実際的な、きわめて人間的な事態であり、できごとなのである。〈米〉は、歴史的、人道的な文脈においてしか発現しないのであって、たとえば一年を通して米を食べることも、あるいは米が不足することも、どちらにせよそれは人道に拠る事態である。米のある／なしは、自然発生的にどうしようもなく決まることではないし、運によって決まることでもないし、さらに言えば、天や自然が決めることでもない。それを決定《けつじょう》する（決める）ことができるのはひとの行為のみであり、それは徹底してひとの在りようや営みのテーマなのである。

　ここまで見てきたように、世界に〈充分な水量〉や〈米〉や〈茄子〉を生み出すのは行為という人道的な作為の力である。天道の文脈に存在するのは、あくまでも混沌でしかない。もし世界において、ひとがあらゆる作為や人為を放棄したなら、そこには混沌としての荒れ地しか広がらない。水量や、米や茄子やその他さまざまなできごとがなにがしかの意味（名づけ）をもって現われるのは人道の文脈においてのみである。天が特別な意味づけなどせずに混沌のままにもたらしている水量に対して、ひとは立ったり屈んだりしながら、不足だとか充分だとか、天にとっては必要もない意味をわざわざ付与して体験する。天が一年のうち一ヵ月しか実らせない米であるのに、ひとはこれにあらがい、実らない他の十一ヵ月も米を食べようとする。そしてとうとう、備蓄という反抗的行為を実行してその意志を実現する。あるいは、また天が分け隔てなく等しく育成する植物であるのに、ひとは天に逆らって区別をし、ある植物を稲と名づけて育て、別のある植物を雑草と名づけて刈り取ろうとする。天が善悪の区分なく混沌のうちにあらゆるものを育成しようとすることに対して、ひとは草抜きという天への反逆に精進するのである。こうしてひとは、天道に逆らう側面をもちつつ行為することで、湯の量に充足感を体験し、実らないはずの十一ヵ月にも米を食べ、田畑のうえに実りをもたらして生活している。あらためて見てみるならば、実は日々の生活を構成しているできごとは――〈湯船の水量〉も〈米〉も――、あらゆるものがそうした具体的行為や決定《けつじょう》という人道（人間）の文脈に織り込まれることではじめて意味をもった姿で出現しているのであって、決して自然のままに天からの恵みとして存在している訳ではない。これが、『夜話』のたとえ話が提出した世界に対する見立て方（物語）である。そしてこの見立て方が切り拓いたのが、〈態〉の地平であり、〈態〉としてのできごとの姿（意味）であり、そして、それらのできごとを生み出す行為の担い手としての人間の姿である。聞き手である農民たちは、このたとえ話の見立てを通して、実体的に自明化された世界とは異なる〈態〉の世界を発見し、体験する。そして、その地平に創造される新しいできごとの意味と出会い、できごとの意味を生み出す当事者として人間の在りようにに出会う。これが発見的出会いとして機能するとき、聞き手の生活をめぐる認識や行為や体験に作用を及ぼし、それらの転回（再創造）が生じる契機となり得るのである。

4 応答的行為としての限定性

ここまでは主に「湯船の水量」と「一年を通して食べる米」の二つのたとえ話を軸に、語態への関心を貫きながら、たとえ話の在りよう（機能や構造など）について検討した。そしてそのなかで、ひとの行為や決定《けつじょう》が〈態〉的な事物やできごとを出現させる力をもっていることを発見した。一見するとそれは、人間の意志を反映した主体的、能動的な行為であるかのようにも捉えられる。しかしここで注目すべきは、行為を通して生まれる〈実態的世界〉とは、尊徳に沿うなら、なる世界(9)あるいは来る世界(10)と言えるものだという点である。たしかに、ある量の湯を満ち足りた湯量に変えるのは屈むという工夫としての行為であり、荒れ地から雑草を抜き田畑へと開闢するのは人道的行為である。この点については、先に充分にみてきた。しかし、はじめにそこに湯を湧かせ、ある一定の量の湯をもたらしているのは人為のなせる作業ではないし、たとえ田にひとが植えた苗でも、決してひとの力だけで実らせることはできない。種を葉にして、葉に華を咲かせ、華を実へと成熟させるのは、植物を育成するという天の力（天道）以外の何物でもない。日常生活も農業も、すべてを人為のままに作り出すことはできないのであり、天道の働きを借りなくては、湯は永遠に湧かず、一粒の米も育たない。つまり、たとえば米は、ひとの行為や作為によって実らせるという、するの文脈（人道の文脈）だけで語り切れるものではなく、天道の生産力とひとの逆らいの行為とがうまくコラボレーションすることでこそ実るのであり、いわばなるという文脈（天道／人道の接面の文脈）においてはじめて成立するのである。田畑のうえにおいて、ひとは常に完全に主体的に行為できる訳ではない。ひとは、あくまでも天道との呼応を不可欠な態度としてもちながら、そのうえで人道を尽くして行為し、このなる（実る）世界や、来る（実りがもたらされて来る）世界が田畑のうえに出現することを待つのである。これが『夜話』において語り出されているひとの行為の基本的な形であるため、これらは主体的行為というよりむしろ、応答的行為とでも呼ぶ方がふさわしいだろう。

たしかに、『夜話』におけるたとえ話が、人道的行為が開闢の力やできごとを世界に出現させる生産力をもつことを描き出した点は大きな特徴と言えるだろう。この語りは、重なりつづける異常気象という圧倒的な猛威をふるう天道の前で、農民たちが絶望し、無力感をつよめ、人為や作為を放棄していた時代的雰囲気のなかで生まれている。そのなかでこの絶望的状況に応えるかのように、『夜話』のたとえ話はひとの行為の生産力を描き出し、それが聞き手に「ひとが無力ではない」ことを知らせる機能として働いた。天道にすべてを委ね、すべてを従え、あたかも一体化してしまうような、没主体的な在りようや厭世的で無気力な在りようが、決して人道ではないことをつよく訴えようとする機能である。そうした無気力な在りようは、「畜生の道」とか「人道の罪」（人道放棄の姿）として描き出され断罪された。そして、これと対照的なものとして、たとえば湯船の水量や年間を通した米の話など、行為や作為とできごとの産出がどれほど不可分にあるかを具体的に描き出すことで、失われかけている行為や作為への信頼や自覚を、聞き手のうちに呼び覚まそうとする機能だと言えるだろう。しかし『夜話』では同時に、それでもなお、ひとはきわめて限定的な存在であって、決して万能ではあり得えないことを語り出す。これもまた、この語りの語態にとって欠かすことのできない重要な特徴である。ひと（人道）は無力でも万能でもない、だからこそ「工夫」という行為をして生きるべき存在である、というのがこのたとえ話を通して現われてくる独自の人間像（人道観）だと言える。ところで、先述の二つのたとえ話における人道（すなわち行為）は、こうした限定性については見えにくい形で描かれている。湯船での〈水量〉を出現させる、立つ／屈むという行為や、実らない月の〈米〉を出現させる、決定《けつじょう》による備蓄という人為は、ひとの思うままの自由な意志の反映として選択や判断が可能であるような、まるで万能的な主体性を発揮する、人間中心主義的な在り方にも見える。ところが、次に取りあげる別のたとえ話に出会うとき、それとは違う、行為や人為の限定性の側面（万能ではない側面）が見えてくるのである。そのたとえ話を通して、主にこの限定性に着目してみたい。

…前略… 皮もなく骨もなく、かまぼこやはんぺんのような魚があれば、人のためには便利であるが、天はこれを生じないから、漫々たる大海にそのような魚は一尾もいないのだ。また籾もなく糠もなく、白米のような米があれば、人世にはこのうえもない利益であるが、天はこれを生じない。それゆえ全国の田地に一粒もこういう米はない。（中略）糠と米は一身同体である。肉と骨もまた同じだ。肉の多い魚は骨も大きい。それを糠と骨とを嫌い、米と肉とを欲するのは、人の私心であるから、天に対しては申しわけなかろう。そうはいっても、今まで食っていた飯もすえれば食うことができない人体だから仕方がない。…後略…

《『二宮翁夜話』一一五》

魚を骨や皮と肉に、米を籾や糠と白米に区別する、そのように「不要な骨／必要な肉」といった人為的な区別が生まれることで、はじめて食卓にあがり、ひとの栄養となるのが〈魚〉であり〈白米〉である。この〈魚〉は、大海を泳ぐ「魚」――天道の文脈における、肉／骨／皮の区別がない混沌としての魚――とは明らかに異なった存在であり、これこそが天道世界とは別の、ひとが生きる道（人道）を開闢する力となっている。「畜生」は大海を泳ぐ「魚」の世界に住まい、それを食べて生きるけれども、ひとはそのようには生きていない。ひとは、あくまでも人為や作為や知恵や技（つまり人道）の結晶としての〈魚〉――骨や皮を取り除いた肉としての魚――を味わうのであり、それこそがひとの生命を保つ栄養として血肉化され得る。このときまさに肉／骨／皮に区別された〈魚〉こそが人道の結晶であり、成果であり、証であると捉えるのである。

魚の骨や皮を捨ててその肉だけを食べたり、精米によって糠を取り除いて白米にしたり、といったふるまいは、聞き手である農民たちにとっては、あまりにもあたり前の景色であったかもしれない。しかし、生活におけるこうしたほんの小さなふるまいもまた、尊徳による見立てをくぐり、たとえ話として語り出されると、たちまちに〈魚〉や〈米〉を出現させるための人道的な偉大なる行為と見えてくる。あるいはそうした行為や知恵を受けてはじめて登場するものとして、「魚」や「米」が〈魚〉や〈米〉へと再創造され、捉えなおされる。そのようにして、無自覚にその前を通り過ぎてきたありふれたふるまいが、あらためて、ひとの生活に欠かすことのできない〈事物（魚や米）〉を生み出すために必要不可欠な創意工夫として描き出される。この語りに発見的な気づきをもって出会うことができるとき、聞き手たちにとってこの出会いは、「ひとは無力ではない」ということを自覚し、創造的で生産的な行為の担い手としての「わたし」（主体）を取り戻す契機となる。

しかし、この語りの本領はここから先に発揮されていると言える。つまり、このたとえ話では、このように言ってはみても、実はこれらの区分はすべて、明らかに「私心」であると言い、ひとの側の都合による身勝手なふるまいであるとつづけるのである。ひとは、善／悪、禍／福、籾／糠／白米、骨／皮／肉などの区分はもとより、湯船の水量（不足／充分）や一年間の米の在り方（一月の米／二月の米／……）など、天道という自然なる「一」の世界には決して存在しない、そうした身勝手で私意的な人道上の分類や分節を通してはじめて出現する「多」の世界を生きる。このとき、ここで施される区分（名づけ）の根拠は、区分された側にある訳ではなく、徹底してひとの側にある。骨／皮／肉という区分は、何も天道が生じている「漫々たる大海を泳ぐ魚」にとっての必要性や必然性に拠るのではなく、あくまでひとにとっての必要性である。善／悪も、籾／糠／白米も、稲／雑草も、事物への区分や名づけは、すべてが天地自然に元来存在している境界を基準にして決定されている訳ではない。まさに「天地はこれ（区別）を生じない」のである。

　では、ひとにとってなぜこのような区別が必要なのかと言えば、それは「人体」が魚の肉や白米しか「食うことができない」し、たとえ白米でも腐ってしまえば「食うことができない」という限定性をもつがゆえに「仕方なく」、人道的「多」の世界を生きざるを得ないのだと言う。この点がこのたとえ話にとってきわめて重要な特徴となっている。まさにひとは、そうしたヤワで不自由な限定性をもつ人体を生きているために、自然が生み出している「一身同体」としての天道的「一」の世界をそのままの形ですべて受け容れて生きるタフな道を歩むことができない。どうしても、分別したり区分したりして切り拓かれた、天道とは異なる原理としての人道的「多」の世界を生み出したうえでしか生きられない身（人体）なのである。この身を支え、生かそうとする力が、日々の営みとしての行為――私心としての人為や作為――となる。つまりそのようにして描かれた行為は、聞き手に「ひとは万能ではない」ことを訴え、だからこそ「工夫」としての行為が必要となっているのだと知らせる機能を担うこととなる。このことはまた、以下のようにして語られていることでもある。

…前略…　風雨に定めがなく寒暑が往来するこの世界に、羽毛もなく、鱗や殻もなく、はだかで生まれてきた人間は、家がなければ雨露をしのぐことができず、衣服がなければ寒暑をしのげない。そこで、人道というものを立てて、米を善とし、莠《はくさ》（水田に生える雑草）を悪とし、家を造るのを善とし、こわすのを悪とする。これはみな人のために立てた道である。それゆえ人道というのである。天理からみれば、これらにも善悪はない。その証拠には、天理に任せておけば、みな荒地になって、開闢の昔に帰る。なぜなら、それが天理自然の道だからである。…後略…

このように、ひとの行為や人為が発揮する身勝手さや私意性や恣意性は、完全なる自由意志を反映させる主体が万能的に発揮する身勝手さなどとは明らかに異なったものとして描かれている。行為や人為のはじまりは、あくまでも、「羽毛もなく、鱗や殻もなく、はだかで生まれてきた」ひととしての在りようであり、腐った飯を食うことができない「人体」という場所にある。それら、ひとがひとで在ることで帯びるどうしようもない限定性や既定性が、ひとの行為や人為といった身勝手さを必要とし必然性としているのである。大海を泳ぐ魚をそのままに、籾や糠と一体になった米をそのままに、米が腐ろうが酸っぱかろうがそのままに、そのように天道のままの世界を食べ、風雨や寒暑の往来もそのままに受容し、まさに天道のままの世界と一体化して生きることができないのが人体である。ひとはこの人体を生きざるを得ないからこそ、工夫をしなくてはならない。その工夫が、混沌世界に区分や名づけを与えたり、魚を肉と骨に切り分けたりする行為なのである。ここにおいて行為は、ひとの意志や理念とではなく、人体と結びつけて語られることで、その限定性（「ひとは万能ではない」）の色合いをより一層つよめている。さらにそれは、「人間（人体）が行為する」のではなく、「行為が人間（人体）を生かす」という構図を成立させ、通常の主体観や行為観を重層的なものとし、まさに独特の人道観として描き出し、提出する機能を果たしている。このように、たとえ話によって描かれたさまざまな行為の在りようから、「ひとは無力でもないが、万能でもない」というひとの在りようを示すモチーフが誕生している。

まさにこの「万能ではない」という側面のために、ひとは天道との一体化を拒否され、そこから引きはがされ、離脱を余儀なくされる。しかしまた同時に、「無力ではない」という側面をもつことで、天道のままに生きられない人間ではあるが、天道とは異なる新たなる道――ひとが歩き得る道、人道――を建設してゆくことができるのである。こうしたモチーフが、「天道」と「人道」の区別の視点を生み、そのうえで「人道」を「天道／人道」の接面を生きる〈人道〉として創造することへとつながる。ひとが万能であったならば、ひとにとっての行為とは、さまざまな成果やあらゆる目的を、他の力を借りず自立的にそれだけで獲得し達成できる直接的手段となるだろう。しかしひとは万能でないために、行為は成果を獲得したり、できごとを出現させたりするときの直接的で絶対的な手段とはなり得ない。ひとは、己（人体）の限定性や既定性に常に細心の注意を払いながら天道の世界（混沌）に応答することを工夫としておこなう主体である。たとえば、万能者としての行為であれば、作物の生育のためには、ただ種を植え、それを葉に変え、華に変え、実らせればよい。風雨も寒暑もそれぞれ何事の作用も及ぼさないし、魚は取ってきたままに食べればいいし、すえた飯を食べることを恐れる必要もない。しかし、限定者としての行為は、そのような訳にはいかない。常に人体の限定性を自覚しつつ、天道として提出されている目の前の現実や日常への注意を払い、天道／人道の接面の在りようやバランスを模索する。眼前のできごとをどのように名づけ、どのように区分し、何を拾い、何を捨て、どこに従い、どこに逆らうことで、この人体が生き得るのかを思考し、判断し、そして工夫的実行をする必要が生まれるのである。『夜話』のたとえ話で描かれる行為は、そうした工夫としての人道的行為（人為や作為）と読み取ることができるのである。

先に例示したたとえ話はまた、少し別の角度から読むことで〝「人体」を生きる人間は、「私心」としての〈物語的世界〉にしか生きられない〟ことを語り出しているようにも見えてくる。このたとえ話を通過すると、いわば「体」の世界の、恣意的で主観的な区別がなされていない（「私心」が介入していない）、実体的で無機質で客観的な、いわゆる本当の姿や真相としての意味をもつ事物を追求しようとすれば、ついには自然界

――天道の世界――へとたどりついてしまうかのように見えてくる。私心で区別される以前の、肉と骨と皮とあるいは海とまでもが渾然一体化した漫々とした大海を泳ぐ生きた魚や、田地に生まれた籾や糠やあるいは大地そのものとも区別ができない米など、それらそのままの事物へと向かってしまうように感じるのである。それほどまでに、「体」の世界観がひとが生きる世界にはなじみにくいものとして見えてき得るのである。主観や私心を漂白することはすなわち、あらゆる区分を放棄することとなり、それはまるごとの世界、境界なき「混沌」へとつながってゆく道になってしまう。しかしそれに対して、人体という限定性を生きる人間にとっての日常は、そうした事物とそのままの形で出会うことは、もとより不可能である。ひとは日常にさまざまな見立て（主観や私心）を介入させ、区分を施し、名づけをすることで生活を営む。この区分（名づけ）は、なんと言っても人体の限定性を出発点として生まれ、限定性をもつ人体を生かすための機能を担う。食べることができないものが目の前に存在しているという限定性（ひとは万能ではない、という特質）をもつ人体と呼応することで、肉／骨／皮などという名づけ方が生まれる。そしてこの区分によって、ひとは魚の肉や白米を食べることができ、腐った飯で人体を害することもなく、ぶじに、生産的に、生活を営むことができる。区別や境界をもたない天道的な「一」なる世界に、こうしてわざわざ区分を与えるのは、その先に人体を生かすための営みができる地平を切り拓くためである。まさにこの区分や名づけは、人体を生かす工夫としての行為であり、人道的叡智としての行為であると言える。そのようにして、人体を生きる人間は、積極的に「私心」としての〈物語的イメージ〉を喚起しながら世界を区分し、名づけることではじめて、限定性を帯びながらも暮らすことが可能になる。天道的世界では「一身同体」として区別をもたなかった混沌としての「一」なる世界は、人体とのかかわりを通して〈イメージ〉（名づけ、物語）を生み、輪郭や境界をもつ「多」なる世界へと変貌する。天道的な「混沌としての現実」が、人体との呼応を通して〈物語としての日常〉へと転回すると言い換えてもいいだろう。

以上のように、この「魚の肉と骨」のたとえ話を通して、先にみた「湯船の水量」と「一年を通して食べる米」のたとえ話で語り出されていた行為や人為に与えられた意味は、さらに重層的になる。何が「人道」としての行為や人為であるのか、たとえ話が重ねられるなかでそれは多層性を帯びて見えてくる。人道的行為とは、動的で可変的できわめて主体的な営みでありつつ、しかし決して無制限な万能的主体による営みではなく、思惟や想像の地平の営みでもない。むしろそれは、人体（主体）がもつ厳然たる限定性に規定されながらも、不自由なその人体を生かそうとするきわめて現実的な営みである。混沌としての天道と限定的人体との双方に呼応する形で、行為や作為は区分（名づけ）を生み出す。たしかに、食卓上の〈魚〉を成立させている骨／皮／肉という区分は、「大海を泳ぐ生きた魚」にとっての必要性や必然性に拠るのではなく、徹底してひとにとっての必要性のみである。しかしこのときのひととは、まさにこの限定的主体としての人体を指している。行為の主体は、ひとの思うままの意志や理念としてではなく、限定性を色濃く帯びた人体として語り出されている。さらに言えば、この営みは同時に、たしかに「大海を泳ぐ生きた魚」という天道との応答でもあり、その意味でこの「魚」と無縁に、これを無視して、あらゆる名づけが可能なのではない。つまり、名づけを生み出す機能を発揮する行為も、そしてそれを不可欠な要件として現われる〈名づけ〉や〈区分〉も、それらはたしかに可能態としてありながら、しかし無制限ではない。このように、『夜話』のたとえ話によって語り出される物語的な〈態〉の世界は、動的で可変的でありながら、しかし互いに限定性や既定性を及ぼし合う「関係」として機能しており、「呼応」や「応答」としてはじめてその姿や輪郭を出現させているのである。

たとえば、このことはまた臨床教育にとっては、見立てとの出会いなおしの回路も拓いている。臨床教育は、事例として目の前に置かれる一つひとつの相談できごとやテクストとの出会いにおいて、見立てを手がかりにして、積極的に当事者的な応答的営みを展開する方法である。うそをつくことをやめない子ども、泣きながらも毎日学校にやってくる子ども、すぐにひとを蹴る子ども、あるいは『金毛録』という謎のテクスト、『夜話』というあまりにも自明なテクスト……。そうしたできごとやテクストとの出会いのなかで、次第にある見立てを生み出し、その見立てを軸にして応答を試みるのである。しかしこのとき、これまでの論考で発見された限定性を前提とした行為の文脈を借りるならば、「～として見立てる」ということは、するの文脈に位置づく主体性や能動性のうちに自己完結できる行為（action）ではないと言えるだろう。それはまた、たとえ話で描かれた水車とも似ている。たしかに水車を作り出すのはひとである。しかし水車は、あくまでも工夫としてあり、人間の力だけで廻すことができるものではなく、半分が水流に触れて回転のためのエネルギーを得ることで、はじめて水車として機能するようになる。それは、はじめから自足的に「水車である」のではなく、天道／人道の接面に「宜き程《よきほど》」に位置づくときにはじめて「水車になる」のであり、さらには、水流もここにおいてはじめて水車を回転させる――水車を水車たらしめる――エネルギーとしての生産性を帯びる。このことに即して考えるなら、臨床教育における見立てもまた、水車と同様に、工夫であると言える。その見立てが機能するかどうかは、自己完結的に論じ切れることではない。見立て（水車）は、「宜き程《よきほど》」に目の前のできごとやテクスト（水流）との呼応をはじめるときに、はじめて「見立てになる」のであり、その機能を発揮することが可能となる。たしかに、はじめにひとが水車を作り出すのと同様に、目の前に現われるさまざまなできごとをはじめに「～として見立てる」のは、場面に呼応した臨床教育という方法である。しかしその方法が「方法になる」、つまり方法として機能するかどうかは、あくまでもその見立てと眼前の具体的な日常（できごと、テクスト、世界）が呼応し得るかどうかという接面で決定される。臨床教育における見立ては、報徳言説との出会いという実践のなかで、そうしたことをあらためて知る機会を得たと言えるだろう。

5 「報徳」というモチーフ

このように『夜話』には、天道との不可分さ(限定性)をもつ〈人道〉という、いわば「天道/人道」論的世界観から見た世界の在りようが一貫して語り出されている様子が大きな特徴として見える。そこで次に、この場所から、彼の考え方や語りにおいて何が「報徳(思想、言説)」という名づけの根拠となったのか、を考えてみることにしたい。たとえば尊徳は「水車のたとえ話」のなかで、半分は水に従いつつ、もう半分は水に逆らいながら回転する水車の運転を、人道を象徴するカタチとして取り出して描いている。ここで「半分従う」こととして描かれている事態は、まさに限定性や規定性を帯びた「羽毛や鱗のないはだか」や「魚の骨やすえた飯を食べられない人体」を受け取って(その命に従って)ひとが誕生する事態と重なる。つまり、「万能ではない」事態である。そのままの状態では生命を維持できないそれらの限定性とは、すべて従うことでは水流に飲み込まれ沈んでしまい水車(ひと)としての運転を維持できない姿である。と同時に、ひとは天道からきっぱりと別れて自力のみで生きていくこともできない。水車(ひと)は、水流にすべて逆らって(水流から離れて)自家発電的に運転を維持することができる装置ではあり得ないという不自由さである。しかし、尊徳はこの限定性や不自由さ(「万能でない」)を大前提にしたうえで、それでもなおひとは「無力ではない」面を強調する。水流(天道)の力に応答し、どの程度ならば流されずに運転を維持できるか、入りすぎでも離れすぎでもないこの絶妙なバランス(宜き程、中庸)を判断し、水車(ひと)として生産的な運転機能を果たそうとする。そうした工夫という行為を、人道を出現させ、運転させる叡智と見立てるのである。

なおこのとき、水車が廻りはじめる場所という点に注意を払って、『夜話』の語態に関心を向けると、ある特徴的なカタチが貫かれていることが明らかになる。そこでは一貫して、ひとにとっての生命の営み（人道的行為）が、常に限定性をもつ人体を受け取ることからはじまると語られているのである。つまりそれは、人道としての水車の廻りはじめは、いかなる場合においても、水の流れを受け、それに従う場所にこそあるのであり、水車（人道）は水流（天道）の流れを受け取り、それに従うことからしか運転をはじめないという描かれ方が貫かれているのである。人道的行為も、水車の運転も、ともに被限定者の生の技法であり、ひとが被限定者としての在りようを受け取るところから、人道的工夫世界の開闢がはじまるという人道観と言い換えてもいい。

注目すべきは、この廻りはじめの場所、従う場所――すなわち受け取りの場所――が、開闢のエネルギー発電というきわめて生産的な場所として語り出されている点である。尊徳によれば、水流に従わなければならないことや、限定性や規定性を被ることは、生産的なエネルギーに転回し得る事態であり、その転回を可能にするのが工夫としての人道的行為であると捉えられている。工夫とは、天道によって受ける規定性（どうしようもなさ）に従い、それに包摂されることを前提にしながらも、しかし、むしろそれをエネルギーにして、そのエネルギーに生かされることで逆らう道を見出すことである。なおこのとき逆らいの行為は、人体を生かそうとする人間にとっての生産性ばかりではなく、天の力をより活かそうとする天道にとっての生産性も兼ね備えた、二重の意味で創造的な機能をもつ。水車の運転がひとの営み（耕作）にとって不可欠であるばかりではなく、水の流れもまた、ただの物質的「水流」ではなく、〈運転エネルギーとしての水流〉へと生産的に転回するのである。このように、「従う／逆らう」の関係は一見すると対立構造でありつつ、水車という「〇」のうえで語られることで、対立を超えた共生の原理（活かし合いの原理）として機能する構図で捉えられているのである。

なおこのとき尊徳が、こうした一連のカタチをモデルとして人道を捉えるなかで、天道によってひとが被る規定性を、「徳」として捉えてゆくことを提案している様子が見えてくる。ひとをはだかでこの世界に送り出すことも、腐った飯が食べられない人体を与えることも、「一」である天道にとっては「善でも悪でもない」そのままの事態である。それはただそうであるだけで、そこに特別な意味は付与されていない。しかし、世界を区分して「多」としての意味世界を生きる人間にとって、その事態はある種の不自由さを生む限定性として働く。一見ネガティブに捉えられてもおかしくはない限定性である。しかし尊徳は、これをあえて「徳」と呼び、そしてその徳を積極的に受け取り、徳によって生かされ、また同時に徳を活かす工夫の道を人道として打ち立てようとする。そしてこの工夫としての行為を、「徳を受け、その徳に報いる」（従いながら逆らう）行為と見立てるのである。このように、人道のカタチが一貫してこの「報徳」のモチーフで捉えられているからこそ、尊徳の思想や言説が、「報徳思想／報徳言説」と呼ばれるのではないだろうか。

尊徳が、「荒れ地は荒れ地の力で開闢する」とか「異変を前提にして定め、異変への工夫をする」と語り出すなかにも、このモチーフが発現している。「荒れ地」や「異変」を破壊力としてではなく「徳」として受け取り、その力に生かされ、その力を活かす工夫を尽くそうとする場所にこそ彼の人道（人智）はある。こうした「報徳」のモチーフは、世界に対するひとつの見立て方である。それは、仏教的無常観が提示するような、天道に積極的に従うことを説いた天道至上主義的な世界への見立て方とは大きく違う。あるいは、科学的自然観が提示するような、天道に積極的に逆らうことであくまでも人間が自然（天道）を操作、支配することを主張した、人間中心主義的（人道至上主義的）な世界への見立て方とも大きく違う。繰り返し述べてきたように、尊徳が提示するのは、あくまで「天道／人道」の接面に位置づく〈人道〉であり、それは、天道至上でも人道至上でもなく「天道に半分従い、半分逆らう」カタチとしての共生的関係により成立する世界への見立て方である。この見立て方で世界に臨み、天道によってもたらされるある種の限定性（どうしようもならなさ）に積極的に向き合い、それを「徳」と呼んで受け取りつつ生産性（共生的活かし合いとしての生産性）へと転回しようとするのである。

この「報徳」モチーフは、ひとの行為や労働の意味づけも大きく転回させるものである。一般的には、行為や労働はひとの意志と結びつけられ、その意志を出発点とした action であり、この行為が何らかの結果や成果を生み出す力であると捉えられている。備蓄したから年間を通じて米が食べられる。毎日の耕作が田畑を豊かにする。魚を調理したから食べることができる……。ところが、「報徳」の文脈において行為や労働は、むしろひとの限定性（人体）と結びつけられ、そのように天道によってもたらされ被った「徳」を出発点とした re-action（それへの応答）として捉えられている。天道（自然）が一年を通しては米を実らせてくれないという事態を「徳」と捉え、これに工夫的な応答をした行為が備蓄となる。天道が稲ばかりでなく雑草も生育し、結果的に荒れ地しか作り出してくれないという事態を「徳」と捉え、これに工夫的な応答をした行為が田畑の耕作となる。魚の骨や皮を食べることができない人体を被ったという事態を「徳」と捉え、これに工夫的に応答した行為が魚の調理となる、などである。こうした行為観の転回をともないながら、いわゆる give and take のような「働くことで徳を獲得する」という見返り思想ではなく、take and give とも言えるような「すでに与えられているものを徳として受け取り、知恵を発揮して働く」「徳を受け、受けた徳に応える（報いる）」という恩返し思想として、報徳モチーフは成立している。天がひとを生かし、ひとが天を活かす、まさに共生的な活かし合いの関係モチーフである。

なお、尊徳はこうした自らの世界観を「我が道は、至誠と実行のみ」という表現で語ってもいる。そしてこのとき、「実行」について「勤労、分度、推譲」という原理を提出している。これまでみてきたことを手がかりに考えるならば、ここにおいて「至誠」と言われていることは、天道に従うことであり、徳を受けることと捉えることができる。そして「勤労」とは、従ったうえで逆らう工夫や実践をし、受けた徳に報いようと恩返しをすることと言える。さらに、その働きによって生じる実り（収入）について、天とひとの分け前の割合を決定することが「分度」となる。一見すると、目の前に得られた収入や実りは、ひとの行為（勤労）によって得られたようでもあるが、しかしそれは天道と人道の共同作品（従うと逆らうのバランスの結果）として得ることができたものなのであり、むしろはじまりは天からの「徳」を受け、それに生かされた場所にある。収入も実りも決してひとの世界だけで自足的に発生したものではないのであり、だからこそそれは天とひととに相応に分配されるべきだと考えるのである。こうして、天の取り分であるはずの宜き程《よきほど》を天道に譲ることを「推譲」とした。天道に譲るとは、天災のための備蓄、伐採した土地への植林などであると同時に、貧しい者への施しや未来の人間（子孫）のための備えなど自分以外の者に譲ることでもある。また、米麦や道やあぜといった物質だけでなく、喜びや悲しみ、あるいは何らかの功績などを譲ることも含まれる。つまりこの「至誠と実行」とは、人間同士の関係における心田開発という倫理的行動原理としても提示されているのであり、「報徳」というモチーフを異なる角度から論じた見立て方だと言えるだろう。

ところで、もちろん天道によって被る力は、限定性や不自由さだけでなく、恩寵や恩恵と呼ばれるような側面ももっている。種を葉に変え、葉を華に変え……そうして大地に植物を育む力。魚という生き物をこの世界に送り出し、養育する力。暦をめぐらせ季節を生み出す力。水を湧かせ川を流す力、などである。しかし、尊徳のモチーフによれば、こうした事態もまた、天道が恩寵としてひとに与えている事態ではない。「一」

なる天道界ではいずれの事態も何らの意味も付与されていない。できごとの区分や意味づけ（名づけ）は、徹底して「多」を生きる人道界でのできごとである。つまりこの事態もまた、ひとがこれら天道によって被る事態を「徳」と名づけて受け取っているにすぎないと言える。そのうえで、このようにして「徳（恩寵や恩恵）」と呼び、生かす／活かす力として、この事態を受け取り応答する（行為する、生きる）ことができることこそ、ひとの知恵であり工夫であり叡智としての〈人道〉だと考えたのである。恩恵的事態も、異変や荒れ地という災害的事態も、それらいずれをも「徳」と名づけて受け取ることを出発点にしようとする「報徳」モチーフは、常識的な発想からすると、いわば楽観的な見立て方とも言えるかもしれない。しかし、これらを一貫して「徳」と見立て、そこに工夫としての行為や叡智を働かせることができる回路を見出し、そうした創造的な可能性を生きる者としての人間観を提示することで、「異変につまずかない」[11]当事者的主体性を呼び覚まそうとしたのである。

「報徳」モチーフは、行為すれば成果があるはずだ、努力すれば報われるはずだ、といった遠く先にあるきわめて抽象的な成果や報いという目標に向かって、それを追いかけるよう提案することをしない。そのようなひとの思惟によって想像される外在的な目的を原動力にして行為を生み出そうとするものではない。そうではなく、この現状へ応答しよう、この事態を工夫して生きよう、といった自身が被ったきわめて現実的な現状や事態を現場として、そこに主体的な知恵と行為を働かせてゆくことを提案する。そのような、自身もまた当事者として巻き込まれている目の前にある「関係」を原動力や動機にした、主体的人道的行為を生み出し、その現場を豊かな創造性や生産性へと拓こうとするのである。

尊徳の思想や言説に出会うなかで「報徳」は、ひとつの重要なキーワードになる概念と言える。「「報徳」とは何か」と問う研究もまた、これまでに多く重ねられてきている。しかし、尊徳は「報徳が大切だ」と考え、その思想や信念を軸に教えを説いたり、報徳という考え方を実践へと展開しようとした思想家や学者ではない。彼の農村復興という日々の実践(行為)や、これまで本書でみてきた日々の語りが重ねられた先に、それらが生み出す一貫性が「報徳」と名づけられたのである。尊徳の語りや実践は、どれもきわめて個別的で場面的で即興的に生み出されている。農村復興というひとくくりの呼び名を与えられてはいても、生涯を通じてかかわった六〇〇以上の村の復興は、最終的には個々別々の方法で対応されているのであり、土地の状況や地質や気候的特徴や、歴史や文化や、ひとの生活状況など、あまりにも異なる要因を多くはらむそれぞれの村を、たったひとつのやり方で復興できるはずはないのである。語りと同様に、復興のための仕法もまた、基本的にはそれぞれの場面(農村)に応答するなかで個別的に編み出されている。しかし、それらが相互にどのような結びつき方をするかについての体系的な説明がなされていないにもかかわらず、すべては強固なまでの一貫性を帯びたスタイルを感得させる。そしてひとは、このスタイルに対して「報徳」という名づけを付与しているのである。そのため本書では、問いを「何が報徳なのか」へと転回させ、語態という着眼点から、この一貫性を感得させるスタイルのカタチを摸索した。そこで導かれたのが、世界に対するひとつの「見立て」としての「報徳」モチーフであり、このモチーフが通底することで、尊徳の個別の語りや実践が一貫したものと感得されるのではないかと捉える知見である。「報徳」モチーフで世界を見立てるとき、そこには新しい筋立てをもった世界の〈意味〉が創造され、発見される。そうした独自の新しい〈意味〉やそれらの連なりとしての〈物語〉を生み出す文脈や筋立てや行間として、個別に具現化される〈意味〉や〈物語〉の底流で機能しているのが「報徳」という見立てであると、本書はそのように捉える知見を提出したい。

6 〈イメージとしての日常〉を描く語態

以上のように、語態に注目しながら『夜話』に出会うとき、そこに描かれているたとえ話の多くが、できごとの意味や存在をどのように捉えるのか、そうした見立て（方）を話題にしていることに気づかれる。そして、この点に注意を払いながら応答することで、これらのたとえ話が徹底して〈態〉の世界観や、あるいは「報徳」のモチーフによる見立て方によってできごとを描き出す姿勢が貫かれていることを明らかにした。湯船の水量が多いのも少ないのも、米の備蓄が足りるのも不足するのも、すべては「わたし」（主体）の行為――どのように現実に従い、どのように現実に逆らうのか――に依拠して決定される事態として語り出される。たとえ話は一貫して、自分とは無関係に辞書に登録された「意味」としてあらかじめ一義的に決定している世界――体の見立て――ではなく、当事者である「わたし」（主体）との不可分な連関があってはじめて可能的で多義的な〈意味〉を帯びる世界――態の見立て――を語り出す。このたとえ話によって、聞き手たちは「体」のできごとが〈態〉のできごとへと変質する現場を目撃する。そして、それまで決して疑うことなどなかった当然の事実であったはずの、目の前の現実、実体、物質的事物（「体」のできごと）が大きく揺らぎはじめるのを感じる。なお、ここで話題となる事物が、誰もが体験的に知っている――あるいは、熟知しているといっても過言ではない――あまりにも身近な具体物であるために、その揺れのインパクトは特に大きなものとなる。それはまるで、日々みずからが暮らし、耕作を営んでいる大地が揺れることなど疑ったこともなかったひとが、あるとき地震に出会うことで体験するような、大いなる衝撃に似ているかもしれない。たとえ話によって身近な事物があらためて〈態〉のできごとや「報徳」の象徴として描きなおされることで、聞き手たちは「体」の地平（地面）が揺れ得ることを体験し、自身の目の前に突如として新しい世界の在りようが見えはじめることを感じる。この地震的体験は、ある衝撃とともにこれまで見えていた世界を一変させ、〈人道〉世界の風景を切り拓く契機となり得るのである。

ここで語られた〈態〉の世界としてのできごとの見立て方は、語り手である尊徳によって生きられていた〈日常〉の姿であった。尊徳にとっては、おそらくきわめて素朴に、世界はそのように見えていたし、体験されていたのだと考えられるのである。この世界は、行為の在り方に依存しながら可変的世界として一回ごとに揺らぎながら立ち現われるため、一元的に体系化され整備された整合的な言語で描き出すことにはなじまない。辞書的に固定化された「意味」と結びつく通常言語や、教義を一方的に伝達するための説明言語にはなじまないのである。そうした対象指示的で実体的な言語ではなく、柔軟で多義的で、可変的な〈意味〉を出現させることができる語態こそが、この世界を描き出すためには必要であり必然となる。まさにそうした必要性や必然性をもって選択された語態が「たとえ話」であり、この語態は決して第二義的な手段ではない。『夜話』における具体物の説話は、内容も形態も自明視され、ありふれた手法として捉えられ、矮小化されてきた。しかし、尊徳に見えた世界（態の世界としての〈日常〉）の表出にとっては不可分な機能を担うものであり、語り手（尊徳）による必要性に満ちた工夫として、第一義的な役割を担っていたと言えるのである。

また、〈態〉の世界のできごとたちが、こうした工夫が施されたたとえ話を通して語り出される場面は、その世界をすでに見ている者（主体としての語り手）と、その世界とはまったく別の世界を見ていた者（主体としての聞き手）とが、一体的につながれる場所としても機能する。そのようにつながれることを通して、そこに提出された〈日常〉が、聞き手（農民たち）にもまた、手応えや体験や衝撃とともにまさに見えるのである。このとき、そこに新しい世界（〈日常〉）を見せた力やそれを見せた働きを、ここでは「イメージ」と呼びたい。そして、そのとき見えた――すなわち眼前に創造された――新しい姿の世界（〈態〉としての〈日常〉）を〈イメージとしての日常〉と呼びたいと思う。

まさにこのイメージの力や機能 —— 世界をそのように見せる力や機能 —— こそが、聞き手の生活認識や日常体験に直接的に働きかけ、生活に根ざした行動や意志に影響を及ぼし得る回路を拓くと言えるのではないだろうか。イメージの働きによって、たとえ話が提示する〈態〉の世界は、観念的なものとしてではなく、きわめて体験的で現実的なものとして受け取られてゆく。いわば「腑に落ちる」とでも言うような直接的な知り方で、聞き手は、世界が多様な〈意味〉として揺らぐ躍動感をもった生々しい現場として在ることを知ると同時に、自らがその現場を生きる当事者的主体として在ることを知る。そのように、語りにイメージが機能するとき、聞き手のうちには実際的な創造性や生産性を担う行動や意志が生み出される。イメージが機能するたとえ話を通して、新しい世界の見立て方との出会いがまさに発見的なものとなり、聞き手の生活が転回される（受け取りなおされる）契機となる、と言ってもいい。ここにおいてイメージによって生み出される行動や意志とは、外部から観察や記述が可能な物理的で実体的な行動や思考、認知といった「体」の世界のものではない。そうではなく、〈態〉の世界観を文脈としてもつ人道的行為や作為としての行動や意志こそが生み出されるのである。湯船につかるために屈むことも、米を備蓄することも、魚の骨をとり除くことも、精米することも、すべては人道的工夫としての〈意味〉を帯びて体験される。さらに言えば、田を耕す耕作という行動も、単に生きて食べるための労働という物理的な意味を超え、天道／人道の接面としての田畑山林の荒蕪を拓く人間らしい創造的な行為という意味や、あるいは人道的な勤めとしての心の田の荒蕪[12]の開拓という意味、などある種の〈物語的意味〉とともに体験されるようになるのである。まさにこのようにして、「報徳」というモチーフを文脈とした固有の物語を感得して生きるための地平が開闢されていると言うことができるだろう。そうしてこれらのたとえ話を通した新しい見立てとの出会いやそれによる新しい〈意味〉

を帯びた行動の出現は、聞き手の日常全体へと浸透してゆくのである。

ひとがひとたび地震を知ったのちには、もはや地震が起きた地のみならず、あらゆる大地が揺れ得ることを知るように、語り出されている当該の事物への見立てにとどまらず、それは日常全般の見立ての転回へと広がり、行動全般の〈意味〉転回へと広がってゆく。しかしもちろん、この見立ての転回もまた、常に鮮やかに体験されつづける訳ではなく（揺れる大地をいつでも感じている訳ではなく）、やはりどこかひとの日常は、安定的な世界観（「体」の地平の世界観、揺るぎなく有るものとしての大地）へと向かう傾向をつよくもっている。あるいはだからこそ、尊徳という語り手は、瞬時も〈日常〉を離れずに、具体物を語りつづけたのかもしれない。そうしてたとえ話が重ねられるなかで、それらの語りは相互にイメージによってつながれ、重なり合い、〈意味〉を発現させる。一つひとつのたとえ話は、自立的独立的に完結してしまうのではなく、あくまで一場面（一事象）として語られ、他の場面（事象）とのつながりによってそのつどに多様な文脈を創り出し、さまざまな息づき方をする。そのように、たとえ話という語態は、「体」の地平では断片的と捉えられるが、〈態〉の地平においては地続きに重なり合うものとして捉えることができる。たとえ話の連鎖をイメージの連鎖として編むことで、揺らめきから安定へ（態から体へ、揺れる地面から揺るぎない大地へ）向かおうとする「日常」のなかに、常に〈イメージとしての日常〉を喚起しようとするのである。

尊徳が見立て、捉えていた——見て、呼吸して、生きていた——のは、このように、人道的行為を通してできごとがその姿や〈意味〉を出現させる、イメージに支えられた〈態〉の世界であった。そしてまさに、尊徳にとっての行為である〈語り〉こそが、彼の日常に〈日常〉としての姿を出現させていた。一つひとつの〈語り〉という行為を通してはじめて、そのつど〈日常（イメージとしての日常）〉が創造され、眼前に提出されていたのである。そのように〈日常〉の、ある特定のひとコマとして、一例、一形態、一場面として、「「たとえば……」の話」が重ねられていたと考えられるのである。「たとえ話」は、何らかの難解な思想を便宜的に平易な例に置き換えるという役割ではなく、ある具体的一場面を語り出すという役割をもっていた。尊徳にとって〈語り〉は、あくまでも独自の生活モチーフが具現化する場所であった。語るという行為（生きる営み）が、〈日常〉を創造する当事者的主体的営みであるという〈態〉の世界観が、具体的に姿を現わす現場だったと言い換えてもいい。つまり、尊徳の〈語り〉は、語り手（尊徳自身）の意図と連関していたのではなく、語り行為と連関していたし、先行的に存在するなんらかの思想の表現（表示）を目的としていたのではなく、語りが紡がれたところにひとつの思想が現われた（創造された）のだと捉えられるのである。こうして〈語り〉のうえに一回ごとに現われた思想が、〈態〉としての世界観であり、「報徳」というモチーフを文脈とした報徳思想であったと言えるだろう。尊徳による報徳思想とは、こうした実践的な行為（〈語り〉という行為）と一体化して、その行為のなかにしか出現し得ない思想である。あるいはより端的に、この〈語り〉は、「尊徳が語った語り」だったのではなく、「語りとして出現した尊徳」として捉えられるとも言える。

これまでの多くの尊徳研究においては、尊徳がもつ偉大で深遠なる形而上学的報徳思想や報徳の教義を、愚夫愚婦に対して易しく説いたものが『夜話』であると考えられてきた。そして、『夜話』で語られている説話は、もはやそれ以上の説明や解釈の必要がないほどに字義通りのことを伝える平易な言語であると捉えられてきた。「水車は、その半分を水流に従わせ……」とか、「茶碗を洗うときに……」「冬至の日に使用するロウソクは……」などと語り出されるとき、それは誰にでも了解可能な、そのままの意味で理解されてきたのである。水車は水車であり、茶碗は茶碗を指示している、と考えられてきた。だからこそ、そのときに意味を了解するために必要なものは、ただ辞書のみであった。その他の、たとえば他ならぬ尊徳が語ったということも、どのような関係の相手を聞き手にして語ったのかということも、その日の気候がどうであったかも、ましてやその語りをいま読んでいる者（自分）が何者かということも、そうした一切の場面性とは無関係に、そうした場面性の外に、言語の意味は厳然と存在していると捉えられていた。その説話の意味は、周囲のあらゆる環境とは無縁に、ただその説話（あるいは説話の語り手である尊徳の意志）にのみ起因して決定されていると捉えられ、揺るぎなく、変化なく、いつ誰がどこで出会おうとも同じ意味としてその言語（説話）に付与されて有るものと考えられてきたのである。これこそまさに、『夜話』の説話を「体」の世界観において解読してきた出会い方と言えるだろう。他方、これまで述べてきたように、『夜話』の語りを〈語り〉と捉え、〈態〉の地平で出会うとき、それらとはまったく異なる開明を展開することが可能となった。ここにみる〈語り〉は、水車も茶碗もロウソクも、いずれも決して字義通りの事物を指し示している訳ではない。水車のことを語りながら、しかしそれは実体としての「水車」の話ではない。いわばそこには、決してどのような辞書にも登録されていない、独自の物語（報徳という物語）の文脈のうえに置きなおされた〈水車〉が語り出されているのである。すなわちそこは、まさに〈水車イメージ〉とでも呼べるような〈意味〉の創出の現場なのである。ただしこのとき、そこに語り出された〈水車イメージ〉について説明せよ、と言われても、それを言語化したり論理的な知性で整合的に説明したりすることはきわめて困難となる。にもかかわらず、まさにイメージとして見えることで、それらはあまりにもたしかな感得が可能な〈意味〉でもある。これこそが、『夜話』にみるたとえ話という語態の機能だと言えるだろう。いずれのたとえ話も、場面性と無縁に独立的に存在しているのではなく、むしろある物語が具現化されている象徴的な一場面として「たとえば……」と語り出されているのであり、そこに起立している場面性こそが、物語（報徳思想という物語）に現実的な手応えとともに出会うことができる重要な場所なのである。

従来は『夜話』にみる具体物を話題にした説話という形体は、抽象的で象徴的な思想を、具体的、現実的、実体的な事物に置き換えて語る作法として捉えられてきた。抽象度の高い難解な思想を解読し理解するためには複雑なる思考法が必要となるが、しかし置き換えという作法を通過することで、まさに字義通りの理解が可能となり、愚夫愚婦の知性でも了解できるほどに、明瞭かつ単純平易なものに翻訳されたと考えられてきたのである。しかし本書では、語態という見立てを提案することで、それらとはまったく異なる――むしろ正反対とさえ言えるほどに異なる――たとえ話がもつ機能を見出した。それは、具体的、現実的、実体的であるはずの事物を、抽象的で象徴的な報徳思想という物語のなかに招き入れて語る働きである。ひとたびある事物をたとえ話の脈絡にのせて語ると、それまできわめて単純で、表層的で、一対一の辞書的な対応をしていたはずの意味が、もはや字義通りの理解や単純平易な了解が不可能となる地平へと解き放たれてしまうのである。たとえ話に登場するあらゆるできごとや事物の意味は、可変的で多義的で捉えどころがない複雑さや重層性を帯びてゆき、もはや知性による説明という点ではなかなか手強く、一筋縄ではいかないものとなってしまう。そのように、目の前の事物や聞き手である農民たちを、象徴的で物語的な、きわめて複雑なる報徳思想という世界のなかへと連れ出すのが、尊徳が語ったたとえ話の働きであると言える。そこには、たしかに知性の働きによる思考的理解という点での難解さがある一方で、それとは異種の、すなわちイメージの働きによる見える理解という点での圧倒的な明瞭さや平易さが出現しているのである。

7　出会いが拓く創造性

はじめに、本書が尊徳の語りに興味や関心を抱いたのは、彼の語りが発揮している独特な機能や力への不思議さからであった。「報徳思想」なる一見すれば高尚で深遠なる思想を、どのようにして愚夫愚婦に語り伝えたのか。しかもそれが、観念的で思弁的な理解にとどまらず、体験的で具体的な生活に根づいたカタチで受け取られ、聞き手たちを荒れ果てた田畑の開墾という実際の労働へと駆り立てるまでの機能を発揮したのは、一体なぜだったのか。尊徳が何を語ったか以上に、いかに語ったかという尊徳の語りが果たしたそれらの機能や力への関心である。この関心は、あくまでも臨床教育の相談場面という実践を起源として芽生えたものだった。「尊徳／農民たち／荒れた田畑」の関係と、「臨床教育学的実践者／教師や親たち／学校や子育ての現場」の関係とが、いわばともに「語り（合い）」を重要な回路としてつながっている点においてなど、多くの点で重なると思われたからである。そして、本書がこの関心を軸に尊徳の語りとの出会いに臨むことで、これまで描き出してきた新しい意味世界が発見された。このようにして開明されたのは、『夜話』の意味ではなく、本書の関心と尊徳の語りが固有の「関係」となることで新しく創出された意味であり、ひとつの実験的な出会いが映し込まれるようにして創造された関係的意味と言える。さらにそれは、可能的意味の発見でありつつ、きわめて臨床教育学的事態の発見であったと言い換えることができるかもしれない。

尊徳が生きた時代の農民たちは、自分たちの日々の耕作が一瞬にして打ち砕かれる圧倒的な脅威としての自然災害（洪水、冷害、疫病の流行など）や、あるいは、運良くそれらを回避してようやく手に入れたわずかばかりの実りを、無情にもむしり取るように奪ってゆこうとする藩主や領主の理不尽な権力行使という人的災害の前に立ち、ただただ絶望しか体験できない日々を送っていた。希望を失い、心田を荒らし、実践へのエネルギーを失い、結果として田畑も荒れてゆく。天災や人災の前に立ちすくむしかない農民たちの日常体験が、日本各地の農村を荒廃させてゆく大きな契機となるのである。まさにそうした現実のなかに、その農村を復興させようとする指導者としての尊徳が登場する。尊徳は、自身に差し出されるこの現実との出会いにおいて、農民たちとは明らかに異なる体験をし、異なる在りよう（物語）を生きる者であった。彼が生きていたのは、「報徳」物語に彩られた〈態〉の世界観における現実、すなわち〈イメージとしての日常〉である。尊徳はここにおいて、一見圧倒的とも見える力（自然や領主の力）ともたしかに共存できる見立て方を発見し、それを行為のモデルとすることで、実践のための猛烈な原動力を得ていた。ひとびとに絶望しか引き起こさない有りさまである現状もまた、〈態〉の世界観のもとで見えるとき、たしかな希望を見出し得る母胎へと変質するのである。そして尊徳は、自身が生きるこの〈日常〉を、イメージを機能とする〈語り〉という方法によって、聞き手である農民たちにもまた見せることに挑む。この〈語り〉を通して、農民たちもまた尊徳が生きる現実につながれるとき、そこに感得（見えるという体験的発見）が生まれ、観念的理解にとどまらない、農民たちの行為へと作用する現実的な回路で、日常から〈日常〉への転回が生じる。この感得をともなう日常の転回（再創造、再発見）が、農民たちに新しい実践の在りようを想起させたことで、農民たちは自主的に、ふたたび荒廃した田畑へと足を向けることができたのである。以上が、本章で展開した尊徳の語りをめぐる論考である。

先にも述べたように、ここに見る尊徳の在りようは、臨床教育学的実践者の姿とぴったりと重なり合うもののようである。現代を生きる多くの教師や親たちは、教育や子育てをめぐる営みのなかで、思うようにはならない現実との葛藤的状況や、無力感さえ与えられる子どもたちとのやりとりを体験している。そうした大人たちの日常体験は、ともすれば教育や子育ての現場を荒れ地にしてしまうのである。少なくとも、臨床教育の相談の場に事例が提出されるとき、教師や親たちは、その事例（できごと）の前に立ちすくむしかない状況を余儀なくされている。基本的には、さまざまな対策を試し、必死に手を尽くし、それでもなおどうにもならないできごとが相談を必要とする事例として持参されるからである。この現実のなかに登場するのが、臨床教育学であり、臨床教育学的実践者である。学校に行くことができない子ども、うそばかりつく子ども、子どもの発達障害という特質、いじめというできごと……。それらの子どもやできごとへの具体的な対応策を示すことが、臨床教育に求められていることであり、担う責務となる。このとき臨床教育は、自身の責務が、かならずしもこれらの現実がもつ困難や問題状況を消し去る方途を提示することで果たされるとは考えない。解決や解消という名でできごとを葬り、排除し、結果的に現実をやせ細らせていくのではなく、一見すると困難である現実をも抱え、向き合いながら対応する道を模索する。絶望や無力感や困惑や戸惑いのうちに色彩を失っている（荒廃した）現場に、新しい実践を創造し、生き生きとした息吹を取り戻す（復興する）回路を探ろうとするのである。なお、そうした具体的な対策のために必要なことは、これら現実への新たなる理解の発見であると捉える。現実に新しい〈意味〉を見出すことで、希望をもって現実に向き合う実践を展開することができるようになると考えるのである。まさに相談（語り（合い））の場とは、現実への新しい理解の在りようや意味の発見へと向かおうとする道ゆきであり、その発見を創造する場となる。できごとや子どもへの対策を思案すること、それを巡る営みを支援すること、教育や子育ての現場を復興すること、何もそれは、臨床教育や臨床教育学的実践者のみが主体や担い手となって成されることではなく、あくまでも教師や親との共同作業である。むしろ、現場での実際の担い手が教師や親であるという意味では、一方的にマニュアルや専門知識を与え、指導する形で現実に応答しようとすることは、教師や親の主体性を奪い、彼らを機械化してしまうきわめて不遜で不敬な行為となるばかりでなく、彼らの実践力を高めるどころか奪ってゆく行為となるのではないだろうか。こうした発想から臨床教育における相談場面を捉えるとき、尊徳が農村復興の方法とした〈語り〉やそれを巡る関係の在りようは、多くの示唆を与えてくれるものであったと言えるのである。

『夜話』という語りとの応答のプロセスは、臨床教育という方法を精緻化し、洗練させるための多くの知見を与えてくれる重要な意義をもつものとなった。このプロセスは、尊徳の言説に新しい意味を発見したばかりでなく、臨床教育にとってもまた、さまざまな発見的知見を得るものであり、多くのことをあらためて自覚させられる契機となった。なかでも特に、臨床教育学的実践者としての尊徳の〈語り〉の聞き手（読み手）となることで、農民たちと同様に、日常が〈日常〉として拓かれてゆく可能性に触れた体験は大きなものであった。日常の有りようが、「報徳」という物語世界の在りようへと変質し、多義性や多層性へと解放されてゆく様子を見た体験は、きわめて重要な知見をもたらした。もちろんこのとき見えた世界の在りようが、世界の深層（真相）にある正しい姿や不変的な真理や客観的な真実としてある訳ではない。むしろその世界の在りようは、たしかに個々人が主体として関与し、積極的に世界に呼応する当事者として息づくことで創造された一回的なものである。いわば「報徳」という物語を生きる尊徳という人物との「関係」が、深く映し込まれることで固有の在りようを発現しているのであり、これはあくまでも世界に対するひとつの見え方という限定的なものなのである。しかし、そこには主観や人間を失い、さまざまな例外を取りこぼし、あたかも完璧なる無菌状態のように漂白されてきた無機質で画一的な現実や日常とは異なる、個性的な凸凹や、独特の色づきや、固有の脈うちや、躍動する息づかいといった生々しさがある。その意味で、疲弊感や閉塞感へと向かう回路ではなく、「人間（主体）」を取り戻す回路が示されているとも言える。しかしもちろん、このように述べることもまた、単なる客観主義への反動として、たとえば「ひとそれぞれ捉え方が違うのだからできごとへの理解はどのようにしても勝手である」とか、「できごとやテクストはひとによってどう呼んでも（読んでも）かまわない」といった、主観的な相対主義や主情主義を推奨しようとするものではない。あくまでそれは、世界との主体的な出会いがもつ創造性の提唱であり、この創造性を新しい知見として提出しようとする意図をもつものである。

ひとは、現実に対して意のままの主体性や私情を発動させる一方向的な営み（action）が展開できる存在ではなく、一回ごとに出現する目の前の現実から多くの限定性を被りつつも、それに応答する営み（re-action）を生きる存在である。教育も子育てもその他のあらゆる現実も、自身の思いのままに操作できることなど何ひとつ存在しない。しかしそれでもひとは無力なのではなく、応答的主体性を発揮し、現実にそのつどの一回的な〈意味〉を創造し、見出して生きる存在である。尊徳が「報徳」物語を生きたように、ニュートンが落ちるリンゴに出会ったように、本書もまた『夜話』という語りに出会い、そこにある現実に新しい〈意味〉を発見し、出会いなおしを体験した。教育という現実も、子育てという現実も、テクスト開明の研究世界も、あるいはそうした特別な現実世界だけでなく、ごく素朴な暮らし全般も、あらゆる日常的現実は豊かな可能性の母胎であり、多義性や多層性をはらむ〈日常〉として在り、意味発見の現場として在る。だからこそそれらは、常に新しい出会い方を待っているし、新しい〈意味〉が発見されることを待っているのである。

本書では、出会いが創造的に機能した現場での一事例を報告することを通して、自らの体験的な手触りを底流にしながら、世界との応答をする出会い方（実践の方法）について、具体的に描き出してきた。主体的に世界と応答する方法（出会い方）が取り戻されるとき、マニュアル優位の日常に「人間」が回復され、象徴性や可変性をはらむ動的な〈日常〉が出現し、そこに新しい実践が生まれる回路が拓かれる。本書はここにみる出会いがもつ創造性を、ひとつの新しい知見として提出する。そして、臨床教育という方法は、今後も一つひとつの事例（できごとやテクスト）との出会いを、創造へと向かう実践と位置づけ、挑みつづけるのである。

注

（1）第4章「8　農の「業《わざ》」というモチーフ」を参照。
（2）第3章を参照。
（3）山中桂一／石田英敬編『言語態の問い』（東京大学出版会、二〇〇一年）。
（4）同書、二頁。
（5）竹田青嗣『言語的思考へ―脱構築と現象学―』（径書房、二〇〇一年）二一三―二一五頁。
（6）山中桂一『詩とことば（ヤコブソンの言語科学二）』（勁草書房、一九八九年）一四四頁。
（7）前掲『言語的思考へ―脱構築と現象学―』一七六頁。
（8）同書、一六七頁。
（9）『二宮翁夜話』巻一（三二）や巻二（五二）など。
（10）同書、巻三（八六）など。
（11）同書、巻二（五六）。
（12）同書、巻三（九二）。

おわりに

できごとや子どもたちへの「理解」とは、決してそれらとの出会いよりも先に、あらかじめ準備できるものではない。それが臨床教育学の立場である。不登校の子どもとはこのような特徴をもち、ＡＤＨＤの子どもにはこのような対策が必要で、ウソをつく子どもは悪い子で、先生に〝クソババア！〟と怒鳴る子どもなど論外で、三歳児であればこの程度の発達段階にあるべきだ……など。たとえば、こうしたあらかじめの「子ども理解」こそ、子どもの教育には必要であり必然であると信じられてきた風潮があるかもしれない。「理解」とは「すでに解明済みの意味」のことであり、それらを手に現場や実践へと向かおうとする。「理解」を現場に適用し応用することを実践と考える姿勢である。しかし本書は、こうした姿勢への決別を宣言している。「理解」とは「これから臨まれる意味の開明」のことであると捉えるのである。そしてむしろ、常にそのつど、現場や現場での実践から出発し、当事者たちの生々しい息づかいを含み込んだオリジナルな「理解」へと向かおうとする。目の前に現われるのは、「ＡＤＨＤの子ども」ではなく「この子ども」であり、「先生に〝クソババア！〟と怒鳴る子ども」ではなく「他でもないこの先生に、このタイミングで、この子どもが〝クソババア！〟と発したできごと」である。加えていま、これらのできごとや子どもを目の当たりにして理解しようとしているのは紛れもなく「このわたし」である。これら一回的に生じる固有の世界への「理解」に、どのように臨もうとするのか。まさにこうした生々しい現場との出会い方 —— 現場における実践の方法 —— への関心が、本書に通底している。

「理解」とは、できごとを一義的な意味へと封印するために貼りつけるラベルではないし、固有の場面性や個別性を無視した不変的で普遍的な名づけ（ラベル）など存在し得ない。生起するできごとの意味は、多様なる出会い（関係）を根拠にそのつどの実践においてはじめて生み出されるのであり、「理解」をそれら出会いや実践ややりとりや関係以前に、一方的にもち合わせることは不可能である。何らかの価値観や専門知識やマニュアルや常識といった、理解のための法則もまた、現場に先立つものではあり得ない。ニュートンとりんごとの関係や、尊徳と「○」図形や日常の事物との関係などを通して再三述べてきたように、まず何より現場との出会いに当事者として真摯に臨むこと。日常との、できごととの、子どもとの……それらとのその出会いのなかで、自らの目と感覚と思考と工夫とによって積極的関与をしながら応答的実践を重ねること。そうした出会い方（方法）を通してこそ、一回的な現場に対応した一回的な「理解」が創造される。現場とは、出会い方によってさまざまな〈意味〉（「理解」）を発現し得る多義的な可能態としての現場として在る。そのため常に、固定化に向かう解明ではなく、多義に向かう開明を求めている。このように捉えるとき、現実が解放されるばかりでなく、ひと（主体）もまた、マニュアルや専門知識といった法則があらかじめ提示する枠組みに自らの目や感覚や思考を奪い取られることなく、自身の主体性を回復し、認識や体験を自由にすることができる。そのうえでひとは、現場の開明に向かうべく、各々が独自の自由と責任をもって出会いに臨む応答的主体として、そこを生きる創造的実践の担い手となるのである。これが、本書に一貫して流れる世界の捉え方（世界観）と言える。

もしかしたら、このように世界と出会うやり方は、効率の悪い、手間のかかる、面倒で非生産的なものとして映るかもしれない。多くの豊かさを驚異的な勢いで手にしてきた近代という世界を支えてきた、マニュアルやその他の客観的法則が、あらゆるできごとをすっきりと解明し、迅速で有効な対応のための知識を提供し、困難な事態も次々と解決してきたスマートでスピーディーなやり方とは、あまりに違うと感じるかもしれない。しかしそのなかでひとは、自らの認識や体験や注意力を、卑小で、取るに足りないものとして封印し、削ぎ落として生きることを余儀なくされてきた。効率や合理性を手に入れる代償として、主観や個別性を放棄してきたのである。本書ではこうした事態に自覚を払い、先に述べた新しい世界観のもとでできごとに出会う営みの一事例を報告した。臨床教育という方法が二宮尊徳のテクストとの出会いに当事者として積極的に臨み、主体的で応答的な実践を重ね、新しい意味開明へと向かう在りようを描いたのである。これは、主観を漂白して客観的に報徳言説の真意をたどる研究ではなく、報徳言説が臨床教育との出会いという固有の文脈をもつことで新しい意味発見の現場となり得るか、というテーマに挑んだ研究である。

わたしは現在、「親子をつなぐ学びのスペース　リレイト」という子育ち支援機関を立ち上げて運営をしている。親子で来室をしていただき、それぞれ別々のレッスンに取り組んでいただく機関だが、親子ともレッスンは同じシステムをもっている。どちらも、まずは日記を通して日常をたしかめ、日常との出会いなおしをする。そのうえで、その日記をめぐる語り合い（コンサルテーション）を加えるなかで、さらなる日常の開明を体験してゆくシステムである。たとえば親にとって、子どもがごはんを食べている姿や、宿題を嫌がることや、お気に入りの遊びに夢中になっている様子を、ともすれば何でもないふつうのできごととして見過ごしてしまっているかもしれない。あるいは、子どもが学校に行くのが苦しいと泣くことや、友だちとトラブルばかり起こすことや、勉強にまったく集中しないことを、困ったできごとと認識しているかもしれない。これらできごとに与えられた「ふつうのできごと」「困ったできごと」という辞書的で一義的な名づけから、できごとを解放しようとする営みがレッスンとなる。「わたし」が積極的にできごとへのまなざしを向けて応答することで、それらできごとが独特に色づき、息づき、さまざまな顔を見せる躍動的な〈できごと〉へと変貌する。日記を描くことで、そしてその日記をめぐって語り合うことで、そのような発見的な体験を生み出そうとする。そのなかで、あらためてこの子どもに出会いなおし、この日常に出会いなおし、

「わたし」らしいこの生活への手応えを確認し、日々の暮らしに創造的な生産性を回復しようとするのである。子どもたちにとってもまた、事態は同様である。学校に通うこと、友だちと遊ぶこと、親と買い物にゆくこと、大好きなペットの世話をすること……。自分は何を大切だと感じ、何を腹立たしいと感じ、何にこだわっているのか、そうした、できごとへの自分なりの意味づけ方（物語）を確認し、さらにスタッフとの語り合い（対話的作業）を通してその物語を豊かにふくらませてゆく。そうしたプロセスが、子どもたちが自分らしく世界と出会い、その世界に主体的に応答し、自由と責任を手に創造的に生きてゆくために必要な知恵や手応えを生むレッスンになるのではないかと考えているのである。

リレイトでのレッスンも、そして臨床教育の相談場面としての事例検討も、あるいはテクスト研究も、いずれも共通しているのは、「理解」に終わりがないという点である。できごとへの「理解」とは、そのできごとを固定化してゆくことや、それ以上の「理解」への営みを拒む方向に進むものではない。「この子はＡＤＨＤだからこう対応してください」「子どもにとってお気に入りの遊びはこうした意義をもっています」「このテクストの本当の意味はこれこれです」と、ある種の一義的了解へ終息してゆくことは決してあり得ないのである。そのような「理解」は、このできごとやこの子どもを知ろうとする、理解しようとする営みを、停止させる機能を果たす。しかし、ひとが生きる日常生活（現場）が決して終息せず、常に動的な揺らめきとつながりと不可思議な呼吸とをあわせもちながら、そこでの一回的な「関係」を織り込むことでゆっくりと変わりゆくように、できごとの意味もまたそれに同伴して変わりゆく。そのように世界の在りようを捉え、可変的で動的な意味の開明に立ち合いつづけようとするのが、臨床教育という方法である。この方法は、常にできごとや子どもや世界を、知ろうとしつづけるのである。そのようにして、日常を一義化から解放し、そこを意味発見の現場と見立て、その現場に当事者として応答する創造者としての主体（re-action の主体としての人間）を回復してゆく。それを可能にする一回的方法としての臨床教育は、個別の具体的な事例との出会いと応答的実践を重ねるなかで、はじめて自らを具現化し、鍛錬してゆく。この方法は、終わりのない「理解」への摸索を展開する営みとして創造されつづけるのである。

二宮尊徳『三才報徳金毛録』図版一覧

初出一覧

すべての初出論文に大幅な加筆修正が加えられている。

第2章

「新たな〈方法〉へ」『臨床教育人間学』第七号（京都大学大学院教育学研究科臨床教育学講座、二〇〇五年）。

第3章

2〜9

「尊徳研究法の類型化」『臨床教育人間学』第五号（京都大学大学院教育学研究科臨床教育学講座、二〇〇三年）。

第4章

4〜5

「二宮尊徳の〈方法〉としてのことば――『三才報徳金毛録』という語り――」『教育哲学研究』第八九号（教育哲学会、二〇〇四年）。

6〜9

「〈言説形態〉という研究視角――図像言説あるいは詩的言説としての「語り」――」『報徳思想と中国文化』（學苑出版社（中国）、二〇〇三年）。

第5章

2〜3

「「報徳」言説の語態」『京都大学大学院教育学研究科紀要』第五〇号（京都大学大学院教育学研究科、二〇〇三年）。

あとがき

いまは、わたしが博士論文を提出し、大学院を卒業してから七年目に向かおうとする春です。この春、その博士論文をカタチにする機会を与えていただき、本書が誕生しました。このお声かけをはじめにくださったのは、京都大学大学院教育学研究科長の辻本雅史先生でした。大学院在籍中から長きにわたりご指導をいただいている辻本先生や、大学院時代に指導教官としてご指導くださいました皆藤章先生をはじめ、このたびこうした貴重な機会を与えてくださった教育学研究科の先生方にこころより感謝を申し上げます。また、わたしに臨床教育学との出会いをもたらしてくださり、大学院入学当初より多大なるご指導をいただいております皇紀夫先生には、本書作成にあたってもほんとうにたくさんのお力添えをいただきました。皇先生は、わがまますぎるわたしの在りように、いつでも大きな懐で、まっすぐに、揺るぎなくお応えくださり、跳ねっ返りゆえ迷いそうになるわたしに、たしかな指針を示しつづけてくださっています。敬愛する恩師である皇先生に、深くふかく御礼を申しあげます。

そして、臨床教育学にとって何より不可欠なのは「現場」であります。一回ごとのできごととのやりとりこそが臨床教育学を創出し、鍛えてくださる現場となります。わたしが大学院生の時代から、学校でのさまざまな事例とともにかかわりをつづけてくださった学校教諭のみなさま、そして「親子をつなぐ学びのスペース　リレイト」にてレッスンの場をともにしてくださっているご家族のみなさまこそが、臨床教育という方法を生み出し、鍛えてくださっているのだと感じています。あらためまして、ここに厚い御礼をお伝えしたいと思います。

臨床教育学は、現実や日常のなかで、ひとが創造的な実践を展開するための手がかりを求めた方法論です。

わたしにとってそれは、常識やマニュアルや固定観念を日常に覆い被せることで、そこにある生々しさや手応えを失ってゆくのではなく、それぞれのひとが自分らしく、豊かに、伸びやかに、現実と出会い、人間らしい自由と責任に支えられた創造性を発揮して生きてゆくことを大切にしたいという願いを込め、探求した方法論です。ちょうど、そのような方法論を描き出した本書の校正をしているとき、東日本大震災が発生しました。そして、いままさにこの国では、この未曾有のできごとを越えゆく再生や復興ということが大きなテーマとなっています。想定もできなかったような事態が次々と提示される現実のなかで、ひとはこれまでの常識やマニュアルを手放すことを余儀なくされています。そして、目の前のこの現実とどのように向き合い、どのように自分なりの判断や決断をし、実践をし、この国を再創造してゆくのか……。臨床教育（学）のテーマとも重なるようなそうした課題への切実なる模索が、国全体ではじまっています。このようなタイミングのもとで本書が誕生することを、わたしはとても不思議な想いとともに体験しています。

さまざまな偶然やご縁の力で、本書は誕生しました。たくさんの方々との出会いや体験から、それら関係から紡がれた本書を新しい出発点として、わたし自身もまた想いを新たに、明日からの創造的実践へと向かいたいと思います。

さいごになりましたが、本書の出版にあたって編集者として携わりご尽力をいただきました京都大学学術出版会の國方栄二氏に感謝いたします。そして、幼稚園から大学院博士後期課程というあまりにも長い学生生活を根気よく支え、わたしがどのような状態にあっても、わたしらしく在ることを信じつづけてくれた両親や家族のかけがえのない想いと真剣なる愛情にもまた、感謝します。

二〇一一年四月

中桐　万里子

[ハ行]

[マ行]

[ヤ行]

[ラ行]

[ワ行]

人　名　索　引

著者紹介

中桐万里子（なかぎり　まりこ）

京都大学大学院教育学研究科博士後期課程修了。

京都大学博士（教育学）。専門は、臨床教育学。

親子をつなぐ学びのスペースリレイト代表、国際二宮尊徳思想学会常務理事、聖和大学専任講師を経て関西学院大学講師。

主な著作
皆藤章編『風景構成法のときと語り』（共著、誠信書房、2004年）、「「言説形態」という研究視角—図像言説あるいは詩的言説としての「語り」」（国際二宮尊徳思想研究会『報徳思想と中国文化』、学苑出版社、2003年）、「二宮尊徳の〈方法〉としてのことば—『三才報徳金毛録』という語り」（教育哲学会、『教育哲学研究』第89号、2004年に所収）

（プリミエ・コレクション　5）
臨床教育と〈語り〉
—— 二宮尊徳の実践から

2011年6月27日　初版第一刷発行

著　者　　中桐万里子
発行人　　檜山爲次郎
発行所　京都大学学術出版会
京都市左京区吉田近衛町69番地
京都大学吉田南構内（〒606-8315）
電　話（075）761-6182
FAX（075）761-6190
URL http://www.kyoto-up.or.jp
振　替　01000-8-64677

ISBN978-4-87698-564-7
Printed in Japan

印刷・製本　㈱クイックス
定価はカバーに表示してあります